L'Occultisme
dans la Nature

PREMIÈRE SÉRIE

Copyright © 2018

Éditions Unicursal Publishers
www.unicursalpub.com

ISBN 978-2-924859-30-8

Première Édition, Yule 2018

Tous droits réservés pour tous les pays.

C. W. LEADBEATER

L'Occultisme dans la Nature

PREMIÈRE SÉRIE

Classiques Théosophiques

AVANT-PROPOS DU TRADUCTEUR

Cet ouvrage est le premier d'une importante série publiée en anglais, par M. C. W. Leadbeater, sous le titre général: *Adyar Talks*. Deux volumes ont déjà paru dans l'original, le troisième est sous presse et nous espérons bien en offrir sous peu la traduction française au public. Le deuxième tome comportera des données nouvelles, du plus haut intérêt, sur:

Le théosophe après la mort.
Les rapports des décédés avec la terre.
Les états après la mort.
De l'obsession chez l'animal.
Les aides invisibles.
Le souvenir des expériences dans l'au-delà.
Les dimensions.
Intuition et impulsion.
La pensée... Les pensées psychiques.
Le nom occulte des individus
Comment on peut lire les vies passées.
Comment on peut prévoir l'avenir.
Les Esprits de la nature.
La construction d'un système des mondes.
Les chaînes planétaires.
Les vagues de vie.
Les monades de la lune.

La chaîne terrestre.
Notes sur les Races.
Sur la réincarnation (le retour à la terre, caractéristiques individuelles, la mémoire des existences passées, intervalles entre les vies).
Sur le Karma (Loi de l'équilibre ; comment agit Karma. — Karma de la mort. — Karma éducateur. — Variétés de Karma. — Karma des animaux).
La Société théosophique, etc.

Du commencement à la fin, l'auteur nous emmène avec lui derrière les voiles de la Nature et les précieux enseignements qu'il nous donne sont de nature à intéresser tous les milieux tant par la source de renseignements qu'il nous offre que par ses aperçus philosophiques, scientifiques, occultes, historiques, etc.

Nous sommes certains que le présent ouvrage aura en France le même succès que l'édition originale. Nous avons apporté à cette traduction tout le soin qu'elle méritait et nous avons en cela été particulièrement aidé par quelques personnes qui ont bien voulu prendre la peine de réviser nos épreuves. Nous les en remercions sincèrement et nous formulons ce souhait qu'ils voudront bien nous conserver à l'avenir leur si utile collaboration.

Le Traducteur

PREMIÈRE SECTION

LES GRANDS ÊTRES ET LE CHEMIN QUI CONDUIT VERS EUX

LES GRANDS ÊTRES

Les étudiants en occultisme, et même ceux qui sont étudiants depuis nombre d'années, ne se font pas toujours une idée nette de ce que sont en réalité les Maîtres. Beaucoup les considèrent comme des Anges ou des Dévas si hautement évolués et si loin de nous qu'il semble impossible que nous soyons beaucoup aidés par eux. Certes, leur perfection est indéniable et, à ce point de vue, le gouffre qui existe entre eux et nous parait insondable; cependant, à un autre point de vue, ils sont très près de nous et leur sympathie et leur aide sont très réelles et très accessibles.

Afin que notre idée à ce sujet soit bien nette, essayons tout d'abord de définir ce que l'on entend au juste par un "Maître".

Par "Maître", nous entendons un de ceux qui font partie de la grande Fraternité, de la grande Loge Blanche, un de ceux qui se trouvent placés à un niveau tel, qu'ils sont aptes à pouvoir prendre des élèves sous leur direction [1]. Mais la grande Loge Blanche est un organisme qui ne ressemble à aucune autre dans le monde, et c'est pourquoi on l'a souvent mal comprise. On l'a souvent appelée la Fraternité des Himalayas ou du Tibet, et l'on a ainsi éveillé l'idée d'un groupe d'ascètes indous résidant dans un monastère situé sur la cime d'une montagne comme une forteresse inaccessible. Ce qui a donné lieu à cette idée vient probablement de ce que les deux Frères qui ont principalement participé à la fondation et à l'œuvre de la Société

---

1   Autrement dit : des Disciples. (NDT)

Théosophique habitent aujourd'hui le Tibet et qu'ils ont des corps indous. Pour bien comprendre les faits il est peut être préférable de les considérer d'un autre point de vue.

La plupart de nos étudiants sont familiarisés avec l'idée des quatre stades du Sentier de Sainteté ; ils savent que celui qui les a franchis a atteint le niveau de l'Asekha et qu'il est arrivé au terme de l'évolution que doit parcourir l'humanité pendant la chaîne actuelle [2] ; il est par conséquent libéré de la nécessité des renaissances sur cette planète ou sur d'autres. Devant lui s'ouvrent alors sept voies parmi lesquelles il doit choisir. La plupart d'entre elles le séparent de la terre pour le faire pénétrer dans une sphère d'activité beaucoup plus étendue, sphère qui fait probablement partie du système solaire pris dans son ensemble ; il s'ensuit que la grande majorité des membres de notre humanité qui ont atteint ce but, disparaissent entièrement de notre portée.

Le petit nombre de ceux qui travaillent encore directement pour nous peut être divisé en deux catégories :

1. Ceux qui ont encore un corps physique.
2. Ceux qui n'en ont plus. Ces derniers sont souvent désignés sous le nom de Nirmanakayas. Ils se tiennent pour ainsi dire entre le monde physique et le Nirvana et ils consacrent tout leur temps et toute leur énergie à générer les forces spirituelles qui doivent aider l'humanité. On pourrait dire qu'Ils déversent ces forces dans une sorte de réservoir où Maîtres et Disciples puisent aide et assistance pour l'accomplissement de l'œuvre qu'ils ont entreprise au profit de l'humanité. C'est parce qu'il reste ainsi en contact avec les plans inférieurs que le Nirmanakaya a été appelé "un candidat à la misère" ; c'est

---

[2] L'évolution d'une humanité est parallèle à l'évolution d'une chaîne terrestre celle-ci faisant elle-même partie d'une chaîne planétaire, cette dernière d'un système solaire, etc. Consulter les ouvrages spéciaux sur les cycles de vie, chaînes planétaires, etc. (NDT)

là une appellation susceptible d'induire en erreur. Cela signifie tout simplement qu'il n'a pas la joie de travailler dans les sphères supérieures du Nirvana, et qu'il a voulu rester sur les plans inférieurs dans le but d'aider ceux qui souffrent encore. Il est vrai que redescendre des mondes Supérieurs dans celui-ci équivaut à descendre de l'air pur et du radieux soleil dans un cachot sombre et fétide. Mais celui qui agit ainsi pour aider un autre à sortir du cachot, loin d'éprouver de la tristesse, est au contraire plein de joie, en dépit du contraste et du sentiment de captivité et de limitation qu'il éprouve. En vérité, l'homme qui refuserait une telle occasion d'aider quand elle se présente à lui, se sentirait par la suite très malheureux et éprouverait du remords. Lorsqu'on s'est bien rendu compte de la misère spirituelle du monde et de la condition de ceux qui ont besoin d'une telle aide, il est impossible d'avoir l'indifférence et l'insouciance de ceux qui n'ont rien vu.

Par bonheur, ceux d'entre nous qui ont entrevu et compris la souffrance d'ici-bas se trouvent avoir à leur portée les moyens d'aider réellement et efficacement. Quelque faibles que soient nos efforts comparativement à ce grand influx de force issu du Nirmanakaya, nous pouvons ajouter quelques gouttes à cet immense réservoir. Chaque effusion d'affection, ou de dévotion, a un double effet par suite de l'action qui s'exerce sur celui qui la reçoit et sur celui qui la produit. Si la dévotion ou l'affection ne sont pas entachées d'égoïsme, un troisième résultat se produit. La dévotion ou l'amour ordinaires, même d'une nature très élevée, s'exercent toujours selon une courbe fermée, si grande soit-elle, et le résultat se trouve toujours ramené à son auteur. Par contre, la dévotion ou l'amour d'une personne entièrement désintéressée, s'exercent selon une courbe ouverte ; bien que quelques-uns de ses effets réagissent inévitablement sur l'agent transmetteur ; ce qu'il y a de plus noble et de plus haut dans la force émise s'élève vers le Logos lui-même, et la glorieuse réponse, qu'il envoie aussitôt sous forme de bénédiction vient se répandre dans ce réservoir de forces spirituelles destinées à aider l'humanité. Il est donc en notre pouvoir, même pour le plus faible et le plus pauvre d'entre nous, d'aider le monde en utilisant cette merveilleuse possibilité. Le véritable effet des œuvres catholiques de surérogation, c'est un apport de force spirituelle au réservoir central.

Le nombre encore plus petit des Adeptes qui gardent leur corps physique, demeure en relations plus étroites avec nous dans le but de remplir des fonctions déterminées et d'accomplir un travail nécessaire à notre évolution. C'est à ce groupe d'Adeptes qu'on a donné parfois les noms de "grande Fraternité Blanche" et de "Hiérarchie Occulte". Ce petit nombre d'individualités hautement évoluées n'appartient pas à une nation particulière, mais au monde entier. Les Adeptes ne vivent pas ensemble sur le plan physique bien qu'ils soient en constante communication sur les plans supérieurs. Comme ils se sont élevés au-dessus de la nécessité des réincarnations ils peuvent, lorsque leur corps physique est usé, en choisir un autre dans le pays qui leur parait le plus approprié à leur travail ; c'est pourquoi nous ne devons pas attacher d'importance spéciale à la nationalité du corps qu'ils revêtent à un moment donné. Actuellement, quelques-uns de ces corps sont indous ; l'un d'eux est tibétain, un autre chinois, deux au moins sont anglais, il en est un italien, un autre hongrois, enfin il en est un syrien et un autre est né dans l'île de Chypre. Je le répète la nationalité n'a aucune importance ; si je l'ai désignée pour quelques-uns, c'est simplement pour montrer que ce serait une erreur de considérer la hiérarchie régnante comme appartenant exclusivement à *une seule race*.

Le respect nous retient de donner beaucoup de détails sur le Grand Chef de cette Hiérarchie qui détient la destinée des continents et au nom duquel se font toutes les initiations. Ce Grand Chef est l'un des Grands Êtres qui descendirent de la planète Vénus, il y a environ dix-huit millions d'années, pour aider et guider l'évolution humaine de notre chaîne. Ce sont les Seigneurs de la Flamme, les

Enfants du Brouillard de Feu dont un très petit nombre seulement sont encore sur la terre [3]. Ces grands Êtres n'empruntèrent pas de corps à l'humanité-enfant, mais se créèrent, par la seule force de, leur volonté, des corps analogues à ceux que nous possédons actuellement et au moyen d'une sorte de matérialisation permanente. À l'époque de leur apparition, et beaucoup plus tard encore, aucun membre de notre humanité naissante n'avait atteint un degré suffisant d'évolution pour remplir aucune fonction importante dans cette Hiérarchie ; aussi, comme il nous fallait de l'aide, le secours vint-il de l'extérieur. Au fur et à mesure que l'humanité évolua, elle devint de plus en plus capable de se suffire à elle-même et les grands Seigneurs de la Flamme disparurent pour aider d'autres évolutions. Mais l'un d'Eux détient encore la plus haute fonction de toutes ; celle du Roi qui guide et surveille toute l'évolution sur notre planète, non seulement celle de l'humanité et des règnes animal, végétal, minéral et élémental qui sont inférieurs à l'humanité, mais encore celle des grands règnes non humains, Esprits de la nature et Dévas, dont quelques-uns s'élèvent bien au-dessus de l'humanité.

Sous ce grand Roi se rangent les Chefs de différents départements dont l'œuvre, dans ses grandes lignes, peut être plus facilement comprise de nous que la sienne. Bien que les détails soient très au-dessus de notre portée, nous pouvons cependant nous faire une faible idée des multiples responsabilités et activités qui incombent au Manou d'une Race-racine, et, peut-être, pourrons-nous nous représenter, dans une certaine mesure, les devoirs de celui qu'on pourrait appeler le Ministre de la Religion, de celui qui fonde ici-bas religion après religion, appropriant chacune d'elles aux types particuliers des peuples et à l'époque de l'histoire du monde à laquelle elles apparaissent. Pour fonder ces religions, ce Ministre envoie parfois l'un de ses subordonnés ; à certaines époques, au contraire, il s'incarne lui-même, s'il le juge nécessaire. Ce Ministre des religions est souvent désigné en

---

3   Lire *Les messagers de la Loge Blanche* par ANNIE BESANT. (NDT)

Orient sous le nom de Bodhisattva, c'est-à-dire : celui qui doit devenir un Bouddha. Le Grand Être qui, précédemment, remplit cette haute fonction, fut celui que nous appelons le Seigneur Gautama-Bouddha. Parvenir à l'état de Bouddha ne signifie pas seulement avoir atteint l'illumination, mais indique encore que le grand Être a passé par la grande Initiation et, qu'après avoir franchi ce degré, il ne peut plus se réincarner sur terre. Aussi transmet-il ses fonctions à son successeur, puis disparaît, sans garder aucun contact avec la terre.

Le Seigneur Gautama cependant, dans un certain sens, demeure encore en contact avec le monde pour l'aider, le guider. Une fois par an, il se montre à la Fraternité des Adeptes et répand sur eux sa bénédiction que les Adeptes à leur tour transmettent au monde entier. Ceux qui en connaissent les moyens peuvent encore arriver jusqu'à lui. Dans un de ses derniers ouvrages, Mme Besant nous a dit récemment que Bouddha s'est incarné maintes et maintes fois comme grand Instructeur des premières sous-races de la race aryenne ; qu'il fût Hermès, le fondateur des Mystères Égyptiens, puis le premier et le plus illustre des Zoroastre, celui qui fonda le culte du soleil et du feu ; qu'il revint ensuite comme Orphée, le fondateur des Mystères grecs. Ce ne sont pas là naturellement ses seules incarnations car, dans le cours de nos recherches derrière les voiles du passé, nous l'avons retrouvé comme fondateur d'autres religions [4].

Ce qui a été dit dans l'un des premiers livres théosophiques, au sujet de sa réincarnation comme Shankaracharya est une erreur, étant donné que, du point de vue occulte, ces deux grands Instructeurs suivent des lignes entièrement différentes. Cette assertion contient pourtant une certaine part de vérité, quelques véhicules préparés par l'un d'eux ayant été utilisés par l'autre, ainsi que Mme Blavatsky l'a expliqué dans le troisième volume de *la Doctrine secrète* (le sixième de L'Édition Française).

---

4   Voir *Le Monde de demain* par ANNIE BESANT et la traduction en cours de publication dans la *Revue Théosophique Française : Vies passées de quelques M. S. T.* Voir aussi *Les Messagers de la Loge Blanche* par ANNIE BESANT. (NDT)

La profonde vénération et l'amour intense que professent les orientaux pour le Seigneur Gautama s'expliquent par les deux raisons suivantes : tout d'abord parce qu'il fut le premier de notre humanité qui ait atteint la condition si prodigieuse de Bouddha, en sorte qu'il peut être considéré comme le pionnier et le guide de notre race. (Les Bouddhas précédents ayant appartenu à d'autres humanités, fruits de chaînes antérieures à la nôtre.) La seconde raison est que, pour hâter le progrès de l'humanité, Il entreprit certaines tâches supplémentaires d'un caractère très élevé et dont il nous est impossible de saisir la nature. Il est dit qu'aux temps où l'humanité aurait dû donner naissance à un Être prêt à remplir cette haute fonction, nul ne fut trouvé digne. Très petit était alors le nombre des Adeptes supérieurs issus de notre race ; les deux plus grands étaient deux frères amis dont le développement était équivalent. Ces deux frères étaient les puissants Égos que nous appelons maintenant le Seigneur Gautama et le Seigneur Maîtreya. Dans son grand amour pour l'humanité, le premier se dévoua volontairement et fit les énormes efforts supplémentaires pour se rendre apte à entreprendre le travail requis tandis que son frère et ami décida de lui succéder des milliers d'années plus tard.

Dans ces temps lointains, c'était le Seigneur Gautama qui dirigeait ici-bas le domaine de la religion et de l'éducation ; depuis, il a transmis cette fonction au Seigneur Maîtreya, que les occidentaux appellent le Christ, Celui-là même qui prit le corps de Jésus pendant les trois dernières années de sa vie sur le plan physique. Ceux "qui savent" nous disent que, sous peu, il doit une fois de plus descendre parmi nous pour établir une nouvelle foi. Quiconque a l'esprit suffisamment ouvert pour saisir cette conception grandiose, ces splendides réalités, comprendra immédiatement combien on a tort d'opposer une religion à une autre, et de dénigrer le fondateur de l'une ou le fondateur de l'autre. Ce dernier cas est tout particulièrement absurde, car les deux fondateurs sont toujours ou deux disciples de la même école, ou deux incarnations de la même individualité ; ils sont, par conséquent, complètement d'accord sur les principes, bien qu'ils puissent à des époques différentes avoir présenté la vérité sous des aspects variés selon les besoins de leurs auditeurs. Leur enseignement est toujours le même quant au fond, même lorsqu'il diffère dans la façon dont il est présenté. Le Seigneur Maîtreya avait eu plusieurs incarnations différentes avant de remplir sa fonction actuelle ; mais, déjà dans ce passé très éloigné, il parait avoir toujours été instructeur ou grand prêtre.

Nous savons aujourd'hui que les deux Maîtres qui ont le plus étroitement contribué à la fondation de La Société Théosophique, seront respectivement législateur et instructeur de la future sixième race-racine, celle même qui doit naître dans sept cents ans. Le Manou, ou guide temporel, est un monarque autocrate qui gouverne tout ce qui concerne la vie de la nouvelle race sur le plan physique et s'applique à la rendre, sous tons les rapports, conforme au modèle que lui a donné du Logos. L'instructeur spirituel aura la charge des différentes religions de la nouvelle race et aussi de l'éducation des enfants. Il est clair que l'une des principales raisons de la fondation de la Société théosophique est que ces deux Maîtres puissent rassembler autour d'eux un certain nombre d'hommes intelligents et disposés à coopérer à cette œuvre grandiose. Autour d'eux se grouperont aussi d'autres hommes qui, maintenant, sont leurs disciples, mais qui seront alors parvenus à l'Adeptat.

Nous pouvons donc, dès maintenant, aspirer à être choisis pour les servir dans ce travail admirable qu'ils entreprennent pour aider le monde. De nombreuses occasions se présenteront pour déployer les aptitudes les plus diverses, car le travail à effectuer sera très varié. Quelques-uns d'entre nous seront attirés plus particulièrement d'un côté, d'autres d'un autre, selon que nous sommes plus attirés par l'un ou par l'autre des grands Guides. On a souvent dit que la caractéristique de l'un est la puissance, tandis que l'autre manifeste plutôt l'amour et la compassion ; cela est parfaitement vrai, mais mal compris cela peut induire en erreur. L'un de ces deux Maîtres a été un *gouvernant* dans de nombreuses incarnations, et même dans la première partie de celle-ci ; aussi la puissance royale se manifeste-t-elle dans chacun de ses gestes, dans son regard même, tandis que le visage de son frère Adepte rayonne l'amour et la compassion. Ils appartiennent à deux rayons, ou types différents, et se sont élevés à leur niveau actuel en suivant des lignes différentes, ce qui est très facile à constater. — Cependant, on se tromperait en supposant que le premier ne peut témoigner autant d'amour et de compassion que son frère ou que le second a moins de puissance que le premier. D'autres Maîtres collaboreront aussi à cette œuvre, et il est probable que quelques-uns d'entre nous se rattachent à cette œuvre par l'intermédiaire de l'un d'eux.

Il est à présumer que les Maîtres, même ceux dont les noms sont les mieux connus de vous, ne soient pas, à vos yeux, aussi réels, aussi précis, aussi bien définis qu'ils le sont pour ceux d'entre nous qui ont eu le privilège de les rencontrer face à face et de les voir constamment au cours de leurs travaux. Mais vous devriez, soit en lisant ce qui se rapporte à eux, soit en pensant à eux, chercher à vous les représenter clairement, de façon à ce qu'ils ne soient plus pour vous un vague idéal, mais bien des hommes vivants, des hommes comme nous, bien qu'énormément plus avancés que nous à tous égards. Ce sont des hommes dans toute l'acception du mot, mais des hommes sans défaillances, aussi nous apparaissent-ils comme des dieux par la puissance, l'amour et la compassion qu'ils irradient. Il est significatif, que, malgré le sentiment d'humilité que cause nécessairement une aussi formidable puissance, leur présence n'inspire ni crainte ni embarras ; on se sent simplement mais irrésistiblement attiré vers eux.

L'homme qui se trouve en présence de l'un d'eux ne peut ressentir que la plus profonde humilité étant donné le contraste si frappant qui existe entre lui et le Maître ; mais il prend néanmoins confiance en lui-même ; en effet, puisque le Maître qui est un homme, est arrivé à un stade élevé, ce stade lui parait moins inaccessible. En sa présence, tout parait possible et l'on regarde en arrière tout étonné d'avoir pu être troublé par les contingences de la vie, incapable de comprendre pourquoi l'on a ressenti souci et découragement. Maintenant, du moins, l'homme sent qu'il ne peut plus être troublé désormais puisqu'il connaît la valeur réelle des choses. Il n'oubliera plus que, quelque sombres que soient les nuages, le soleil brille à jamais derrière eux. Les vibrations des Maîtres sont si intenses que, seules, les qualités_ que vous possédez et qui s'harmonisent avec elles sont éveillées, vous n'éprouvez que confiance et amour avec le désir de rester toujours en leur présence. Vous n'oubliez pas vos défauts, mais vous sentez qu'il vous est possible de vous corriger et il vous importe peu que le Maître connaisse ces défauts parce que vous êtes sûr qu'il les comprend, et, les comprendre, c'est les pardonner.

Il nous sera sans doute utiles pour bien saisir le côté *humain* de nos Maîtres, de nous rappeler que beaucoup d'entre eux ont été, à une époque relativement proche, connus en tant que personnages historiques. Le Maître KH, par exemple fut, en Europe, le philosophe Pythagore. Avant cela, il fut un prêtre égyptien du nom de Sarthon ; il fut aussi le grand prêtre d'un temple d'Agadé, en Asie Mineure, où il fut tué dans un massacre général par une armée de barbares envahisseurs descendus des montagnes environnantes. Il se réincarna immédiatement dans le corps d'un pêcheur grec qui s'était noyé en cherchant à s'échapper, et, dans ce nouveau corps, il alla en Perse où il rendit un grand service au dernier des Zoroastre, en fondant le nouveau culte du Mazdéisme. Plus tard, il fut le flamine du temple de Jupiter à Rome, et, plus tard encore, le grand instructeur bouddhiste Nagarjuna. Au cours de nos recherches dans les vies passées de quelques membres de notre Société, nous avons souvent rencontré ce Maître et, presque toujours, comme prêtre ou comme instructeur [5].

Au cours de ces recherches dans le passé, nous avons aussi retrouvé fréquemment le disciple Jésus qui eut, en Palestine, le privilège

---

5   L'auteur fait ici allusion à un ouvrage récent *Rents in the veil or Time* (*Déchirures dans le voile du Temps*) que publie actuellement, en français, *la Revue Théosophique Française*. (NDT)

de céder son corps au Christ ; plus tard il devint ; dans une nouvelle incarnation, Apollonius de Tyane. Il réapparut dans les Indes au XIe siècle comme l'instructeur Ramanoujachrya lequel raviva l'élément dévotionnel dans l'Indouisme en l'élevant à un très haut degré.

Quelques-uns d'entre vous ont sans doute entendu dire qu'il y avait d'autres Maîtres en dehors de ceux qui s'occupent spécialement de l'œuvre Théosophique. L'un d'eux a dicté pour nous *La Lumière sur le sentier* et *l'Idylle du Lotus blanc*. Un autre s'est chargé d'une grande partie de l'œuvre en Europe et a écrit pour nous quelques-uns des plus beaux ouvrages connus dans le domaine littéraire. Celui qui fut autrefois le disciple Jésus est toujours prêt à guider spécialement les diverses activités des Églises chrétiennes ; il en est un autre enfin qui s'occupe spécialement du travail fait, ici, dans les Indes.

On peut donc voir que l'évolution du monde n'a en aucune manière été abandonnée à ses propres forces pour se diriger seule et de son mieux comme on le pense si souvent à tort ; elle est au contraire gouvernée et guidée méthodiquement, avec toute l'attention possible car c'est cette Hiérarchie d'Adeptes qui la gouverne actuellement, autant qu'il est possible de le faire tout en laissant aux individus leur libre arbitre. Par l'intermédiaire de ses agents, la grande Fraternité essaie d'influencer les individualités marquantes du monde, en leur suggérant des idées qui les amèneront à réaliser la Fraternité humaine dès que la guerre aura disparu du monde. Mais nous devons nous rappeler que le Karma des peuples doit être respecté et pris en considération. Il serait certainement facile d'obliger le monde à avancer beaucoup plus rapidement, mais la chose ne serait pas à son avantage. Dans une lettre qu'il m'adressait un jour, le Maître K. H. dit :

> "Je pourrais certainement vous indiquer exactement ce que vous avez à faire, et vous le feriez, mais alors le Karma de votre action deviendrait le mien et non le vôtre, et vous n'y gagneriez que le Karma dû à une prompte obéissance."

Les hommes doivent apprendre à être, non seulement des serviteurs intelligents, mais aussi à participer à l'œuvre entreprise, car, eux *aussi* devront un jour faire le même travail, et s'ils veulent être en mesure d'assumer, dans l'avenir, de grandes responsabilités, ils doivent maintenant apprendre à en assumer de plus petites. Quelquefois, il est vrai, une occasion ou une responsabilité réellement grande, d'une importance *universelle*, peut se présenter à l'un de nous, mais cela n'arrive peut-être qu'une fois dans bien des centaines de vies. Quand cette occasion se présentera, nous la saisirons — ou nous la manquerons, — selon que nous aurons, — ou que nous n'aurons pas — pris l'habitude de saisir les occasions plus petites de la vie journalière ; si nous nous sommes habitués à faire la chose qui importe *le plus*, nous la ferons automatiquement au moment opportun. Nos occasions de faire le bien ou le mal sont, en général, de médiocre importance pour le monde pris dans son ensemble, mais quand nous aurons appris à choisir invariablement et automatiquement ce qu'il importe de faire dans ces questions de peu d'importance, la Grande Fraternité pourra se fier à nous pour les questions d'une importance plus grande.

Il faut en effet que nous nous efforcions de bien comprendre ce que sont réellement les Grands Êtres, non par simple curiosité ou intérêt, mais afin de nous les représenter tels qu'ils sont, de nous convaincre qu'ils sont des hommes comme nous, différents entre eux comme nous le sommes entre nous bien qu'ils soient à un niveau bien supérieur au nôtre. Tous possèdent également la sagesse, la puissance et l'amour sans pour cela être identiques ; ils ont chacun leur individualité comme nous avons la nôtre. Ils sont au sommet de l'échelle de l'humanité, mais n'oublions pas que nous sommes, nous aussi, sur cette échelle quoique à des degrés bien inférieurs, et que nous devons un jour atteindre le niveau où ils se tiennent.

Un fait important à noter à propos des Maîtres, c'est le développement égal de toutes leurs facultés. Si nous nous examinons nous-mêmes, nous remarquerons que notre développement est toujours inégal, orienté en quelque sorte dans une seule direction. Chez certains, ce sont les facultés scientifiques et intellectuelles qui se sont manifestées le plus alors que le côté dévotion et compassion fait complètement défaut ; chez d'autres, au contraire, ce sont ces dernières facultés qui se sont développées au détriment de l'intellectualité. Mais un Maître est parfait dans ces deux directions, comme on peut le voir facilement quand on pense au brillant intellect de Pythagore s'alliant, chez le Maître K. H. avec l'amour et la compassion.

Il ne faut pas nous méprendre sur le prodigieux savoir des Maîtres. Pour atteindre le niveau de l'Adeptat, ils ont dû rejeter, parmi nombre d'autres, les entraves causées par *Avidya* (l'ignorance), et il est souvent dit que, pour dissiper l'ignorance il faut acquérir l'omniscience. Nous savons cependant, d'après nos rapports personnels avec eux, qu'il n'en est pas ainsi à proprement parler ; certains de nos Maîtres, par exemple, ne connaissent pas toutes les langues ; d'autres ne sont ni artistes ni musiciens, etc. À mon sens, rejeter les entraves de l'ignorance signifie réellement : l'acquisition d'un pouvoir à l'aide duquel ils peuvent, selon le besoin, avoir à leur disposition la connaissance qui leur est nécessaire dans tel ou tel cas. Il est certain que tout le savoir du monde ne peut être emmagasiné dans leur cerveau physique, mais il est certain aussi qu'ils peuvent obtenir rapidement le genre de connaissance dont ils ont besoin. C'est ainsi qu'un Maître désirant écrire une lettre dans une langue qu'il ne connaît pas, emploie souvent le cerveau d'un étudiant qui possède cette langue, y projette les idées et emploie ensuite les mots sous lesquels il les voit s'exprimer. S'il arrive qu'une personne leur parle dans une langue qu'ils ne comprennent pas, ils saisissent immédiatement, sur le plan mental, l'idée qui se cache derrière les mots qui leur sont incompréhensibles.

On demande souvent si un homme ordinaire, qui rencontrerait un Maître sur le plan physique, le reconnaîtrait immédiatement comme tel. Je ne vois pas pourquoi il en serait ainsi. Certes, il serait frappé par l'aspect de noblesse, de dignité, de sainteté et de sérénité de l'Adepte il ne pourrait manquer de s'apercevoir qu'il est en présence d'un être remarquable, mais, pour avoir la certitude qu'il est devant un Maître, il lui faudrait voir son corps causal, ce dont un homme ordinaire n'est naturellement pas capable, Le corps causal d'un Maître se reconnaît à ses grandes dimensions et à une disposition spéciale des' couleurs qui distinguent chacun des sept grands types [6]. Mais tout cela est au-dessus des aptitudes de l'homme ordinaire que nous supposons.

Les Adeptes n'ont aucune particularité extérieure bien définie qui permette de les reconnaître, en dehors de l'expression de bonté et de calme qui leur est commune à tous ; leur visage est toujours empreint d'une joyeuse sérénité, de cette paix qui surpasse toute compréhension. Presque tous sont très beaux, leur corps physique étant parfait puisqu'ils vivent dans d'excellentes conditions d'hygiène et surtout qu'ils ne se préoccupent jamais de quoi que ce soit. Pour la plupart d'entre nous, une grande somme de Karma, de toute nature, doit encore être épuisée, et c'est là, parmi beaucoup d'autres, une des causes tendant à modifier l'apparence de notre corps physique. Dans le cas des Maîtres, le karma est épuisé depuis longtemps, aussi leur corps physique est-il, sur le plan physique, l'expression parfaite de l'*Augoeides* ou corps glorieux de l'Égo. C'est pourquoi non seulement le corps d'un Maître est d'une beauté splendide, mais tout nouveau corps qu'il prendra dans ses incarnations suivantes sera presque l'exacte reproduction de l'ancien, rien ne pouvant contribuer à en diminuer la beauté.

Autre fait remarquable, les Maîtres peuvent conserver leur corps physique beaucoup plus longtemps que nous ne pouvons le faire, grâce sans doute à la parfaite santé dont ils jouissent et aussi à cette absence de préoccupation dont nous avons déjà parlé. Presque tous les Maîtres que nous connaissons, paraissent des hommes dans la force de l'âge ; cependant, en bien des cas, des témoignages prouvent que leur corps physique a dépassé depuis bien longtemps l'âge ordi-

---

6   Voir *L'homme visible et invisible*, par C. W. Leadbeater, ouvrage contenant de nombreuses planches en couleurs. (NDT)

naire de l'homme. J'ai entendu dire à Mme Blavatsky que son Maître ne lui paraissait pas, dans les derniers jours de sa vie, d'un jour plus âgé que lorsqu'elle l'avait vu pour la première, fois dans son enfance soixante ans auparavant. Un seul de nos Maîtres, qui vient récemment d'atteindre l'état d'Adepte, présente, dans le corps physique qu'il revêt encore, une certaine rudesse de physionomie qui résulte sans doute d'un restant de karma non épuisé et rapporté dans cette incarnation, mais nous pouvons être sûrs que lorsqu'il voudra prendre un autre corps, cette caractéristique disparaîtra.

Les Maîtres sont plus silencieux que la plupart des hommes, car les gens occupés n'ont pas de temps à perdre en bavardage inutile, et ils sont, sans comparaison possible, les personnes les plus occupées du monde. Leur disciple, Mme Blavatsky, possédait le plus brillant talent de conversation que j'aie jamais connu, mais elle ne parlait jamais pour le seul plaisir de causer. Il en est de même pour eux ; un Maître ne parle jamais sans avoir en vue un objectif bien défini, qui, le plus généralement est d'encourager, d'aider ou d'avertir. Il parle toujours avec douceur et avec la plus grande bienveillance, tout en laissant percer quelquefois une très vive pointe d'humour, celle-ci étant toujours aimable et jamais blessante, mais bien pour alléger les difficultés de la route, ou pour adoucir quelque réprimande nécessaire. Un homme qui n'a pas le sentiment de l'humour ne peut espérer faire de grands progrès dans les questions occultes.

Le nombre des Adeptes qui gardent leur corps physique dans le but d'aider l'évolution du monde est très faible : peut-être cinquante, ou soixante en tout. Mais il faut se rappeler que la plupart ne prennent pas de disciples, étant engagés dans un travail tout différent. Mme Blavatsky employait très librement le mot *Adepte*, car, parfois, elle parle d'Adeptes ayant reçu l'initiation, et, ailleurs, d'adeptes qui ne sont pas initiés. Dans tous nos récents ouvrages, nous avons réservé le mot : *initié* à ceux qui ont tout au moins franchi le dernier des quatre grands stades sur le Sentier de Sainteté, et le mot : *Adepte* à ceux qui ont atteint le niveau de l'Asekha et qui ont ainsi terminé leur évolution dans cette chaîne de mondes. La conscience de l'Asekha est normalement centrée sur le plan nirvanique ou atmique alors que son corps physique est à l'état de veille. En dehors de ceux qui ont déjà atteint l'adeptat, un très petit nombre seulement, ainsi que je l'ai déjà dit, conserve le corps physique et reste en contact avec la terre dans un but secourable ; parmi ceux-ci, un nombre encore plus restreint veut bien, sous certaines conditions, accepter de prendre les hommes comme étudiants ou aspirants ; et c'est à ceux-là seuls (le plus petit nombre) que nous donnons le nom de Maîtres. Quelque limité que soit leur nombre, leurs fonctions sont cependant d'une importance incalculable, puisque, sans leur secours, il serait impossible à l'homme de franchir les portes de l'Initiation.

L'ŒUVRE DU CHRIST

Vous me demandez de vous parler du Grand Être que nous désignons sous le nom de Christ, le Seigneur Maîtreya, et de son œuvre dans le passé et dans l'avenir. C'est là un sujet bien vaste et quelque peu difficile à traiter librement à cause des restrictions qui s'y rattachent. Il peut être utile de vous dire que, dans le gouvernement intérieur du monde, il y a ce qu'on peut appeler un *département* spécialement consacré à l'instruction religieuse : fondation et inspiration des religions, etc. C'est le Christ qui est chargé de ce département ; parfois, il apparaît lui-même sur la terre pour fonder une grande religion ; parfois encore ; il confie cette mission à l'un de ses disciples les plus avancés. Il faut le considérer comme exerçant constamment une sorte de pression occulte dont la force agit automatiquement, pour ainsi dire, à travers tout canal qu'elle trouve, n'importe où, sur son passage. Il déploie donc simultanément ses activités dans toutes les religions, utilisant tout ce que chacune d'elles offre de bon, tant en dévotion qu'en esprit de sacrifice.

Certes, il est bien triste de voir toutes ces religions dépenser inutilement leurs forces à se dénigrer les unes les autres, mais cela n'empêche point que tout le bien qui existe dans chacune ne soit utilisé simultanément et occultement par cette grande Puissance. Cela est vrai pour tous les mouvements qui se produisent dans le monde ; tout le bien contenu en eux est utilisé comme canal, tandis que ce qu'il y a de mauvais est une regrettable perte de force qui aurait pu être utilisée si les gens avaient eu plus de bon sens. Le chapitre de *la*

Doctrine Secrète intitulé *Le mystère de Bouddha*, contient de nombreuses instructions sur les rapports entre les chefs de ce département consacré à la religion ; il contient aussi quelques allusions précieuses sur le Christ. C'est là un sujet du plus haut intérêt pour les membres de notre Société, puisque l'un de nos Maîtres a des relations étroites et toutes spéciales avec ce département.

Quant à l'avènement prochain du Christ et à son œuvre je ne puis mieux faire que de vous conseiller de vous en rapporter au livre de Mme Besant : *Le monde de demain...* [7]. L'avènement du Christ n'est pas éloigné et le corps qu'il doit prendre est déjà né. Tout cela fut décidé il y a des milliers d'années et arrêté, semble-t-il, dans les plus minutieux détails, bien qu'une grande élasticité paraisse avoir été laissée sur d'autres points. La précision parfaite avec laquelle les grands Êtres dressent leurs plans des milliers d'années d'avance, est une des caractéristiques les plus merveilleuses de l'œuvre grandiose qu'ils accomplissent. Il a été quelquefois permis, à ceux d'entre nous qui ont pu développer les facultés correspondant aux mondes supérieurs, d'entrevoir leurs splendides projets, et de pouvoir soulever un coin du voile qui cache l'avenir. Nous avons pu aussi, par d'autres moyens, avoir un aperçu de leurs plans en étudiant le passé lointain où nous les avons vus faire des prophéties dont l'accomplissement s'effectue aujourd'hui.

Je ne connais rien de plus impressionnant ni de plus intéressant qu'un tel aperçu. La splendeur, la grandeur colossale de leurs desseins vous laissent haletants ; la dignité calme, l'assurance parfaite que l'on y trouve sont plus impressionnantes encore. Ici, ce ne sont pas seulement les individus qui sont en jeu, mais aussi les nations ; toutefois, ni les individus, ni les nations ne sont obligés de jouer un rôle déterminé. L'occasion leur a été donnée de jouer ce rôle et s'ils ne la saisissent pas, il se trouve invariablement un remplaçant prêt à prendre leur place et à combler la lacune. En tout cas, quel que

---

7   Voir les conférences de Mme Annie Besant à Londres, en 1911. (NDT)

soit l'instrument, il y a une chose sure et certaine, c'est que le plan projeté se réalisera. Le moyen par lequel ce but sera atteint est d'une grande importance pour l'agent mais n'en a aucune pour le progrès général du monde. Il y a dix-neuf cents ans, Apollonius de Tyane fut envoyé en mission par la Grande Fraternité, mission dont l'un des principaux buts était de créer, dans divers pays, certains centres magnétiques. Des objets, ayant la nature de talismans, lui furent donnés, pour être enfouis à des endroits choisis, afin que les forces qui s'en échappaient contribuassent à préparer ces lieux à devenir des centres appropriés aux évènements futurs. Quelques-uns de ces endroits ont déjà été utilisés ; il en reste d'autres qui serviront sous peu dans l'œuvre du Christ de demain. Une grande partie des détails de cette œuvre a donc été préparée il y a près de deux mille ans et des dispositions furent prises dans ce but même, sur le plan physique. Lorsque nous comprenons cette précision parfaite, doute, hésitation, inquiétude, tourment, tout disparaît ; nous n'éprouvons plus qu'une paix et une satisfaction parfaites, en même temps que la plus entière confiance dans les Puissances qui gouvernent le monde.

L'ŒUVRE DES MAÎTRES

Le travail des Maîtres sur leurs plans respectifs n'est pas facile à comprendre pour nous, bien que nous puissions nous rendre compte de leur prodigieuse activité. Le nombre des Adeptes ayant encore un corps physique est bien limité, et, pourtant, c'est entre leurs mains que se trouvent toutes les évolutions qui s'effectuent sur ce globe. En ce qui concerne l'humanité, ils semblent avoir divisé le monde en *paroisses*, dont chacune est un continent, dirigée par un Adepte. La Société Théosophique parait être une sorte de mission émanant du Siège Central, en sorte que ceux qui participent à ses activités, ne travaillent pas pour une paroisse ni pour une forme de religion spéciale, mais pour l'humanité entière ; c'est du moins sur la masse de l'humanité, que les Maîtres agissent principalement. Une de leurs fonctions consiste à diriger dans la bonne voie les personnalités marquantes du monde, à orienter les rois et les hommes d'état vers la paix, à imprimer des idées plus libérales chez les grands prédicateurs et instructeurs, à élever les conceptions des artistes, pour que le monde entier puisse devenir meilleur et plus heureux.

Toutefois, ils confient ce travail à leurs disciples ; se réservant l'influence à exercer sur le corps causal des Égos ; ils se consacrent spécialement à exercer une influence spirituelle sur ces Égos ; ils rayonnent sur eux comme le soleil sur les fleurs, pour en faire surgir ce qu'ils ont de plus noble et de meilleur, facilitant ainsi leur croissance. Bien des gens ont conscience de ressentir des influences de cette nature sans pouvoir déterminer de quelle source elles proviennent. L'homme ordinaire est encore presque inconscient sur son propre plan des choses du plan correspondant au corps causal. Il se trouve dans ce corps, exactement dans la situation d'un poussin dans l'œuf, entièrement inconscient de la source de la chaleur qui stimule sa croissance. Lorsqu'une personne est arrivée au stade où elle brise sa coquille et devient susceptible de répondre tant soit peu aux influences extérieures, le processus affecte alors une forme différente, et se trouve hâté dans de grandes proportions. (Sur la partie inférieure du plan mental les âmes-groupes des animaux sont même affectées et aidées par ces influences, car, comme la lumière du soleil, cette force pénètre le plan tout entier et affecte plus ou moins tout ce qui se trouve dans la limite de son rayonnement.) En déversant cette force, les Maîtres profitent de certaines occasions spéciales et des endroits où se trouve un centre fortement magnétisé. C'est ainsi qu'ils choisissent les lieux où un saint a vécu et est mort, où les reliques d'un autre saint ont créé une atmosphère convenable, pour déverser leurs forces dans ces canaux préparés d'avance. Lorsque des pèlerins se réunissent en gardant une attitude réceptive, ils profitent encore de cette occasion pour répandre leurs forces sur les hommes en se servant du canal à travers lequel ceux-ci ont coutume d'attendre aide et bénédiction.

C'est à une assistance de cette nature et venue d'en haut, que l'humanité doit le progrès auquel elle est arrivée actuellement. Nous sommes encore dans la quatrième ronde, durant laquelle ne devrait s'effectuer que le développement des désirs et des émotions, et, cependant, nous avons déjà commencé celui de l'intellect qui doit être la caractéristique de la cinquième ronde. Ce résultat est dû, d'abord, à l'énorme impulsion qu'ont donnée à notre humanité les seigneurs de la Flamme venus de la planète Vénus ; et il est dû, ensuite, aux Adeptes qui ont résolument renoncé au bénéfice de cette impulsion et qui nous l'ont réservée pour le plus grand avantage éventuel de notre développement.

L'ŒUVRE DES MAÎTRES

Ceux qui ont quelque peu compris la nature de ce travail, et spécialement ceux d'entre nous qui ont eu le privilège de voir les Maîtres à l'œuvre, n'auront jamais la pensée de les interrompre dans ce travail tout d'altruisme, pour leur exposer une requête personnelle. L'énorme importance de leur travail ne leur permet pas de s'occuper personnellement de chacun individuellement. Dans le cas où une aide individuelle est nécessaire, elle est donnée par l'intervention des disciples, soit encore par des élémentals ou des esprits de la nature. C'est donc, pour l'étudiant, un devoir imprescriptible que de se rendre apte à ce travail d'ordre inférieur, pour la bonne raison que, s'il ne s'y conforme pas, cette partie du travail restera inachevée puisqu'il est impossible aux Maîtres de se détourner d'une œuvre bien plus importante — qui embrasse le monde tout entier — pour s'occuper de chacun en particulier. L'action des aides invisibles sur le plan astral ne s'exercerait pas s'il n'y avait pas des étudiants arrivés à un stade où c'est là la meilleure tâche qu'ils puissent faire, car, dès qu'ils auront franchi ce stade et qu'ils seront aptes à faire un travail plus élevé, ce dernier leur sera certainement donné.

On demande souvent pourquoi les Maîtres travaillent si souvent par l'intermédiaire d'instruments imparfaits. À cela la réponse est évidemment celle-ci ; c'est qu'ils n'ont pas le temps de tout faire par eux-mêmes et qu'il leur faut bien employer les instruments qu'ils ont, sans quoi le travail risquerait fort de n'être point fait du tout. Prenez comme exemple les livres écrits dans le but d'aider l'humanité. Il est évident que les Maîtres pourraient le faire infiniment mieux qu'aucun de leurs disciples ; ce faisant, ils éviteraient toute possibilité d'erreur ou de données imparfaites. Mais, comme ils n'ont absolument pas le temps de s'y consacrer, mieux vaut encore que l'œuvre soit accomplie par des élèves, plutôt que de n'être point faite du tout. D'un autre côté, en s'y adonnant, les Maîtres enlèveraient à ceux qui peuvent le faire, l'occasion de se créer un bon Karma ; si inférieur que soit ce travail, comparativement au leur, il est après tout assez bon pour ceux dont les connaissances sont bien moindres.

Il ne faut pas oublier que chacun des Maîtres n'a en son pouvoir qu'une certaine somme de force qui — tout immense qu'elle nous parait être, — est néanmoins limitée, et qu'il est de son devoir de l'employer au mieux pour aider l'humanité. En conséquence, cela soit dit sans irrévérence, alors qu'il peut l'employer pour le bénéfice de tous, il aurait tort de gaspiller cette force pour des choses de moindre importance ou pour des cas individuels, quelque dignes d'intérêt que soient ceux-ci.

MAÎTRES ET ÉLÈVES

Il a déjà été dit que parmi les Adeptes en nombre très restreint qui gardent leur corps physique et remplissent les fonctions relatives à l'administration du monde sous les ordres de la Grande Hiérarchie, un nombre plus restreint encore consent à prendre des élèves et, à ceux-là nous donnons, de ce fait, le nom de Maîtres. Voyons maintenant ce que l'on entend par être l'élève de l'un de ces Maîtres, ce que l'on demande à celui qui aspire à devenir cet élève, quelle est la tâche qui lui incombe.

N'oublions pas que les Maîtres se sont complètement voués au service de l'humanité et qu'ils s'y consacrent entièrement à l'exclusion de toute autre chose. À ce sujet, je vous ai déjà dit qu'un Maître est limité dans la force qu'il a à dépenser, — et que, si inconcevable que puisse nous paraître cette force — le Maître a scrupuleusement soin de ne l'employer qu'au mieux de l'intérêt général. Il est évident que se charger d'un élève pour l'instruire, prendra sur son temps et sur ses énergies, et puisqu'il ne considère toutes choses qu'au point de vue de leur utilité pour stimuler l'évolution, il n'emploiera ni son temps ni son énergie à s'occuper d'un homme à moins qu'il ne voie que cela en vaut la peine.

Un Maître consent à prendre un disciple, un apprenti, devrions-nous dire plutôt, s'il voit que la somme de temps et de force qu'il consacrera pour l'instruire, produira éventuellement un résultat plus effectif que s'il dépensait cette même force d'une autre manière, *mais pas dans le cas contraire*. Par exemple, un homme peut avoir certaines qualités lui permettant d'être utile comme aide, mais, d'un autre côté, il peut avoir un défaut qui sera un obstacle constant sur sa route et qui annihilera une grande part du bien qu'il pourrait faire. Aucun Maître ne consentirait à prendre cet homme comme élève, mais il lui dirait : "Mettez-vous à l'œuvre et débarrassez-vous de ce défaut spécial qui est vôtre ; lorsque vous aurez réussi, je vous prendrai comme aide et vous apprendrai à vous développer davantage."

Nombre de nos étudiants sérieux sont remplis de tous sentiments altruistes, et, sachant qu'en cela ils sont bien différents de la majorité des hommes, ils se disent parfois : "Je voudrais tant travailler pour l'humanité, pourquoi le Maître ne me prend-il pas sous sa direction pour m'instruire !"

Envisageons les faits franchement. Le Maître ne vous instruira pas si vous êtes sous l'empire de toutes sortes de petites imperfections. Il est vrai, comme vous le ressentez certainement en vous-mêmes, que la bienveillance, la bonté, le désir d'aider dont vous êtes animés sont d'une plus grande importance à votre actif que ne le sont tous ces petits défauts à votre passif. Mais sachez bien qu'il existe dans Je monde des milliers de gens qui, eux aussi, sont bons et bien intentionnés, et que vous ne différez d'eux que par un peu plus de connaissance, celle-ci vous permettant de diriger votre bonne volonté selon des voies plus définitivement utiles. Si c'étaient là les seules qualités nécessaires pour être disciple, chacun des Maîtres pourrait se charger de milliers de gens ; tout son temps serait alors consacré à éduquer, sur les plans physique et astral, ces quelques milliers de candidats avec tous leurs petits défauts ; mais pendant ce temps, le superbe travail des Maîtres envers les Égos, sur les niveaux supérieurs, serait totalement négligé.

En premier lieu donc, pour être disciple d'un Maître, il faut considérer la vie à son point de vue, c'est-à-dire ne voir que ce qui peut profiter le mieux au progrès général du monde. Le disciple doit être *absolument* préparé à s'oublier soi-même, à annihiler *entièrement* sa personnalité ; et, il doit comprendre que ce n'est pas là une simple figure poétique ni une manière de parler, mais que les mots doivent être pris exactement au pied de la lettre — c'est-à-dire qu'il doit renoncer à tout désir personnel et être fermement décidé à ordonner sa vie suivant le travail qui lui sera demandé. Combien en est-il parmi nous qui soient suffisamment décidés à franchir même ce premier pas dans le but d'être acceptés comme disciples ?

Réfléchissez bien à tout ce que comporte le fait de devenir un disciple. Lorsqu'un homme s'offre comme tel, le Maître lui dira de suite s'il le trouve prêt ou non à entrer sur la voie de probation. Dans le cas où le candidat semblerait posséder les qualités requises, le Maître pourra le prendre à l'essai, c'est-à-dire qu'il le soumettra pendant plusieurs années à une observation très rigoureuse. Cette épreuve dure généralement sept années, mais cette période peut être indéfiniment prolongée si le candidat ne donne pas satisfaction ; d'autre part elle peut être très abrégée si l'on voit qu'il s'est sérieusement mis à l'œuvre. J'ai vu des cas où le stage d'épreuve a duré jusqu'à trente ans, d'autres où il a été limité à cinq et trois ans, et un cas tout à fait exceptionnel où il n'a été que de cinq mois. Pendant cette période de probation, le disciple n'est en aucune façon en communication directe avec le Maître, et il a peu de chance de le voir ou de l'entendre. En général, des épreuves, des difficultés spéciales ne lui seront pas imposées ; il est simplement surveillé attentivement quant à son attitude vis-à-vis des petits soucis de la vie. Pour faciliter cette surveillance le Maître forme ce que l'on appelle une "image vivante" de chacun des postulants, c'est-à-dire un duplicata exact des corps astral et mental. Il place cette image dans un endroit où il puisse facilement la voir et la met en *rapport* magnétique, avec lui-même, en sorte que la moindre modification des pensées ou des sentiments dans les véhicules est fidèlement reproduite sur l'image. Ces images sont examinées journellement par le Maître qui obtient ainsi, avec le moins de peine possible, des renseignements parfaitement exacts sur les pensées et les sentiments du candidat ; cet examen lui permet de décider le moment où il pourra le faire entrer en relations beaucoup plus étroites et l'admettre au second stade : celui de disciple accepté.

Rappelez-vous que le Maître est un canal par lequel se déversent les forces spirituelles du Logos, non pas un canal inconscient mais un coopérateur supérieurement intelligent, et cela parce qu'il est lui-même, et consciemment, une partie du Logos. De même, mais à un degré inférieur, le disciple accepté est un canal pour les forces du Maître ; lui aussi doit être un coopérateur intelligent et non inconscient ; pour cela, il doit faire virtuellement partie de la conscience du Maître.

Un disciple accepté fait si profondément partie de la conscience de son Maître que tout ce qu'il voit ou entend est connu de celui-ci ; non pas que le Maître puisse nécessairement le voir ou l'entendre au même moment (bien que cela se produise fréquemment) mais tout s'imprime dans la mémoire du Maître comme dans celle du disciple. Tout ce que celui-ci pense ou ressent s'imprime dans les corps mental et astral du Maître. Si nous nous rendons bien compte de tout cela, nous comprendrons facilement qu'il serait absolument impossible au Maître d'accepter un disciple tant que les pensées et les sentiments de celui-ci ne sont pas d'une nature telle qu'il veuille bien les partager.

Il arrive malheureusement trop souvent que le disciple a dans son esprit des pensées que le Maître ne peut recueillir ; dans ce cas, dès que le Maître en a conscience, il érige immédiatement une barrière contre les vibrations de ces pensées ; mais cela détourne, pour un instant, son attention de son autre travail, et demande une certaine somme d'énergie. Nous voyons donc clairement, une fois de plus, qu'il serait impossible au Maître de se mettre en relation avec un disciple qui aurait souvent des pensées qui ne seraient pas en harmonie avec celles du Maître ; l'obligation fréquente de se détourner de son œuvre pour se fermer à des pensées ou à des sentiments non désirables aboutirait, pour le Maître, à une trop grande perte de temps et d'énergies.

Ne pas prendre à sa charge un tel homme, n'est pas, de la part du Maître, un manque de patience ou de compassion ; la seule raison est qu'il gaspillerait son temps et ses énergies qu'il est de son devoir strict d'employer au mieux. Si un homme se croit digne d'être accepté comme disciple, et s'étonne que ce privilège ne lui ait pas encore été accordé, qu'il s'examine scrupuleusement, ne fût-ce qu'une seule journée, et qu'il se demande si, pendant ce temps, il n'a pas une seule pensée ou un seul sentiment indignes du Maître. Rappelez-vous bien que ce ne sont pas seulement les mauvaises pensées ou les sentiments malveillants qui sont indignes de lui, mais encore les pensées futiles, les pensées de critique, d'irritation, et par-dessus tout les pensées personnelles et égoïstes. Qui de nous remplit ces conditions ?

Le résultat cherché par le Maître dans cette merveilleuse association intime, est d'harmoniser et d'accorder les véhicules du disciple avec les siens — résultat identique à celui qu'un instructeur indou essaie d'obtenir en gardant toujours ses disciples dans son ambiance physique. — Quels que soient les exercices ou le cours spécial d'études prescrits, l'effet principal ne résulte pas tant de ces pratiques ou de ces études que de la présence permanente de l'Instructeur. Les divers véhicules du disciple vibrent à leur vitesse habituelle — chacun d'eux, probablement, à des vitesses variables et nombreuses du fait de la présence constante de sentiments passagers et de pensées errantes de toutes sortes. La première tâche, et aussi la plus difficile, pour le disciple, est de remettre l'ordre dans cette incohérence — d'éliminer tous les intérêts d'ordre inférieur, d'être Maître de toutes les pensées, et ce travail doit être accompli avec une ferme volonté exercée sur tous les véhicules pendant une longue période d'années.

Aussi longtemps qu'il vit dans le monde, la difficulté de cette entreprise est centuplée par la pression incessante faite sur lui sous l'influence de pensées et de sentiments qui le troublent, ne lui laissant pas un seul moment de répit ni l'occasion de rassembler ses forces pour tenter un effort véritable. C'est pourquoi, dans les Indes, l'homme qui désire vraiment vivre de la vie supérieure se retire dans la jungle ; c'est pourquoi aussi, dans tous les pays et à toutes les époques, il y a eu des hommes qui ont choisi la vie contemplative de l'ermite. L'ermite, lui, peut respirer librement, se reposer des conflits sans fin qui l'assaillaient dans le monde et trouver ainsi le temps de mieux contrôler ses pensées, car bien faibles sont les obstacles qu'il rencontre dans sa lutte ; l'influence calme de la nature est pour lui, dans une certaine mesure, un précieux adjuvant.

Par contre, celui qui vit continuellement dans l'ambiance d'un être qui est déjà sur le sentier, possède encore un plus grand avantage. Cet Instructeur est supposé avoir dompté ses véhicules et les avoir habitués à vibrer à des vitesses soigneusement choisies et non pas avec cette frénésie résultant d'influences étrangères. Ces vibrations sont très fortes, constantes, et, jour et nuit, que le disciple dorme ou veille, elles frappent sans cesse ses véhicules et l'amènent graduellement à s'harmoniser avec son Instructeur. Ce résultat ne peut être obtenu que par le temps et par cette association intime dont j'ai parlé, et encore, pas pour tous, mais seulement pour ceux qui sont susceptibles d'être accordés. Un grand nombre d'Instructeurs ne révèlent leurs méthodes spéciales d'entraînement occulte que lorsque ce résultat est obtenu, sinon complètement, du moins en grande partie ; en d'autres termes, avant d'enseigner à un disciple des méthodes qui pourraient être nuisibles si elles étaient mal appliquées, les Instructeurs veulent être certains qu'ils ont affaire à un individu préparé à recevoir leur enseignement et suffisamment soumis à leur influence pour être maintenu dans le droit chemin en présence des difficultés futures. Mais mille fois plus grands encore sont les avantages de ceux que le Maître a choisis, et qui ont l'avantage d'un contact intime avec lui.

Or, voici ce que l'on entend par un *disciple accepté* du Maître : l'homme devient une sorte d'avant-poste de la conscience du Maître, les forces spirituelles des Grands Êtres pouvant dès lors s'épancher par son intermédiaire, pour le plus grand bien de tous. Le disciple est si intimement lié avec la pensée du Maître qu'il peut, à tout moment, connaître cette pensée quel qu'en soit le sujet, et il évite ainsi bien souvent de commettre des erreurs. Le Maître peut, à n'importe quel instant, transmettre une pensée à son disciple, sous forme de suggestion ou de message. Si, par exemple, le disciple écrit une lettre ou donne une conférence, le Maître est d'une façon subconsciente au courant de ce fait et peut, à tout moment, inspirer à son disciple une phrase à intercaler dans la lettre ou un exemple utile à citer dans la conférence. Dans les premiers stades, le disciple est souvent inconscient de cette influence et s'imagine que ces idées lui sont venues spontanément à l'esprit, mais il arrive bien vite à reconnaître la pensée du Maître. Et il est vraiment nécessaire qu'il apprenne à la reconnaître, car il y a, sur les plans astral et mental, de nombreuses entités qui, dans un but amical, avec les meilleures intentions du monde, sont le plus souvent disposées à faire des suggestions analogues et il est utile que le disciple sache distinguer d'où elles proviennent.

Nous ne devons cependant pas confondre l'usage que le Maître fait du corps de son disciple avec la médiumnité ce dont nous avons si souvent parlé comme d'une chose mauvaise. Ainsi, il est arrivé, en plusieurs circonstances que l'un ou l'autre de nos Maîtres ait parlé par l'intermédiaire de notre Présidente, et il parait que sa voix, ses manières et même ses traits avaient changé d'aspect. Mais on doit se rappeler que dans ces cas, elle conserve toute sa conscience, qu'elle sait qui parle et pourquoi on parle. Cette condition est tellement différente de ce que l'on entend communément par médiumnité qu'il serait inexact de lui donner ce nom. Il ne peut y avoir aucun mal à employer ainsi le corps d'un disciple, mais bien rares sont les cas où les Maîtres ont usé de ce moyen.

Quand le Maître s'exprime par l'intermédiaire de notre Présidente, la Conscience de celle-ci est tout aussi active que jamais dans son cerveau physique, mais, au lieu de diriger elle-même ses organes vocaux, elle écoute pendant que le Maître en fait usage. Il formule les phrases dans son propre cerveau et les transmet ensuite dans celui de son disciple Mme Besant. Cependant elle peut employer ses facultés cérébrales, passivement pour ainsi dire, pour écouter, comprendre et admirer ; mais j'imagine qu'il ne lui serait guère possible, pendant ce temps-là, de rédiger une phrase sur un sujet tout à fait différent. Je suppose que la forme la plus élevée du "contrôle spirite" doit se rapprocher de cela, mais très rarement et peut-être jamais autant.

L'influence d'un Maître est si puissante qu'elle peut rayonner dans une étendue presque illimitée ; aussi quiconque, dans l'auditoire, est facilement impressionnable, peut être conscient de la présence du Maître jusqu'au point de percevoir ses traits et d'entendre sa voix, au lieu de celle du disciple ; mais il est peu probable qu'un véritable changement physique se produise jusqu'à être visible aux spectateurs qui ne sont pas sensitifs. J'ai vu, il est vrai, dans des séances spirites, des cas dans lesquels la voix et l'attitude du médium, et jusqu'à ses traits mêmes, s'étaient complètement transformés ; mais cela indiquait une possession complète de l'Égo par l'entité communiquant par son intermédiaire, et ce procédé est tout à fait différent du moyen adopté par nos Maîtres.

Un troisième degré d'union encore plus intime existe, quand le disciple devient ce que l'on appelle le "fils" du Maître ; mais ce titre n'est accordé que lorsque le Maître a éprouvé longuement l'homme qu'il a accepté comme disciple, et quand il est bien certain que rien désormais ne peut se présenter dans les corps mental et astral du disciple qui ait besoin d'être écarté. Car c'est là peut-être la principale différence qui puisse être facilement expliquée sur le plan physique entre la situation d'un disciple accepté et celle du "fils". Le disciple accepté, bien que faisant réellement partie de la conscience du Maître est encore susceptible d'être écarté s'il y a nécessité, tandis que le "fils" est entré dans une communion si intime et si sacrée que même le pouvoir du Maître ne peut défaire ce qui a été fait ni séparer les deux consciences ne fût-ce que pour un instant.

Tels sont les trois degrés des rapports du disciple avec son Maître : d'abord, la période de probation pendant laquelle le disciple n'est pas encore disciple au sens véritable du mot ; deuxièmement, la période de disciple accepté ; enfin la période de "fils". Bien entendu, ces rapports n'ont rien à voir avec les initiations, ou étapes sur le sentier [8], lesquels appartiennent à une catégorie toute différente, et sont les rapports de disciple, non pas avec son Maître, mais avec la Grande Fraternité Blanche et avec son Chef suprême. On peut comparer ces relations respectives avec la situation d'un étudiant d'une université anglaise vis-à-vis du Directeur de son collège et de l'Université dans son ensemble. L'Université exige que l'étudiant passe certains examens, mais peu lui importent les méthodes de préparation. C'est l'Université et non le Directeur du collège qui fait passer les examens et confère les divers diplômes ; les seules attributions du Directeur du collège sont de veiller à ce que l'élève soit bien préparé. Pendant cette préparation, le chef peut, comme homme privé, avoir avec son élève des rapports sociaux quelconques, mais cela ne regarde pas l'Université.

De môme, la Grande Fraternité Blanche n'a rien à voir avec les relations qui peuvent exister entre le Maître et son disciple ; c'est là une question laissée à l'initiative propre du Maître. Quand le Maître estime que son disciple est prêt à passer la première initiation, il en donne avis et le présente à la Grande Fraternité demande alors seulement si le disciple est prêt, et non quels sont ses rapports avec le Maître. Il est vrai qu'un candidat à l'initiation doit être proposé et appuyé par deux des membres plus élevés de la Fraternité, c'est-à-dire par deux Adeptes ; et il est certain que le Maître ne propose un candidat à l'initiation que lorsqu'il s'est assuré que celui-ci en est digne, ce dont il ne peut se rendre compte que par cette communion étroite avec sa conscience, communion dont j'ai parlé plus haut.

L'étudiant qui, tour la première fois, entend parler de toutes ces choses, se demande toit naturellement : "Comment pourrais-je devenir le disciple d'un Maître ! Que pourrais-je bien faire pour attirer son attention ?" Il est un fait certain ; c'est que point n'est besoin d'attirer son attention ; les Maîtres cherchent toujours ceux qui sont suscep-

---

[8]   Lire : *Le Sentier des Initiations*, par ANNIE BESANT. (NDT)

tibles de les assister dans le grand œuvre qu'ils ont entrepris, et nous n'avons pas à craindre de passer inaperçus.

À ce propos, je me rappelle un fait personnel, survenu, il y a vingt-cinq ans, alors que je venais d'entrer en relation avec les Grands Êtres. J'avais eu alors, l'occasion de faire, sur le plan physique, la connaissance d'un homme très enthousiaste et d'un caractère éminemment saint ; il croyait profondément à l'existence des Maîtres et sa vie n'avait comme principal objectif que de se préparer à les servir. Il me semblait, sous tous les rapports, tant je le trouvais supérieur à moi, digne d'être disciple, et je m'étonnais qu'il ne fût pas encore accepté. Aussi, étant tout nouveau dans le travail et encore bien ignorant, je saisis un jour l'occasion qui me fut offerte, pour dire son nom au Maître, bien humblement, tout en m'excusant, pour lui suggérer que mon ami pourrait peut-être devenir un bon instrument. Un doux sourire éclaira le visage du Maître qui me répondit :

"Ne craignez pas que votre ami passe inaperçu, personne ne passe inaperçu, mais il a encore une certaine partie de son karma à épuiser, et c'est ce qui m'empêche de répondre à votre désir. Votre ami doit bientôt quitter le plan physique et y revenir avant qu'il soit longtemps pour une expiation complète, après quoi il pourra être ce que vous désirez qu'il devienne."

Puis, avec la bienveillante douceur qui le caractérise, dans une communion plus étroite, il rapprocha ma conscience de la sienne et la fit s'élever sur un plan bien supérieur à ceux auxquels j'avais pu atteindre jusqu'alors ; de là, il me montra comment les Maîtres surveillent le monde. La terre tout entière est devant eux, avec ses millions d'âmes dont un grand nombre ne sont pas encore développées et par conséquent non susceptibles d'être remarquées pour le moment ; mais partout où se trouve, au milieu de cette grande multitude, une âme approchant, même de loin, du point où elle peut être employée par les Maîtres, elle se distingue de toutes les autres comme le feu d'un phare au milieu de l'obscurité de la nuit.

— "Vous voyez me dit le Maître, que personne ne peut passer inaperçu, fût-il même assez éloigné du moment où il pourra être accepté comme aspirant disciple."

De notre côté, nous ne pouvons que travailler à modifier notre caractère et nous efforcer de toutes les façons possibles, par l'étude des ouvrages théosophiques, par notre propre développement, par notre dévouement aux intérêts d'autrui, à nous efforcer de nous rendre dignes de l'honneur que nous ambitionnons, certains qu'aussitôt prêts, nous serons rapidement acceptés comme disciples. Nous ne pouvons donc faire autre chose que de nous préparer, sachant que nous serons acceptés dès que nous serons prêts, car nous savons qu'on a grand besoin d'aides. Mais jusqu'à ce que nous puissions être employés sans inconvénient, c'est-à-dire jusqu'à ce que les forces dépensées pour nous produisent, du fait de notre activité, un résultat pins utile que si elles étaient utilisées dans un autre but, ce serait de la part du Maître manquer à son devoir que de nous lier à lui dans une communion plus étroite.

Nous pouvons être certains qu'il n'y a aucune exception à cette règle, quoi que nous puissions croire. Tout en ayant encore des défauts, il est possible de devenir aspirant-disciple du Maître, mais, dans ce cas, c'est que l'on possède des qualités cachées qui compensent largement les défauts perçant à la surface. Nous devons nous rappeler aussi que, comme le reste des hommes, les Maîtres ont dans leur passé toute une longue suite de vies pendant lesquelles ils ont noué certains liens karmiques, de sorte qu'il peut survenir qu'un individu, en particulier, ait sur eux quelques droits résultant d'un service rendu autrefois dans un passé éloigné. En remontant dans les vies passées de certaines personnes, il nous est arrivé de rencontrer des exemples de ces liens karmiques.

Un cas bien connu est celui d'un homme qui, il y a six mille ans, alors qu'il était un noble puissant, en Égypte, usa de son influence sur les autorités d'un des plus grands temples de cette contrée pour y introduire, par faveur, un jeune homme manifestant le plus vif intérêt pour les questions occultes. Ce jeune étudiant se mit à travailler l'occultisme avec tant d'ardeur qu'il y fit rapidement de grands progrès, de sorte qu'à partir de ce moment, il continua, dans toutes ses vies successives, les études commencées dans cette contrée ancienne. Depuis, ce jeune étudiant est arrivé à l'état de disciple, et il est passé à un degré beaucoup plus élevé que celui auquel se trouve l'ami qui l'introduisit dans le temple. Dans le travail dont il a eu à s'occuper récemment, ayant besoin de quelqu'un qui pût présenter au monde certaines vérités qui devaient être divulguées, le temps étant mûr pour cela, il a cherché autour de lui un instrument susceptible d'être employé à cet effet, et ses regards s'arrêtèrent sur l'ami d'il y a six mille ans qui se trouvait être dans les conditions requises. Il s'est souvenu immédiatement de la dette qu'il avait contractée envers cet ami et s'en est libéré en le choisissant pour transmettre la vérité au monde.

Ces cas sont assez nombreux. Nous savons tous qu'à une période beaucoup plus reculée encore, l'un des fondateurs de la Société Théosophique sauva la vie de l'autre fondateur qui se trouvait alors être le fils aîné de celui qui est actuellement le Maître et l'Instructeur de tous deux ; il s'établit ainsi un lien karmique d'où sont résultées les relations les plus intimes entre ces trois Êtres. Notre Présidente, au cours d'une de ses vies dans un passé très éloigné, sauva la vie de son Maître actuel, en déjouant une conspiration qui avait pour but d'assassiner ce dernier ; un disciple qui vient de passer la première initiation sauva la vie du Bodhisattva, le suprême seigneur Maîtreya lui-même.

Tous ces faits sont indubitablement des liens karmiques et constituent des dettes qui seront amplement acquittées.

Il se peut donc que l'un de nous ait eu, dans une vie passée, quelque rapport avec l'un des Maîtres actuels et lui ait rendu un léger service ; dans ce cas, ce fait a été le commencement d'une association qui le conduira à l'état de disciple. Il arrive fréquemment que des êtres soient attirés les uns vers les autres par l'intérêt trek vif qu'ils éprouvent pour l'occultisme ; dans la suite des vies, lorsque quelques-uns ont distancé les autres, ceux qui furent autrefois des amis et des condisciples se trouvent tout naturellement rapprochés comme instructeurs et élèves.

Un homme peut, sans aucun doute, attirer l'attention des Maîtres de bien des façons différentes ; il peut arriver à l'entrée du sentier en suivant les traces de ceux qui ont une certaine avance sur lui soit par la force de pensées soutenues, par la dévotion ou par des efforts sérieux pour de bonnes œuvres ; mais ce ne sont que des subdivisions de la voie une, et toutes signifient que l'élève travaille à se rendre propre à l'une ou l'autre des lignes d'action pour la tâche qui lui incombera. Et, lorsque par une de ces méthodes, quelqu'un arrive à un certain niveau, il attire inévitablement sur lui l'attention des Maîtres de Sagesse et se met en quelque sorte en relation avec eux, mais, très probablement, non sur le plan physique. Les Maîtres, généralement, le mettent en rapport avec l'un ou l'autre de leurs disciples avancés, et c'est certainement le moyen le plus sûr puisqu'il est impossible à toute personne ordinaire, de s'assurer de la valeur exacte des communications astrales.

À moins d'avoir une grande expérience des faits médiumniques, il est très difficile à l'homme de se rendre compte que, sur le plan astral, se trouvent nombre d'entités très ordinaires qui brûlent du désir de se présenter comme de grands instructeurs. Elles sont généralement animées des meilleures intentions et s'imaginent réellement qu'elles sont chargées de donner des enseignements pour le salut du monde. Ayant quitté le plan physique, elles ont pu se rendre compte du peu de valeur des choses terrestres, et s'imaginent, avec raison, que, si elles pouvaient inculquer à l'humanité en général, les notions qu'elles ont maintenant acquises, la face du monde en serait complètement transformée. Elles sont aussi convaincues qu'elles n'ont qu'à répandre leurs découvertes sur le plan physique pour que chacun soit immédiatement frappé de leur logique, et, dans ce but, elles choisissent quelque femme facilement impressionnable, en lui disant qu'elles l'ont choisie entre toutes pour être le héraut de révélations merveilleuses.

Il est toujours flatteur pour une personne ordinaire de s'entendre dire qu'elle est le seul médium au monde susceptible de pouvoir être utilisé par quelque entité puissante, comme dispensateur d'un enseignement exclusif et transcendant ; même si l'entité qui se révèle ne prétend pas à tant de grandeur (ce qui n'est généralement pas le cas), cette conduite passe pour de la modestie, et on la dépeint tout au moins comme archange, lorsqu'on ne va pas jusqu'à la considérer comme une manifestation plus directe encore de la Divinité. Il y a une chose que l'entité oublie, c'est que, lorsqu'elle vivait sur le plan physique, des communications identiques lui ont été faites par différents médiums, mais que, absorbée alors par les affaires du monde, elle n'y a attaché aucune attention, n'en a pas été touchée, et qu'il en est de même pour le monde d'aujourd'hui qui poursuit sa route et ne s'occupe que de ses affaires, indifférent à tout ce que l'entité peut lui dire.

Le plus souvent, ces désincarnés s'attribuent, dans un but assez excusable, des noms célébrés, car, connaissant la nature humaine, ils savent que si un John Smith ou un Thomas Brown quelconque revient d'outre-tombe pour présenter telle ou telle doctrine, celle-ci aura bien peu de chance d'être adoptée, quelque bonne et vraie qu'elle puisse être ; au contraire, cette même théorie exprimée par un George Washington, un Jules César ou l'Archange saint Michel sera au moins prise en considération et très probablement acceptée aveuglément.

Tout homme conscient sur le plan astral possède une certaine clairvoyance qui lui permet de lire les pensées et les sentiments de ceux auxquels il s'adresse, aussi n'est-il pas étonnant que les entités de ce plan, lorsqu'elles se mettent en contact avec des théosophes, voyant dans leur esprit la profonde vénération qu'ils ressentent pour les Maîtres de Sagesse, s'ingénient à se faire passer pour ces Maîtres afin de rendre plus acceptables les idées qu'elles désirent répandre. Il ne faut pas oublier non plus que, parmi ces entités du plan astral, il y en a un certain nombre qui n'ont pas précisément une grande affection pour nos Maîtres et qui, en conséquence, cherchent, par tous les moyens, possibles, à leur être nuisibles. Elles ne peuvent évidemment atteindre directement les Maîtres ; c'est pourquoi elles essaient d'atteindre leurs disciples bien-aimés. Un des moyens qu'elles emploient facilement pour faire surgir des difficultés, est de prendre la forme du Maître que leur victime révère par-dessus tout ; la ressemblance est souvent parfaite, au point de vue extérieur, bien qu'elles n'aient jamais pu, à mon avis, reproduire l'expression exacte des yeux. Celui qui e développé la vision des plans supérieurs ne peut s'y tromper, car aucune de ces entités ne peut reproduire le corps causal d'un Maître.

Nous ferons donc bien de nous rapporter au sage précepte de *La voix du Silence:* "Ne cherche pas ton Gourou dans les régions mayaviques" (dans le domaine de l'illusion). N'accepte aucun renseignement d'un soi-disant instructeur du plan astral, mais reçois toute communication ou conseil provenant de cette source comme tu recevrais ceux que te fait un étranger sur le plan physique. Prends-les pour ce qu'ils valent, et accepte ou rejette-les selon ce que te dictera ta conscience, sans tenir compte de la source dont ils sont censés provenir. Recherche plutôt un enseignement qui satisfasse ton intelligence, et appliqué toujours le critérium de l'intellect et de la conscience.

Il ne faut jamais oublier que nos lignes de développement ne sont pas les seules. Les deux Maîtres qui sont le plus étroitement associés à l'œuvre de la *Société Théosophique* représentent deux rayons, ou méthodes d'enseignement ; mais il y en a d'autres. Toutes les écoles d'enseignement supérieur indiquent un entraînement préliminaire pour purifier le caractère ; les enseignements spéciaux donnés et les pratiques recommandées diffèrent selon le caractère de l'instructeur. Cependant, tous les Instructeurs appartenant à la Grande Loge Blanche insistent sur ce fait que l'on ne peut atteindre les degrés les plus élevés qu'en suivant la Voie de Sainteté, et l'apaisement du désir qu'en cherchant à vaincre celui-ci et non en y cédant.

Le disciple est employé par son Maître de différentes manières. Quelques-uns sont attachés aux lignes de travail indiquées dans *Les aides invisibles*[9] ; d'autres sont employés spécialement à aider les Maîtres dans un travail spécial qu'ils ont entrepris ; d'autres encore à donner astralement des conférences à des auditoires composés d'âmes moins développées, ou bien à assister et à enseigner ceux qui sont temporairement libérés du corps physique pendant le sommeil ou qui, après la mort, habitent d'une façon permanente le monde astral. Lorsque le disciple s'endort, le soir, il va généralement rendre ses comptes à son. Maître, et c'est alors que lui est indiqué le genre de travail auquel il doit se livrer. S'il arrive qu'il n'y ait rien de spécial à faire, il reprend son travail nocturne habituel quel qu'il soit. Chacun des aides invisibles a un certain nombre d'affaires ou de patients placés sous sa surveillance et qu'il visite régulièrement, exactement comme le fait un médecin sur le plan physique ; lorsqu'il n'a pas de travail spécial, il fait sa tournée habituelle, visite ses patients, en cherchant à leur faire le plus de bien possible. Il a donc toujours amplement de quoi remplir son temps quand sa présence n'est pas réclamée par une occupation spéciale, comme en cas de catastrophe où un grand nombre d'âmes sont simultanément précipitées sur le plan astral dans un état de terreur. Ce travail dans l'astral est enseigné au nouveau disciple par un des plus anciens disciples du Maître.

S'il est indispensable que le disciple suive une méthode spéciale de développement psychique sur le plan physique, le Maître la lui indique soit directement, soit par l'intermédiaire de l'un de ses disciples acceptés. Ce qui est alors prescrit diffère selon le caractère et les aptitudes du disciple, aussi est-il plus prudent, avant de tenter quelque pratique, d'attendre que des instructions nous soient données. Et même alors, il vaut mieux les garder pour soi et ne pas les communiquer à d'autres, car il est plus que probable qu'elles ne leur conviendraient pas. Ici, dans l'Inde, les instructeurs d'un ordre

---

9   *Les Aides Invisibles* par C. W. Leadbeater.

inférieur, ont chacun leurs méthodes propres qui dépendent d'une part de l'école de philosophie à laquelle ils appartiennent, et, d'autre part, du point de vue selon lequel' ils considèrent les mêmes faits. Mais quelles que soient leurs méthodes, ils les tiennent généralement secrètes afin d'éviter la responsabilité qui leur incomberait si elles étaient mal employées.

Le mal qui peut être fait par la publication d'un de ces systèmes semi-physiques a été clairement reconnu en Amérique où un livre, écrit par un Indou, s'est largement répandu. Cet instructeur mentionnait certaines pratiques avec circonspection; il avait même fait précéder son ouvrage d'une préface où il avertissait expressément ses lecteurs qu'une éducation préalable du caractère est indispensable; son livre a néanmoins fait beaucoup de mal, d'aucuns ayant imprudemment essayé les pratiques qu'il y expose sans tenir compte des avertissements donnés. Dans un voyage que je fis il y a quelques années dans ce pays, j'ai rencontré nombre de personnes qui ont fort compromis leur santé pour avoir tenté de suivre ses indications. Les unes étaient devenues folles, d'autres étaient atteintes de crises nerveuses, d'autres encore étaient obsédées par certaines entités malfaisantes. Pour que des pratiques semblables puissent être tentées en toute sécurité, il est absolument indispensable qu'elles soient entreprises (comme cela se fait toujours dans les Indes) en présence de l'Instructeur qui surveille les résultats et intervient immédiatement s'il voit que les choses tournent mal. Et même, dans ce pays, il est d'usage que le disciple reste à proximité physique de son instructeur, car, ici, on comprend ce que j'ai dit il y a quelque temps., à savoir que le premier et le principal travail du Maître est de mettre *l'aura* de son élève à l'unisson de la sienne; d'annihiler les effets produits par les conditions habituelles d'agitation qui prédominent dans le monde, et lui montrer comment il doit abandonner tout cela pour vivre dans une atmosphère de calme absolu. Un de nos Maîtres m'écrivait dans une de ses premières lettres: "Quittez votre monde pour venir dans le nôtre", et ceci n'implique pas naturellement un lieu, mais un état d'esprit.

Rappelez-vous que quiconque médite sur le Maître forme avec lui un lien défini qui peut être perçu par un clairvoyant comme une sorte de ligne lumineuse. Le Maître ressent toujours dans son subconscient le contact de cette ligne et envoie, par son intermédiaire, un fort courant de magnétisme qui continue à se faire sentir très longtemps encore après la méditation. La pratique régulière de la méditation et de la concentration est, pour l'aspirant, une source d'aide incroyable, et sa régularité est l'un des facteurs les plus importants. Cette pratique devrait être faite journellement à la même heure, et continuée, avec persévérance, même si aucun effet sensible ne se produit. Dans ce dernier cas, il faut bien se garder de se décourager, car le découragement est un obstacle qui empêche l'influence du Maître d'agir sur nous ; cela prouve aussi que nous pensons plus à nous-mêmes qu'au Maître.

LE SENTIER DU PROGRÈS

Lorsque nous posons comme principe que toute évolution émane du Divin et que nous ne sommes nous-mêmes que des parcelles de la flamme divine à laquelle nous devons être un jour réunis, nous posons souvent les questions suivantes qui, après tout, sont assez naturelles :

Pourquoi l'Être divin nous a-t-il voués à l'évolution puisque nous sommes des parties de lui-même et que nous sommes divins dès le commencement ? Pourquoi le Logos s'est-il manifesté dans la matière puisqu'il est, dès le commencement, perfection, gloire, sagesse ? Pourquoi en second lieu si nous émanons de l'Esprit Divin, avons-nous été plongés dans la perversité, et comment l'homme provenant d'une source aussi pure pu tomber dans cet avilissement que nous constatons chaque jour autour de nous !

Puisque ces questions se présentent si souvent il convient d'examiner comment il est possible d'y répondre.

Pourquoi le Logos s'est manifesté est une question qui n'est guère de notre ressort. Il suffit de se dire qu'il l'a voulu, que nous faisons partie de son plan, et qu'il est par conséquent, de notre devoir d'essayer, dans la mesure du possible, de comprendre ce plan et de nous y adapter. Mais quiconque désire s'éclairer sur ce mystère ne trouvera peut-être rien de plus satisfaisant que ce qu'ont dit les Docteurs Gnostiques :

"Dieu est Amour, mais l'Amour ne peut être parfait que s'il s'adresse à d'autres qui, à leur tour, peuvent lui retourner cet amour. Dans ce but, il a projeté une partie de Lui-même dans la matière et Il a limité Sa gloire, afin que, par le processus long et naturel de l'évolution, nous soyons appelés à l'existence ; et nous, à notre tour, selon Sa volonté, devons évoluer jusqu'à ce que nous ayons atteint Son niveau : le véritable Amour de Dieu deviendra alors plus parfait du fait qu'il se répandra sur ceux qui, étant Ses propres enfants, comprendront cet Amour et le lui rendront ; et ainsi Son plan se trouvera réalisé, Sa volonté sera accomplie."

Quant à se demander pourquoi l'émanation a été produite par ce moyen particulier, cela encore n'est pas de notre ressort, car nous n'avons à considérer que les *faits* de l'évolution et non les raisons qui l'ont déterminée ; néanmoins, il n'est pas bien difficile, semble-t-il, d'indiquer comment il est possible de répondre. Il est parfaitement vrai que l'homme est une émanation de la substance Divine, mais il faut se rappeler qu'au moment de son émanation, la substance n'est pas différenciée, qu'elle est inconsciente, du moins à notre point de vue ; c'est-à-dire qu'elle est *potentiellement* consciente, plutôt que consciente dans le sens que nous donnons d'ordinaire à ce mot.

Dans sa descente dans la matière, cette substance s'enrobe simplement de la matière des différents plans qu'elle traverse, et ce n'est qu'au moment où elle a atteint le point le plus bas de son évolution, dans le règne minéral, et qu'elle commence son ascension vers le niveau d'où elle est partie, qu'elle se prépare à développer ce que nous appelons la conscience. C'est pour cette raison que l'homme a commencé d'abord par développer sa conscience sur le plan physique, et ce n'est qu'ensuite qu'il peut devenir conscient sur les plans astral et mental.

Il est évident que Dieu aurait pu, par un acte de Sa volonté, créer l'homme parfait, obéissant serviteur de la loi, mais il est non moins évident que, dans ce cas, l'homme n'eût été qu'un automate, et que la volonté agissant en lui eût été la volonté de Dieu et *non la sienne propre*. Le Logos a voulu, de Sa propre substance, appeler à l'existence des êtres qui seraient semblables à Lui en puissance et en gloire, absolument libres de choisir ce qui est juste et non ce qui est mal, car, en plus du pouvoir parfait, ils auraient la connaissance et l'amour parfaits.

Pour obtenir ce résultat, il serait difficile d'imaginer un autre plan que celui qui a été adopté ; à savoir celui de laisser l'homme *libre* et par conséquent sujet à l'erreur. Mais, par ces erreurs mêmes, il acquiert l'expérience ; et bien que dans un tel plan le mal soit inévitable comme aussi, par conséquent, le chagrin et la souffrance, il ne s'ensuit pas moins que si ces facteurs nécessaires à l'évolution de l'homme sont bien compris, nous constaterons que le mal, ainsi que le dit le proverbe chinois, n'est que l'ombre épaisse du bien. Et il est absolument vrai que, si sombres que nous paraissent les nuages, ceux-ci n'étant que passagers de par leur nature même, le radieux soleil, qui brille toujours derrière eux ne tardera pas à les dissiper ; ainsi est justifié le vieux dicton d'après lequel *toutes* choses, même celles qui nous y paraissent le moins propres, travaillent ensemble pour le bien.

Ceci tout au moins est reconnu comme une vérité absolue par ceux qui ont fait quelque réel progrès et ont pu l'expérimenter par eux-mêmes ; s'ils peuvent en montrer l'évidence à d'autres, ils peuvent tout au moins en parler avec certitude ; leur témoignage n'est pas sans valeur pour les âmes qui s'efforcent encore d'arriver à la, lumière.

Quant à la seconde question, nous trouvons qu'elle contient trop d'affirmations. Il n'est pas juste de dire que nous sommes envoyés ici-bas dans la perversité et avilissement. En réalité *nous* n'avons pas été envoyés du tout, et les choses se sont passées tout autrement. Le Logos émet le courant de force que nous pouvons décrire comme étant une partie de Lui-même ou de Son enveloppe. Ce courant contient, en potentialité, une infinité de monades, dont chacune, lorsqu'elle se sera complètement développée, pourra elle-même devenir un Logos. Mais, pour arriver à un tel développement, il est nécessaire que cette monade se manifeste à travers les états de matière variés, que son individualité s'édifie lentement et graduellement et ensuite que certaines qualités, à l'état latent, soient manifestées. C'est là le processus de l'évolution, et toutes les grandes lois de l'univers sont combinées pour le faciliter. Dans les premiers stades, la manifestation de la monade est entièrement soumise à ces lois, la monade n'ayant encore aucune sorte d'individualité ni une âme qui lui appartienne en propre.

Arrive le stade auquel l'individualisation à naître est atteinte, et la volonté commence à se développer. Le plan du logos est de laisser à l'homme une certaine somme de liberté (une bien faible tout d'abord) pour exercer sa volonté naissante ; et, selon les statistiques, cette individualité primitive exerce naturellement sa volonté aussi souvent pour le mal que pour le bien, bien qu'il y ait presque toujours pour la diriger, des Instructeurs appartenant à des évolutions précédentes. Quand elle emploie sa volonté pour le mal (c'est-à-dire dans une direction opposée à celle de l'évolution) le fonctionnement mécanique des lois de la nature amène la souffrance, résultat de la mauvaise action. Comme ce résultat se reproduit maints et maintes fois, l'Égo primitif apprend finalement, par expérience, qu'il doit se conformer aux sages instructions qui lui sont données ; dès qu'il a pris cette détermination, que celle-ci est pour ainsi dire devenue partie de lui-même, une plus grande liberté d'action lui échoit en partage.

Là encore, il agit tantôt mal tantôt bien, et le même processus se renouvelle encore et encore amenant toujours la souffrance dès qu'il y a erreur. Là où il y a "perversité et avilissement" c'est toujours le résultat des actions des hommes qui ont employé leur libre arbitre à faire le mal, mais qui sont sur le chemin d'apprendre à bien l'employer. Dès que cette leçon aura été universellement apprise, tous ces mauvais résultats disparaîtront. Il est donc évident que tout le mal qui existe dans le monde provient de la conduite même de ses habitants et est temporaire par nature. Si terrible et si profondément enraciné qu'il nous paraisse, le mal doit, de par la force des choses, disparaître un jour, quand ses causes elles-mêmes n'existeront plus. Tant que le mal existe, nous devons nous blâmer, sans nous en prendre à la grande Cause Première, mais à nous-mêmes, qui allons toujours à l'encontre du plan qu'elle a établi.

Nous exhortons souvent les gens à suivre la bonne voie plutôt que la mauvaise, mais la vérité est, je crois, que l'homme suit toujours la bonne voie s'il la connaît avec certitude. La difficulté est que, dans bien des cas, les enseignements supérieurs semblent vagues et irréels à beaucoup de gens ; bien qu'ils prétendent y croire, et pensent réellement y croire, ils trouvent ces enseignements trop vagues pour les appliquer lorsqu'arrive le moment d'agir.

Que de gens, par exemple, se croyant religieux, recherchent encore les honneurs et la richesse. Cette attitude serait tout à fait raisonnable s'ils étaient matérialistes et s'ils ne prétendaient pas croire à quelque chose de supérieur, mais il est vraiment illogique et déraisonnable de voir un homme religieux, se consacrer à la recherche des biens de ce monde. Le fait est qu'il n'a pas une croyance bien sincère dans sa religion, et qu'il n'est guère convaincu des vérités qu'elle enseigne, autrement il aurait une conduite tout antre. Il poursuit les objets dont l'existence est une certitude pour lui, et il est sûr, sans la moindre restriction mentale, que la richesse et le pouvoir sont désirables. Il sait que ces choses lui sont nécessaires et croit savoir que, s'il les obtient, elles lui donneront le bonheur. Aussi consacre-t-il toutes ses énergies et tout son temps à les acquérir, et nous devons nous rappeler que, ce faisant, il développe tout au moins sa volonté et sa persévérance.

Or, si vous pouvez arriver à lui faire comprendre la valeur des choses supérieures aussi bien qu'il comprend maintenant celle de l'argent, il dirigera immédiatement sa volonté et sa persévérance vers un but supérieur ; il se mettra à la recherche des choses supérieures avec l'ardeur qu'il consacre maintenant à poursuivre des chimères. Et c'est là ce que l'étude de la Théosophie pourra lui apprendre. Celui qui comprend la Théosophie à fond sait qu'il est ici-bas dans un but déterminé et qu'il doit s'efforcer de toutes ses forces d'atteindre ce but. Il comprend qu'il y a des choses et des buts dignes d'être poursuivis, et il s'y consacrera avec cette même ardeur qu'il employait autrefois à acquérir les honneurs et la richesse.

Mais, pour cela, il ne suffit pas de prendre un vague intérêt à la Théosophie, ni de se contenter de lire quelques livres; il faut croire réellement à sa doctrine et être convaincu de la vérité de ses enseignements. Le seul moyen d'acquérir cette conviction profonde est d'en avoir vérifié une partie, quelque faible qu'elle soit, par soi-même. Sans aller si loin, un homme peut être convaincu des vérités de la Théosophie et se rendre compte qu'en dehors d'elle rien n'est logiquement possible; mais combien peu d'entre nous ont le courage d'agir selon des convictions intellectuelles lorsqu'il s'agit de choses si complètement en dehors de notre expérience; pour la plupart d'entre nous, il est nécessaire qu'une petite partie de la doctrine, un échantillon pour ainsi dire, nous soit nettement connue et que nous l'ayons vérifiée.

Nous qui avons été les premiers étudiants de la Théosophie, nous avons éprouvé les mêmes sentiments que les étudiants d'aujourd'hui, et quand, il y a trente-cinq ou trente-sept ans, nous demandions à Mme Blavatsky s'il nous serait possible de vérifier Ces choses par nous-mêmes, elle nous répondait de suite affirmativement. Elle nous disait que si nous voulions prendre la peine de développer les facultés requises, nous arriverions sans aucun doute à contrôler par nous-mêmes la vérité d'une grande partie de l'enseignement. Elle nous avertissait que la route serait longue et laborieuse et que personne ne pouvait dire d'avance le temps qu'il' faudrait à chacun pour la parcourir. Mais, d'un autre côté, elle nous consolait en disant que le but serait sûrement atteint, sinon dans cette vie, du moins dans une vie friture, par tous ceux qui se mettaient en route.

Si ces paroles nous encourageaient, elles ne laissaient pourtant pas que de nous effrayer ; néanmoins un certain nombre d'entre nous la crurent sur parole et se mirent à l'œuvre de tout leur cœur et de toute leur âme, s'efforçant de vivre la vie prescrite et d'accomplir la tâche qui se présentait à nous. Les succès obtenus furent très variés, mais je crois pouvoir dire que, parmi ceux qui entreprirent cet effort sans aucune défaillance, il n'y en a pas eu un seul qui n'ait obtenu un certain résultat, résultat suffisant, en tout cas, pour lui démontrer la vérité de ce qui lui avait été dit, et lui prouver que si les progrès obtenus n'avaient pas été ceux qu'il espérait, la faute en était visiblement à lui et non à ses instructeurs.

Quelques-uns d'entre nous cependant réussirent à vérifier par eux-mêmes un grand nombre des enseignements donnés par les Maîtres ; les expériences ne se portèrent d'abord que sur des choses de moindre importance : faits relatifs à nous-mêmes, à nos véhicules, à nos possibilités, et aussi à la vie astrale immédiate qui nous entoure. Puis, plus tard, à la suite d'efforts énergiques et persévérants, nous développâmes les facultés du corps mental, et commençâmes à comprendre, pour la première fois, tout ce qui avait été écrit pour nous sur la vie céleste, ce que nous n'avions pas saisi tout d'abord, les facultés que nous avions alors à notre disposition ne nous permettant pas de comprendre. Par des efforts plus grands encore, nous développâmes les facultés du corps causal, et le monde des vérités supérieures s'ouvrit alors devant nous.

Nous fûmes alors en état de lire dans les registres du passé et de voir comment le vaste plan du Logos se développe lentement et se continue, s'achève, se poursuit grâce aux renaissances successives selon les grandes lois d'évolution et de causalité. Nous pûmes voir clairement que nous faisons incontestablement partie de ce vaste plan et que, par conséquent, c'est notre devoir, et même notre intérêt, de nous y associer et de coopérer intelligemment à son exécution. Il n'y a plus pour nous aucun doute sur le fait de la grande évolution et sur l'avenir de l'humanité, puisqu'il était clair pour nous que nous nous étions élevés des règnes inférieurs et puisque nous pouvons voir, à la fois, nombre de stades au-dessous et au-dessus de nous. Tous les différents stades de la vie humaine se montraient à nous comme les degrés d'une échelle ; nous pûmes voir ces échelons s'étendant en haut et en bas, à partir du point que nous occupions nous-mêmes, et sur tous ces échelons il y avait des êtres en train de gravir l'échelle.

Les Maîtres, qui nous paraissaient se tenir au sommet de cette échelle, nous assurèrent qu'ils étaient des hommes comme nous et qu'eux aussi avaient dû franchir le degré que nous occupions actuellement ; entre eux et nous il n'y avait pas de solution de continuité, chaque échelon de l'échelle étant occupé, et nous pûmes nous-mêmes constater les progrès, d'un échelon à l'antre, de ceux qui se trouvaient au-dessus de nous. Quand, par l'accoutumance, la lumière resplendissante des plans supérieurs nous aveugla moins, nous vîmes que bien au-dessus même du niveau si élevé occupé par les Maîtres d'autres hauteurs plus immenses s'élevaient encore. Là se tiennent les Manous, les Christ, les Bouddha, les Lipikas, les grands Devas, les Dhyân-Chohans, et bien d'autres dont nous ne pouvons rien connaître si ce n'est qu'ils existent et qu'ils font partie, même à la hauteur ineffable où ils se trouvent, de la même immense chaîne.

Le passé entier s'étend devant nous ; nous connaissons les haltes de la route, les chemins de traverse qui s'y embranchent ; et ainsi se trouve justifiée la confiance que nous avons d'arriver un jour, là où ces Grands Êtres se tiennent aujourd'hui. En voyant et en comprenant que cette destinée est inévitablement la nôtre, nous comprenons qu'essayer d'y résister serait complètement inutile. Le progrès est notre loi. Dans le progrès seul réside notre bonheur et notre sécurité. En ce qui concerne le progrès qui s'étend devant nous dans cette chaîne particulière de mondes, la grande majorité d'entre nous est loin encore d'être ce que nous appelons en termes techniques "en sûreté" ou "sauvés". Nous n'arriverons à cette position enviable que lorsque nous serons devenus membres de la Grande Fraternité qui perdure d'une éternité à l'autre, en passant la première des grandes initiations, celle du Sotâpatti ou Strotapânna, de l'homme qui entre dans le courant.

Avoir franchi ce degré, c'est avoir obtenu le résultat le plus important et passé le point le plus critique de l'évolution humaine tout entière. Car, au cours de cette évolution, trois points principaux émergent au-dessus des autres. Le premier est l'entrée dans l'humanité : l'individuation, l'obtention d'un corps causal, le fait de devenir un Égo défini, et en apparence séparé. Acquérir cette individualité, tel a été le but de l'évolution animale, et son développement sert à un dessein bien défini. Le but est de construire un centre d'individualité vigoureux à travers lequel le Logos puisse, éventuellement, déverser Ses forces. Quand ce centre vient à être formé, il n'est d'abord qu'un Égo enfant, encore faible et mal assuré ; pour qu'il devienne fort et bien déterminé, il doit commencer par l'égoïsme farouche du sauvage. Un mur épais d'égoïsme doit être maintenu pendant bien des vies autour de l'Égo pour que, à l'intérieur, le centre puisse croître et devenir de plus en plus défini.

On peut comparer cet égoïsme à une espèce d'échafaudage absolument nécessaire pour la construction, mais qu'il faut enlever dès que cette construction est achevée si l'on veut qu'elle puisse servir à l'usage projeté. L'échafaudage n'est pas beau et s'il était conservé une fois l'édifice terminé, celui-ci serait inhabitable ; cependant, sans son aide, la construction n'aurait pu être menée à bien. La création de ce centre a pour but de former un canal par lequel les forces du Logos rayonnent sur le monde, et ce rayonnement ne pourrait se faire si l'égoïsme persistait ; néanmoins, sans cet égoïsme, ce centre puissant aurait été impossible à établir. Nous voyons donc que ce défaut, le plus déplaisant qui soit, a cependant son utilité dans l'évolution. Aujourd'hui, pour nous, son œuvre est achevée et nous devrions en être débarrassés. Mais il est inutile de nous montrer sévères pour l'homme ordinaire qui, lui, manifeste encore ce mauvais sentiment, puisqu'il démontre simplement que ce qui était chez le sauvage une vertu nécessaire persiste encore chez l'homme civilisé. Le fait est que l'égoïste est un anachronisme, une survivance de la sauvagerie préhistorique. Il devrait avoir complètement disparu.

Comment donc cet homme pourra-t-il arriver à ne plus être égoïste et à se mettre au niveau du courant montant de l'évolution ! Les méthodes adoptées par la nature pour arriver à cette fin sont nombreuses et variées bien que fondamentalement une. Car ce qui importe, pour l'homme, c'est d'atteindre l'Unité. Il y arrive souvent en élargissant graduellement le champ de ses intérêts. Au lieu de penser à lui-même comme étant une unité, il commence à considérer comme telle la famille pour laquelle il travaille, et, en se limitant à celle-ci, il devient peu à peu désintéressé. Plus tard, il étend ses sentiments jusqu'à comprendre dans cette unité la tribu ou clan auxquels il appartient, et, dans les limites de ce clan, il apprend le désintéressement, tout en restant égoïste pour tout ce qui est en dehors, jusqu'à piller et voler les tribus voisines qu'il regarde comme des ennemis naturels. Plus tard encore, il étend ses conceptions de l'unité, jusqu'à y englober, au moins à certains égards, la nation à laquelle il appartient.

C'est à peu près à ce stade de transition qu'est arrivée actuellement la majeure partie de l'humanité. Dans presque toutes les questions de moindre importance, l'homme lutte encore pour les intérêts de sa famille contre ceux des autres familles ; mais dans les questions d'ordre plus général, il reconnaît que ses intérêts sont liés avec ceux des autres, et c'est dans ces questions qu'il développe le patriotisme et le sentiment de nationalité. Pourtant, même dans ces questions, il manifeste encore des sentiments égoïstes à l'égard de toutes les autres familles qui parlent une autre langue que la sienne et qui sont nées sous un climat différent. À un moment donné, dans l'avenir, l'homme ordinaire étendra sa conception de l'Unité à l'humanité tout entière, et, alors, nous pourrons dire que, par un lent processus, il est enfin devenu désintéressé.

Tout en apprenant à élargir sa manière d'envisager ses relations avec autrui, il apprend aussi un fait qui le concerne lui-même. Tout d'abord il se convainc qu'il n'est pas son corps physique ; plus tard, qu'il n'est pas ses sentiments, et plus tard encore qu'il n'est pas même son intellect. Ceci l'amène éventuellement à se rendre compte qu'il est l'Égo ou l'âme, et, à une période plus éloignée encore, que même cet Égo n'est séparé qu'apparemment et, qu'en réalité, il n'y a qu'une seule unité transcendante.

C'est ainsi que l'homme parcourt la ronde pénible des sept cent soixante-dix-sept incarnations, période de progrès lents et pénibles et d'incertitude torturante ; mais finalement, après toutes ces luttes, l'incertitude cesse du jour où l'on s'abandonne au courant qui "sauve" l'homme à jamais ; et c'est là le second et le plus important point de son évolution. Toutefois, avant de franchir ce degré, l'homme doit avoir appris à coopérer consciemment avec la nature, il doit avoir délibérément pris en main sa propre évolution. La connaissance de l'Unité qui le rend désintéressé lui inspire aussi le désir d'être utile en l'incitant à étudier et à se perfectionner lui-même, lui donne une raison pour agir et un critérium à l'aide duquel il peut singer les sentiments et les pensées qu'il génère ainsi que la valeur de tout ce qui se présente à lui.

Comment doit-il alors commencer à se perfectionner Il doit évidemment arracher d'abord les mauvaises herbes, c'est-à-dire éliminer tous ses défauts un par un, puis s'efforcer d'acquérir les vertus et les développer. Il doit se mettre résolument à aider ses semblables si inhabile qu'il se sente tout d'abord à cette tâche inaccoutumée. La construction du caractère est très lente et difficile, car nombreuses sont les forces qui se dressent contre lui, forces qu'il a lui-même générées dans le passé. Pendant bien des années, il a cédé aux penchants funestes de ses passions, et, de ce fait, celles-ci ont acquis une grande influence.

Prenez le cas de la colère par exemple. L'homme a, dans le passé, pris l'habitude de céder à des mouvements de colère, et, chaque fois qu'il y retombe, il rend plus difficile l'effort qu'il fait pour se maîtriser : une habitude s'est ainsi enracinée, et une grande somme d'énergie a été accumulée dans ce sens. Celle-ci est emmagasinée, non pas dans l'Égo comme qualité inhérente, mais dans l'atome astral permanent, et quand l'homme comprend enfin combien la colère est mauvaise, qu'il se met à la combattre, il lui faut lutter contre cette accumulation de forces qu'il a lui-même générées pendant de nombreuses vies passées. Aussi trouve-t-il la tâche difficile et rencontre-t-il sur son chemin, bien des insuccès et des découragements ; mais le fait qu'il importe pour lui de bien comprendre, c'est que, quelque nombreuses que soient ses chutes, la victoire est néanmoins une certitude scientifique absolue, s'il veut se donner la peine de persévérer.

Si grande que soit la somme de forces qu'il a accumulées, cette somme est limitée, et chaque effort que l'homme fait pour la surmonter la réduit en proportion de l'effort donné. Mais, il y a de son côté, une force qui, elle, est illimitée ; si sa volonté est assez énergique, il continuera, à travers bien des vies si cela est nécessaire, en renouvelant toujours les forces du bien avec lesquelles il combat le mal ; et, dans cet effort, il est aidé par les forces infinies du Logos lui-même, cette évolution étant en accord avec Sa volonté. Jusqu'à ce que l'homme ait saisi le principe d'Unité, il n'a pas de mobile suffisant qui le pousse à entreprendre la tâche pénible et désagréable d'édifier son caractère ; mais lorsqu'il en a compris la nécessité, la raison qui l'incite à en faire l'essai est tout aussi forte, même s'il a échoué un millier de fois comme il l'a fait au commencement. Si nombreux que soient ses échecs, l'homme ne doit pas se décourager puisque s'il a compris les desseins du Logos, il sait que si la lutte est ardue il a pour lui des forces illimitées qui le soutiendront et lui assureront enfin la victoire.

Afin d'être sûr de se rappeler d'une vie à l'autre le but qu'il se propose, l'homme doit chercher à élever sa conscience au niveau de l'Égo. Pendant les périodes où il n'est pas encore assez développé, il enregistrera néanmoins ce souvenir dans les atomes permanents, qui le transmettront d'une vie à l'autre. Si l'homme peut élever sa conscience au niveau de l'Égo il renaîtra ayant en lui cette connaissance ; s'il ne peut faire impression que sur les atomes permanents, la connaissance ne renaîtra pas avec lui comme partie intégrante de son fonds, mais, du moment où cette connaissance se présentera à lui sous une forme quelconque dans sa prochaine incarnation, il en reconnaîtra immédiatement la vérité, la saisira, et agira en conséquence. Cette pratique constante de la vertu, cet accroissement continu de connaissance conduira certainement l'homme au portail du sentier de probation, et, de là, à la Grande Initiation dont nous avons parlé.

Après cette Initiation, le troisième point doit nécessairement suivre : il consiste à atteindre la rive éloignée de ce courant, par l'acquisition de l'Adeptat, et, à ce moment, l'homme quitte l'évolution humaine proprement dite pour entrer dans l'évolution suprahumaine. On nous dit que le jour où l'homme est entré dans ce courant il lui faut une moyenne de sept incarnations pour atteindre le quatrième stade, celui de l'*Arhat*, le noble, le vénérable, le parfait. Cette période de sept incarnations est plus souvent prolongée qu'abrégée et les vies se succèdent généralement sans qu'il y ait de période intermédiaire dans le monde céleste. En général, ce sont seulement les hommes arrivés à ce stade qui peuvent se dispenser de la vie céleste et y renoncer.

D'autre part, ceux qui ont la chance d'être choisis pour participer à la noble tâche que les Maîtres préparent pour nous, celle de travailler sous la direction du Manou chargé de la fondation de la sixième Race-Racine, ceux-là, dis-je, devront passer par plusieurs incarnations successives sans périodes intermédiaires de repos dans le monde céleste. Cela est néanmoins subordonné à la règle qui veut que tout homme expérimente l'état de conscience dans le monde céleste avant de pouvoir renoncer à ce monde ; en outre, ce n'est pas là simplement une question de renoncement volontaire à une récompense, mais encore faut-il être suffisamment avancé pour pouvoir momentanément se passer de cette partie de l'évolution qui, pour la majorité, se fait généralement pendant la vie céleste.

Quand l'homme arrive au stade de l'*Arhat*, on peut dire qu'il a parcouru la moitié du chemin qui, de la première initiation, conduit à l'état d'adepte, car il a brisé cinq entraves sur les dix qui empêchent l'homme d'arriver au nirvana. Il lui reste encore à briser les cinq autres, et, pour cela aussi, on lui accordé une moyenne de sept incarnations ; mais il faut bien comprendre que cette moyenne n'est pas une règle, la plupart des hommes y mettant plus de temps, tandis que d'autres, grâce à une ferme détermination, une persévérance inlassable, passent ces initiations dans un temps relativement beaucoup plus court. Il est un cas où un homme, ayant commencé de très bonne heure dans sa vie et fait de grands efforts, a pu passer quatre des grandes Initiations dans une seule incarnation, mais c'est là un fait excessivement rare ; pas un candidat sur dix mille n'en serait capable.

Il faut se rappeler que le niveau de l'*Arhat* implique le plein pouvoir d'employer le véhicule bouddhique et que, lorsque l'homme est conscient dans ce corps, le corps causal disparaît, et rien ne peut l'obliger à le reconstruire. Il est donc bien clair que les sept vies qui lui restent à parcourir avant d'atteindre le niveau de l'Adeptat ne nécessitent pas une descente sur le plan physique et, par conséquent, peuvent ne pas être ce que nous entendons ordinairement par incarnations. Néanmoins, dans la grande majorité des cas, ces vies ont lieu sur le plan physique à cause du travail que doit accomplir sur ce plan la Grande Fraternité.

Le candidat passe ces quatorze vies à parcourir les différents stades de la voie de Sainteté et à acquérir les qualités requises qui sont indiquées en détail dans le dernier chapitre des *Aides invisibles*. Celui qui devient le disciple de l'un de nos Maîtres choisit toujours, non la voie qui mène à une libération égoïste — et qui consiste à équilibrer le bon et le mauvais karma, à vaincre les désirs, pour ne plus être astreint aux réincarnations — mais il choisit la voie de renonciation dans laquelle l'homme, ayant compris le plan du Logos, s'y consacre tout entier et ne vit plus que pour contribuer à l'avancement de ses frères en humanité.

Cette voie a été appelée "La Voie de la souffrance" par suite de l'esprit de sacrifice permanent qu'elle implique ; mais cette dénomination n'est pas juste car, s'il est vrai qu'il y ait souffrance, celle-ci est ressentie par ce qu'il y a d'inférieur en lui, et si l'homme, par négligence ou paresse, évitait cette souffrance en n'accomplissant pas son devoir, sa souffrance serait beaucoup plus grande encore sur les niveaux supérieurs, sous forme de remords. La part de souffrance inévitable provient de ce que l'étudiant s'efforce de faire ici, et maintenant, dans la *quatrième* ronde, ce qu'il sera facile et naturel d'accomplir dans la *septième* ronde. Alors, tous nos véhicules seront beaucoup plus développés ; la matière même dont ils sont composés se trouvera dans une condition tout autre ; les sept spirilles de l'atome physique seront toutes actives, au lieu des quatre qui seules fonctionnent actuellement. Il est donc évident que la contrainte imposée à nos véhicules non encore entièrement développés, pour leur faire exécuter un travail qui sera comparativement facile à ceux qui, dans des millions d'années, auront atteint leur plein développement, il est évident, dis-je, que cette contrainte, comporte un effort excessif qui doit nécessairement produire une certaine souffrance.

Cette situation peut être comparée à celle de l'athlète qui consent gaiement à supporter la souffrance et les privations lorsqu'il subit un entraînement préparatoire pour la course ou la lutte. S'il veut être vainqueur, il doit imposer à son corps physique des exercices plus violents que ceux qu'il fait naturellement, lui refuser bien des choses qu'il aime et dont la privation lui est pénible jusqu'à provoquer parfois une véritable souffrance. Mais, en vue du but à atteindre, il supporte tout cela gaiement, et si, pour éviter ces faibles ennuis momentanés, il rejetait l'occasion de prendre part à la lutte, il est probable que, plus tard, en voyant ses camarades victorieux, un sentiment de remords s'infiltrerait en lui, causant une souffrance plus aiguë sur un plan supérieur. Il en est de même des efforts nécessaires au progrès sur le sentier de la renonciation ; l'homme qui s'écarterait de cette voie par suite des difficultés et du labeur excessif qu'elle présente, souffrirait ensuite d'une façon plus cuisante en voyant plus tard ses frères qu'il aurait pu aider, gravir sans secours le rude sentier, et succomber sous la misère qu'il eût pu soulager s'il n'avait écouté ses sentiments d'égoïsme.

La souffrance n'atteint pas le "moi", mais seulement ses véhicules inférieurs lorsque ceux-ci sont prématurément soumis à un travail au-dessus de leurs forces. Une comparaison nous aidera à comprendre cette idée ; prenons, par exemple, la croissance des crabes et des crustacés en général. Ceux-ci ont, pour les protéger, leurs os à la surface, sous forme de carapace, tandis que les nôtres sont à l'intérieur sous la forme de squelette. Le grand inconvénient dans la structure du crustacé, c'est que, lorsqu'il se développe, il est obligé de briser sa carapace et d'attendre qu'une autre se forme, ce qui doit être un processus à la fois douloureux et gênant. De même, dans le processus de notre croissance, nous formons autour de nous des coques de pensées, comme si nous étions des crustacés mentaux. Puis, à un moment donné, la coque devenant trop petite, nous faisons toute une série d'efforts pour rassembler à l'intérieur les produits de la nouvelle récolte, et les y faire tenir tant bien que mal. Finalement, ce procédé devient impossible, et il nous faut, non sans douleur, briser la coque. Cela est inévitable, cependant ; aussi ne faut-il pas vous irriter contre le karma et les lois immuables de la nature, car c'est vous-mêmes qui, dans le passé, avez formé cette coque, et c'est à vous maintenant qu'il appartient de la briser. Mais si vous ne voulez pas subir les inconvénients résultant de ce déchirement, votre souffrance sera plus grande encore par le sentiment de regret que vous éprouverez en voyant qu'aucun progrès n'a été fait.

La plupart des gens s'effraient à l'idée d'un changement quelconque et surtout d'un changement de croyances ; cela provient non seulement de préjugés héréditaires, mais aussi d'une réelle crainte du doute — de la crainte que l'esprit ne sache plus où jeter l'ancre après avoir été à la dérive. Bien des gens sont absolument incapables de trouver des arguments rationnels pour défendre leurs croyances et répondre aux questions qu'elles soulèvent inévitablement ; malgré cela, ils tremblent à l'idée de les abandonner. Tôt ou tard, il leur faudra les abandonner, quoique l'élargissement de leur foi doive être inévitablement accompagné de souffrance. Certes, il n'y aurait plus de souffrance pour nous si nous ne brisions jamais la coque qui nous environne, mais, par contre, il n'y aurait pas de progrès.

La vie du disciple est pleine de joie, n'en doutez pas un instant; mais ce n'est pas non plus une vie facile. Sa tâche est ardue et la lutte longue et pénible. Réduire à quelques courtes vies l'évolution de millions d'années — évolution pour laquelle le processus de la nature accorde trois rondes et demie — n'est pas précisément un petit devoir de vacances. Notre Présidente a écrit quelque part:

> "Les disciples sont les creusets de la nature, creusets dans lesquels les éléments de nature nuisible sont dissociés et recombinés en éléments de nature à concourir au bien général."

Il n'est pas *nécessaire*, pour personne, de devenir ce creuset; il serait plus juste de dire que c'est là une sorte de privilège ardemment recherché; plus juste encore de dire que, du jour où l'homme *a vu* le grand sacrifice du Logos, il ne peut plus faire autre chose que de s'y joindre pour y participer de son mieux et l'aider, quoiqu'il en coûte à sa nature inférieure. Ce n'est pas là un jeu d'enfant. La chose implique, au contraire, de grands efforts. Cependant un étudiant foncièrement convaincu comprendra vite qu'on peut arriver à aimer son travail au point d'y trouver tant de joie que tout ce qui ne s'y rattache pas ne procure plus aucun plaisir digne d'être goûté, bien que ce travail impose aux facultés et aux véhicules physique, astral et mental une tâche presque surhumaine.

Il faut se rappeler que, lorsque l'humanité, en général, aura ce travail à effectuer et cette évolution à accomplir, elle y sera mieux préparée que l'homme qui, aujourd'hui, essaye de prendre la route plus courte et plus escarpée. La plupart de ces difficultés proviennent de ce que ses efforts s'exercent par l'intermédiaire de corps appartenant à la quatrième ronde, alors que pour atteindre plus tard les mêmes résultats, la nature prépare, dans le cours des âges, à ses enfants moins aventureux, les splendides véhicules de la septième ronde. Il est évident que pour posséder ces véhicules glorieux, les âmes plus faibles auront le même travail à accomplir ; mais étant répartie sur des milliers d'incarnations la tâche sera naturellement moins pénible.

Cependant, au milieu de ses luttes, le disciple éprouve sans cesse une joie indicible, une paix et une sérénité que rien sur terre ne peut troubler. S'il ne ressentait pas cette joie, il serait un serviteur infidèle du Maître, car les efforts faits sur ses véhicules n'auraient abouti qu'à rendre nulle sa perception du Soi intérieur ; il se serait ainsi identifié avec sa nature inférieure au lieu de s'unir à sa nature supérieure.

Il est donc quelque peu ridicule de qualifier cette voie de voie douloureuse, puisqu'il est de toute évidence que si le disciple ne l'avait pas choisie, une douleur bien plus grande lui serait échue en partage. D'ailleurs, il est un fait certain, c'est que la véritable souffrance est inconnue à l'homme qui fait réellement son devoir : "L'homme de bien, ô mon bienaimé, n'entre jamais dans la voie de la douleur" (*Bhagavad-Gîtâ*, VI, 40).

Ce qui précède concerne la vie intérieure du disciple, mais si l'on considère ce qu'il aura à souffrir sur le plan physique, les termes : voie de douleur sont certes bien appropriés, du moins s'il doit se livrer à une œuvre publique pour essayer d'aider le monde. Ruysbroek, le mystique flamand du XIVe siècle, dit au sujet de ceux qui entrent sur la voie :

> "Ces malheureux êtres sont parfois privés des bonnes choses de la terre, de leurs amis, de leurs parents, et sont abandonnés de toutes les créatures ; leur sainteté est mise en doute et méprisée ; les hommes interprètent faussement tout ce qu'ils ont pu faire dans leur vie ; ils sont repoussés et dédaignés par tous ceux qui les entourent ; et quelquefois même ils sont affligés de maux divers."

Rappelez-vous aussi ce que dit Mme Blavatsky.

"Où pouvons-nous voir dans l'histoire un messager, grand ou petit, Initié ou néophyte qui, chargé d'annoncer des vérités cachées jusqu'alors, n'ait été crucifié et mis en pièces par les "chiens" de l'envie, de la malice et de l'ignorance ? Telle est la terrible loi occulte ; et celui qui ne se sent pas un cœur de lion pour mépriser les aboiements sauvages, et l'âme d'une colombe pour pardonner aux pauvres sots ignorants fera mieux d'abandonner la Science sacrée."

La Doctrine Secrète, III, 90 [10]

Le monde accueille généralement toute vérité nouvelle en la tournant d'abord en ridicule ; puis il se révolte contre elle et finit ensuite par l'adopter en prétendant qu'il a toujours pensé ainsi. Entre temps, celui qui est venu exposer cette doctrine nouvelle a été le plus souvent mis à mort ou a succombé de chagrin.

C'est dans le cours de entraînement subi sur cette voie que la conscience du candidat passe par les *trois salles* dont il est parlé dans *La voix du Silence*. Ce terme est employé ici pour désigner respectivement les trois plans inférieurs. La première, celle de l'ignorance, représente le plan physique sur lequel nous naissons, vivons et mourons, et c'est avec juste raison qu'elle a été appelée la *Salle de l'Ignorance*, car tout ce que nous y connaissons n'est simplement que l'extérieur des choses. La seconde, la *Salle de la Connaissance*, représente le plan astral qui est bien, lui, le vrai lieu de l'enseignement du candidat ; en effet, quand les centres astrals sont ouverts, nous voyons les choses tellement mieux que sur le plan physique, qu'il nous semble au premier abord que nous voyons *le Tout*, bien qu'un développement ultérieur nous montre bientôt qu'il n'en est pas ainsi.

Mais *La Voix du Silence* nous avertit que, dans cette région, se cache sous chaque fleur, quelque belle qu'elle soit, le serpent du désir,

---

10 *Édition anglaise.* (NDT)

de ce désir inférieur que l'aspirant doit étouffer pour développer à sa place le désir supérieur que nous appelons aspiration. C'est ainsi que l'amour vil, égoïste, cupide, doit être entièrement dépassé, mais il n'en est pas de même pour l'amour élevé, pur, désintéressé puisqu'il est une des caractéristiques du Logos lui-même et l'une des qualités nécessaires au progrès. Ce que les hommes doivent rejeter c'est l'amour qui pense toujours : "Quelle somme d'amour me donnera-t-on ? Comment un tel m'aime-t-il ? M'aime-t-il autant qu'un tel ou une telle ?" L'amour que nous devons ressentir est celui qui s'oublie totalement et ne cherche qu'à se répandre aux pieds de celui que l'on aime.

Le plan astral est souvent appelé le monde de l'illusion, et cependant il se rapproche d'un degré (et d'un degré considérable) de la réalité des choses, si nous le comparons à ce que nous voyons sur le plan physique. Les hommes sont en général facilement trompés sur le plan astral, car ils y sont encore dans la situation d'enfants de nouveau-nés, qui n'ont encore aucune notion des distances, ni aucun moyen de se mouvoir. Il ne faut pas oublier que, dans le cours normal des choses, les hommes ne s'éveillent que très lentement aux choses du plan astral, de même que l'enfant ne s'éveille que très lentement aux choses du plan physique. Mais ceux d'entre nous qui sont entrés délibérément et, pour ainsi dire, prématurément, sur le sentier, développent cette connaissance d'une façon anormale, et sont, par conséquent, plus sujets à l'erreur.

Dans le cours de nos expériences astrales, nous rencontrerions facilement des dangers et des périls, si tous les étudiants qui, par un entraînement approprié, essayent d'éveiller ces facultés, n'étaient assistés et guidés par ceux qui sont déjà familiarisés avec la vie sur ce plan. Et c'est là pourquoi certaines épreuves sont toujours imposées à celui qui veut travailler sur les plans supérieurs ; c'est pourquoi aussi toutes espèces de visions horribles sont présentées au néophyte afin qu'il puisse les comprendre et s'y habituer. Si cela n'était pas fait et qu'une chose semblable se présentât brusquement à sa vue, il en recevrait un choc qui le ferait rentrer dans son corps physique ce qui, non seulement l'empêcherait de travailler utilement mais pourrait être, pour son corps, une cause de réel danger. Si le néophyte se trompe sur le plan astral, c'est sa faute à lui et non celle du plan astral, les erreurs qu'il commet étant dues seulement à ce qu'il se trouve dans un milieu inconnu.

La troisième salle, la *Salle de la Sagesse*, représente le plan mental. Dès que l'homme est libéré de tout attachement pour les choses de l'astral, il peut passer au-delà du stade préparatoire de son savoir et commencer à acquérir la connaissance réelle et définitive. Au-dessus de celle-ci s'étend encore le monde impérissable du plan *bouddhique* dans lequel l'homme, pour la première fois comprend l'*Unité*, le *Tout en Un*, là où, naguère, la vision inférieure le portait à voir toutes choses comme *séparées* les unes des autres.

Il a été dit: "Tu ne peux entrer sur le sentier avant que tu ne sois le sentier lui-même." Tant qu'il n'est pour nous qu'une voie et que nous ne le suivons que parce que nous avons reçu des instructions, ou parce que nous ne l'avons vu et choisi que par l'intellect, nous n'y sommes pas entrés réellement. Ce n'est là qu'une étape conduisant au point où vous deviendrez la Loi et le Sentier, et où vous accomplirez les devoirs qu'ils imposent, en faisant instinctivement le bien pour l'amour même du bien et parce qu'il vous semblera impossible d'agir autrement. Alors seulement vous serez *devenus* la voie, ou le sentier.

Un homme ne peut s'élever sans faire d'efforts, mais s'il n'essaie pas il est clair qu'il ne tombera pas de bien haut. L'homme fort commet souvent de graves erreurs; mais la force même qui le pousse à les commettre, le rend capable aussi de faire de grands progrès s'il oriente ses énergies dans la bonne direction. Un progrès trop rapide affecte l'organisme tout entier par suite de la tension à laquelle il est contraint et découvre les points faibles qui peuvent exister dans l'homme. Les plans de la Hiérarchie se réaliseront quoi que nous fassions ou ne fassions pas, car nous ne sommes que de simples pions dans la partie colossale qui doit être jouée; mais si nous sommes des pions intelligents, désireux de coopérer, le travail de ceux qui dirigent, et le nôtre aussi, s'en trouvera allégé.

Quel sera le résultat final ? L'obtention de la perfection. Cela encore n'est qu'une fin relative et non absolue, car lorsque nous aurons atteint la conscience du Logos de notre système et que nous aurons unifié notre conscience avec la sienne, il nous restera encore à parcourir la voie supérieure qui conduit à l'union avec des Puissances encore plus élevées. Une haute individualité dont l'autorité est reconnue, nous a dit qu'à la fin de l'un des stades de l'évolution, bien au-delà de l'adeptat, l'homme parfait sera décuplé avec un corps sur chacun des sous-plans du plan cosmique inférieur, le triple Logos en dehors du temps et de l'espace constituant son Soi et complétant ainsi les dix. Mais cette consommation ne pourra être accessible que lorsque l'homme aura le pouvoir de se créer un corps sur chacun de ces plans.

Nous avons été amenés à comprendre que sur le nombre total des Égos qui sont engagés dans cette évolution, un cinquième, environ, obtiendra un succès complet, c'est-à-dire qu'il réussira à atteindre le niveau de l'*Asekha* avant la fin de la septième ronde ; un autre cinquième, pendant ce temps, aura atteint le niveau de l'*Arhat*, et un nombre à peu près équivalent se tiendra sur les degrés inférieurs du sentier tandis que les deux derniers cinquièmes environ auront été complètement rejetés hors de cette évolution lors de la période critique du milieu de la cinquième ronde.

Tous ceux qui ne seront pas arrivés au but et qui n'auront pas complété leur évolution, devront reprendre celle-ci sur la chaîne suivante des globes et ceux-là mêmes qui auront été les "insuccès" de la cinquième ronde arriveront au succès définitif dans la chaîne suivante. Par analogie, on peut admettre que quelques-uns des Adeptes et des Maîtres actuels ont été parmi les insuccès de la chaîne lunaire, c'est-à-dire qu'ils ont appartenu à l'humanité de cette chaîne, mais, que, s'y trouvant en retard sur les autres hommes ils ont été rejetés hors de l'évolution d'alors pour revenir en tête de l'évolution actuelle, comme un jeune homme qui, ayant à la fin d'une année, échoué à ses examens, a des chances d'être le premier l'année suivante.

Rappelez-vous que nous venons seulement de franchir la moitié d'une période évolutive et que c'est la raison pour laquelle si peu d'hommes, relativement, sont arrivés à l'Adeptat, de même que dans une classe, bien faible est le nombre des jeunes gens aptes à passer les examens au bout de six mois d'études. De même encore n'y a-t-il que bien peu d'animaux en passe d'atteindre l'individualité : car l'animal qui atteint l'individualité est autant en avance sur ses congénères que l'est sur l'homme ordinaire, celui qui est arrivé à l'Adeptat. Tous deux, homme et animal, effectuent au milieu de l'évolution ce que l'on n'attendait d'eux qu'à la fin de celle-ci. Ceux qui n'auront terminé leur évolution que dans le temps normal, c'est-à-dire à la fin de la septième ronde s'approcheront du but au point qu'ils n'auront que très peu, ou, pour ainsi dire, pas du tout, de luttes à soutenir.

Ce dernier mode de progresser est sans aucun doute bien plus facile pour le candidat, mais il offre un grand inconvénient pour l'homme qui l'emploie, car ce dernier aura non seulement perdu l'occasion d'aider les autres, mais il aura été lui-même dans la nécessité de se faire aider. Je me rappelle un cantique chrétien que je chantais dans mon enfance et qui fait admirablement ressortir cette idée. Il décrit l'arrivée d'une âme au ciel ; pendant un certain temps, cette âme se réjouit de la béatitude de ce lieu, errant joyeusement de tous côtés, quand, tout à coup, elle remarque que la couronne qu'elle portait n'a pas la splendeur des autres ; longtemps elle se demande quelle peut bien en être la raison. Enfin, rencontrant un jour le Christ, elle rassemble tout son courage pour l'interroger à ce sujet et voici la réponse :

> Je sais que tu as cru en moi.
> Et que, par moi, tu es arrivé à la Vie
> Mais où sont toutes les pierreries glorieuses
> Qui devraient briller sur ta couronne ?
> Vois là-bas toute cette foule glorieuse
> Dont les fronts sont ornés d'étoiles !

Chaque joyau de leur couronne
Est une âme qu'ils ont conduite vers moi.

"Ceux qui sont sages rayonneront comme l'éclat du firmament, mais ceux qui ramènent les âmes à la vertu seront des étoiles pour toute l'éternité".

Tout en luttant pour avancer nous-mêmes, nous pouvons aider les autres, et nous devrions faire tous nos efforts pour cela, non à cause des résultats qui peuvent s'ensuivre pour nous-mêmes (bien qu'ils soient inévitables), mais afin d'aider le monde. L'homme qui flotte au gré du courant doit être porté, mais une fois qu'il sait nager, il libère la force qui, autrement, aurait été dépensée à le sauver et qui peut être utilisée à soulager les autres, indépendamment de ce qu'il peut faire lui-même dans ce but.

L'Adeptat libère l'homme de la nécessité des réincarnations, et le fait d'y être parvenu implique aussi la libération de forces qui pourront être utilisées pour aider les autres. L'homme qui ne cherche la libération que pour lui-même peut parfaitement équilibrer son karma et tuer le désir, en sorte que le karma ne pourra plus le contraindre à se réincarner. Mais bien qu'il neutralise en quelque sorte la loi du karma, il ne peut échapper à la loi de l'évolution. Un temps assez long peut s'écouler avant qu'il ne soit soumis à l'influence de cette loi, car, par hypothèse, un homme qui, à ce stade, s'est déjà libéré du désir, doit être considérablement en avance sur la moyenne des hommes. Cependant, viendra inévitablement le temps où la marche lente et régulière de l'évolution l'atteindra et où la pression irrésistible de celle-ci le fera sortir de la béatitude égoïste dont il jouit, pour le faire renaître ; et il se trouvera encore une fois sur la route à laquelle il avait espéré échapper.

On a souvent demandé comment les secrets révélés au moment de l'initiation peuvent être protégés contre la curiosité de ceux qui sont capables de lire la pensée. Il n'y a pas le moindre danger qu'aucun de ces secrets soit, dévoilé par ce moyen ; en effet, en même temps que le secret est confié à l'initié, le moyen de le garder lui est communiqué aussi. S'il était possible à un initié d'être assez perfide pour trahir ce qui lui a été confié, alors même, il n'y aurait aucun danger, car il est en relations si étroites avec les membres de la Fraternité dont il fait partie, que ceux-ci seraient immédiatement avertis de ses intentions déloyales, et, avant qu'il ait pu proférer les paroles parjures, il aurait totalement oublié qu'il a quelque chose à divulguer. Ces secrets ne comportent absolument rien de terrible, si ce n'est que le pouvoir qui les accompagne pourrait déterminer de funestes résultats s'il était mal employé. Les Initiés se reconnaissent tous, à peu près comme le font les francs-maçons entre eux, et, de même que pour ces derniers, tout initié peut cacher son grade à ceux qui sont au-dessous de lui, mais non à ses supérieurs.

Si pressant que soit pour la Fraternité le besoin de recruter des aides, aucun homme ne peut recevoir l'Initiation s'il n'a préalablement amélioré son caractère jusqu'au point, requis pour cette Initiation ; par contre, si un homme est mûr pour l'Initiation, aucun pouvoir ne peut l'empêcher de la passer. Il peut très souvent arriver, cependant, qu'un homme soit prêt, à tous égards, sauf qu'il lui manque une qualité déterminée, ce qui peut le retarder pendant une longue période de temps ; il s'ensuit parfois qu'au moment où il a acquis la qualité absente, il est, à tous les autres points de vue, beaucoup plus développé que cela n'est nécessaire. On ne doit donc pas s'imaginer que tous les initiés du même niveau soient arrivés à un développement égal sur tous les points. Celui que le monde appelle un grand homme n'est pas nécessairement développé grand en toutes choses et, par suite, n'est pas prêt pour l'Initiation. Il est impossible d'imaginer que qui ce soit puisse être favorisé ou négligé. Sous ce rapport, nul ne peut donner à autrui ce qui n'est pas mérité, pas plus qu'il ne peut lui refuser la juste rétribution du développement acquis.

LES MYSTÈRES ANTIQUES

Ce que je puis vous dire des Mystères de l'Antiquité ne provient nullement d'une étude spéciale des vieux manuscrits ou de l'histoire de ces Mystères. Il m'est arrivé, dans une vie antérieure, de naître dans la Grèce antique et d'y avoir été initié à quelques-uns des mystères. En Grèce, tout homme initié ainsi devait faire le serment de ne point révéler ce qu'il avait vu, et, bien que prononcé dans une incarnation antérieure, ce serment doit toujours être respecté ; mais les prêtres de ces mystères ayant, depuis, jugé opportun de dévoiler au monde une grande partie de ce qui était alors enseigné sous le sceau du secret, ils nous ont par là relevé de notre promesse. Je ne violerai donc pas mon serment en vous parlant de quelques instructions données dans ces Mystères antiques. D'autres sujets y étaient aussi traités, mais ceux-ci n'ayant pas encore été rendus publics par les Grands Êtres, je n'ai pas le droit d'en parler.

Laissez-moi tout d'abord vous faire observer que tous les peuples, toutes les religions, ont eu leurs mystères, y compris la religion chrétienne. J'ai bien souvent entendu dire, par quantité de personnes, que, du moins dans la religion chrétienne, rien n'était caché, que tous les enseignements pouvaient être étudiés par l'ignorant, par le pauvre. Ceux qui avancent une chose semblable ne connaissent pas l'histoire de l'Église chrétienne. S'il est vrai qu'aujourd'hui l'Église donne à tous ce qu'elle sait, c'est tout simplement qu'elle a oublié les mystères qu'elle tenait autrefois secrets. En étudiant l'histoire de l'Église primitive vous verrez que les auteurs anciens parlent clairement de mystères qui n'étaient enseignés qu'aux véritables membres de l'Église. Il y avait bien des choses dont on ne parlait pas aux "catéchumènes", à ceux qui venaient d'entrer dans l'Église et n'étaient pas encore reconnus comme membres véritables.

En, remontant plus loin encore, nous trouverons des traces de ces choses cachées, car il est dit, dans les Évangiles, que le Christ communiquait à ses disciples bien des choses qu'Il, ne donnait au peuple que sons, forme de paraboles.

Une des raisons pour lesquelles l'Église chrétienne n'a pu conserver son influence sur ses fils les plus intelligents, c'est qu'elle a perdu et oublie les, mystères occultes et philosophiques, qui étaient à la base de ses dogmes. Pour retrouver un peu le côté caché de ses enseignements, vous n'avez qu'à, lire les ouvrages des grands auteurs Gnostiques. Vous constaterez que si, nous les prenons comme doctrine ésotérique pour les étudiants, et la forme actuelle de la Religion chrétienne comme doctrine exotérique pour les illettrés, nous trouverons dans la réunion des deux doctrines, une expression, parfaite de la sagesse antique. Mais adopter, seulement, l'un ou l'autre de ces enseignements et condamner l'autre comme hérétique, ne nous donnera qu'un seul côté de l'a question. Chaque religion a donc un enseignement pour ceux, qui ne peuvent s'élever au-dessus de la forme extérieure et un autre plus élevé peur ceux qui veulent pénétrer au fond des choses.

Cependant, quand on parle des mystères astiques, c'est généralement de ceux qui existaient dans la noble religion de la Grèce antique. Peu de livres ont été écrits à leur sujet. Jamblique, qui était lui-même initié aux mystères, nous a laissé un ouvrage à ce sujet ; un autre a été écrit par un Anglais, Thomas Taylor, qui, lui, était Platonicien ; un autre encore par un Français, M. P. Foucart. Si intéressants que soient ces ouvrages, vous constaterez qu'ils ne donnent que très peu d'informations réelles. Tout ce que nous croyons connaître sur les Mystères (quant au point de vue extérieur) nous est venu par l'intermédiaire de leurs adversaires.

L'Église chrétienne avait l'habitude (sans doute justifiable à ses yeux) de détruire tous les livres donnant des enseignements autres que les siens, et il ne faut pas oublier que presque toutes les connaissances que nous possédons sur les premiers temps de la Chrétienté nous viennent des moines du Moyen Âge. Ils étaient en fait les seuls individus cultivés de l'époque et ce sont eux qui copiaient tous les manuscrits. Ils avaient des opinions très arrêtées sur ce qui était utile ou inutile ; aussi ne nous est-il parvenu que ce qui concordait avec leur façon de voir, et cela était raconté avec détails, tandis que tout ce qui était d'un caractère opposé à leurs points de, vue était laissé de côté., La plus grande partie des renseignements concernant les mystères, et qui soient accessibles au monde en général, nous est donnée par les ouvrages des Pères de l'Église qui, eux, étaient leurs adversaires acharnés. Sans vouloir accuser les Pères de l'Église d'avoir intentionnellement dénaturé les mystères, nous pouvons certainement admettre qu'ils ont essayé de présenter leurs propres théories sous le jour le meilleur et le plus favorable. Même, de nos jours, si vous voulez avoir des informations sur la doctrine d'une secte quelconque du protestantisme, ce n'est pas à un prêtre catholique que vous irez les demander, pas plus que vous n'irez trouver des membres de l'Armée du salut pour qu'ils vous expliquent les doctrines du Catholicisme.

Nous nous trouvons, quant aux mystères, dans une situation analogue, mais plus mauvaise encore, par suite des querelles nombreuses et âpres qui se sont élevées entre les partisans de l'ancienne religion et de ses mystères d'une part, et les Pères de l'Église chrétienne d'autre part. Nous ne pouvons donc accepter qu'avec la plus grande réserve et la plus grande circonspection tout ce que les Pères de l'Église disent à ce sujet. Ils affirment souvent, par exemple, que les mystères antiques avaient un grand nombre de pratiques *indécentes et immorales*.

Ayant fait, au moyen de la clairvoyance, de sérieuses recherches sur les Mystères de la Grèce et ayant été initié à ces derniers dans une précédente incarnation, je puis déclarer, en toute assurance, qu'il n'y a pas une ombre de vérité dans ces assertions. Il existait bien certains mystères auxquels se rattachaient des festins et une forme du culte de Bacchus, lesquels dégénérèrent plus tard dans des pratiques regrettables, mais ceci n'eut lieu, que plus tard et de plus, ces mystères appartenaient à une toute autre catégorie. Ils ne se rattachaient aucunement à ceux d'Éleusis et n'en étaient que l'imitation, sur une très petite échelle; de plus, ils étaient absolument exotériques.

Je dois ce soir, en très peu de temps, traiter un sujet bien vaste, aussi ne vais-je pouvoir vous donner qu'une esquisse bien incomplète des mystères grecs, et de ce qu'ils enseignaient à leurs initiés.

Vous le savez sans doute: ces Mystères sont toujours divisés en Mystères *majeurs* et Mystères *mineurs*. Tout le monde connaissait l'existence de ces mystères et leurs initiés formaient la majeure partie de la population. On peut lire, je crois, dans certains livres exotériques, que parfois trente mille initiés se rassemblaient. Cela indique qu'un homme n'avait pas besoin de tenir secret le fait de son initiation; tout le monde, au dehors, savait qu'il appartenait à cette nombreuse classe d'individus. Je veux dire par là que, bien que certains enseignements donnés par les Mystères aient toujours été tenus secrets, tout le monde Grec et Romain connaissait l'existence des Mystères majeurs et mineurs et savait, à peu de chose près, qui appartenait à l'une ou à l'autre de ces catégories.

Mais au-dessus de ces deux degrés, dont l'existence était généralement connue, se trouvait ce que l'on peut appeler un troisième degré lequel comprenait les réels mystères secrets, *inconnus* du public. Si l'on songe aux conditions d'existence de l'époque, on comprendra facilement qu'elle en était la raison. Les empereurs romains, par exemple, connaissaient pour la plupart l'existence des Mystères majeurs et mineurs et voulaient tous y être initiés. Or, nous savons, d'après l'histoire, que la plupart de ces empereurs n'était pas dignes de remplir une fonction importante dans un groupement religieux. Malgré cela, il eût été très difficile à ceux qui dirigeaient les Mystères de leur en refuser l'entrée. Ainsi qu'on l'a dit autrefois, en ne peut discuter avec le Maître de trente légions. Les empereurs auraient assurément fait mettre à mort quiconque aurait fait obstacle à l'un quelconque de leurs désirs. Il était donc préférable que ce troisième degré ne fût point connu, et personne n'en avait connaissance avant d'être jugé digne d'y être admis par °eux qui avaient l'autorité nécessaire.

Les enseignements de ce troisième degré ne furent et ne seront jamais publiés. Toutefois, dans les Mystères ordinaires, majeurs et mineurs, il y a un grand nombre de choses qui pensent être divulguées. On nous apprenait tout d'abord, certaines maximes d'un sens profond, ou *apophtegmes;* en vous en citant quelques-unes vous vous rendrez compte de leur enseignement. Une des plus connues était: "La mort est la vie et la vie est la mort", ce qui prouve que la vie supérieure d'outre-tombe était bien connue. En voici une autre: "Celui qui, dans ce monde, cherche la vérité la cherchera aussi après la mort, et celui qui cherche dans cette vie les choses illusoires cherchera celles-ci après la mort". Un des grands principes enseignés dans les Mystères apprenait que l'âme était descendue des sphères supérieures pour entrer dans le monde matériel. Le principe de la réincarnation faisait aussi partie de leur enseignement. Rappelez-vous que ces principes n'apparaissent pas dans la doctrine extérieure des religions grec ou romaine, c'est-à-dire qu'ils ne furent pas enseignés publiquement, ni d'une façon explicite, mais on peut constater que l'idée de la descente de l'âme dans la matière se trouve dans la mythologie classique. Rappelez-vous le mythe de Proserpine, enlevée et emportée dans les enfers pendant qu'elle cueillait la fleur de Narcisse.

Narcisse, vous vous en souvenez, était un jeune homme de grande beauté, lequel devint amoureux de son image réfléchie dans l'eau, ce pourquoi il fut transformé en fleur et attaché à la terre. Il ne faut pas être grand clerc en Théosophie pour comprendre la signification de ce mythe. Nous voyons dans *la Doctrine Secrète* comment l'Égo abaisse ses regards sur les eaux du plan astral et sur le monde qui est au-dessous, comment il se réfléchit dans la personnalité et comment l'amour de cette image le lie à la terre. De même, pendant qu'elle cueille un narcisse, Proserpine est enlevée dans les enfers après quoi elle passe une moitié de sa vie en dessous de la terre et l'autre moitié sur la terre, ce qui, comme vous le verrez, signifie la moitié dans un corps matériel et l'autre moitié en dehors de ce corps.

Il y a encore beaucoup d'autres mythes qu'il est intéressant d'expliquer à la lumière de la Théosophie. Ainsi dans l'enseignement des mystères, le minotaure représentait la nature inférieure de l'homme, la personnalité mi-humaine, mi-animale. Ce minotaure fut définitivement tué par Thésée qui représente le soi supérieur ou individualité ; celle-ci s'étant graduellement développée et ayant acquis les forces suffisantes, arrive enfin à pouvoir manier l'épée de son Divin Père, l'Esprit. Guidé à travers le labyrinthe de l'illusion, qui constitue les plans inférieurs, par le fil de la connaissance occulte que lui donne Ariane (l'intuition) le soi supérieur est en mesure de tuer l'inférieur et de se soustraire aux erreurs de l'illusion. ; reste encore le danger de négliger l'intuition, et cela par orgueil intellectuel (comme Thésée négligea Ariane) cette négligence l'empêchera d'accomplir, cette fois-ci, ses plus hautes destinées.

Dans la Grèce antique, les mystères mineurs étaient célébrés dans un lieu spécial appelé : *Agra*, et les initiés portaient le nom de *mystes*. Vous savez peut-être que leur vêtement officiel, symbole de leur dignité, était une peau de faon qui, dans l'ancienne mythologie, représentait le corps astral.

Son aspect tacheté rappelait les nombreuses couleurs du corps astral ordinaire. La raison pour laquelle ce costume avait été choisi était due à ce que les initiés aux mystères mineurs recevaient des enseignements concernant principalement le plan astral. Ceux qui y étaient admis apprenaient ce qu'est la vie astrale de l'homme après sa mort.

On expliquait longuement, par des exemples, aussi bien que par la parole, les effets qui résulteraient sur le plan astral, des différentes façons de vivre sur la terre. Cet enseignement fut d'abord donné au moyen d'images, par des représentations dans les temples, par des pièces ou drames dans lesquels on montrait quelle serait, sur le plan astral, la condition d'un homme ayant été, par exemple, avare ou sensuel.

Dans les premiers temps, aux débuts des Mystères, quand ceux qui les dirigeaient étaient des Adeptes ou des disciples, ces représentations étaient en quelque sorte des matérialisations. C'est-à-dire que l'instructeur, quel qu'il fût, se servait de son pouvoir occulte pour créer, en matière astrale ou éthérique, des images réelles qu'il présentait à ses élèves. Mais, aux jours de la décadence, quand il n'y eut plus d'instructeurs capables de produire ces phénomènes, on essaya parfois de remplacer ces enseignements par d'autres moyens, par ce que nous pourrions appeler des pièces de spectacles où des prêtres jouaient différents personnages ; dans d'autres cas c'étaient des marionnettes mues par des moyens mécaniques.

Outre ces enseignements concernant le plan astral on en donnait, de la même façon, sur le système de l'évolution du monde. Entre autres choses, on enseignait aux étudiants comment notre système solaire et ses différentes parties sont venus à l'existence. Il est facile de se rendre compte comment ceci était représenté ; dans les premiers temps c'était par une nébuleuse et des globes matérialisés ; puis, plus tard, quand les matérialisations ne furent plus possibles on employa ce que nous appelons maintenant un planétaire (mécanisme qui reproduit le mouvement des planètes autour du soleil).

Fait important à noter, les Mystères expliquaient la religion extérieure du peuple d'une manière toute différente de celle que l'on donnait au public. Si vous avez quelque notion sur la religion de la Grèce antique, vous savez qu'elle comportait bien des choses qui auraient eu grand besoin d'être expliquées au point de vue occulte, car, au premier abord, cette religion ne parait guère élevée ni même rationnelle. Elle semble avoir tendu à ce que les fables qui constituaient son enseignement, et dont la plupart semblent extraordinaires, fussent apprises et retenues par le peuple, lui donnant quelques idées simples, claires et précises, rien de plus. Mais tous les gens sérieux admis aux Mystères y apprenaient le sens réel des fables, ce qui donnait à l'ensemble un aspect tout différent.

Permettez-moi, par quelques exemples très simples et très courts, de vous expliquer ce que je veux dire. Je vous ai dit tout à l'heure que le but des Mystères mineurs était surtout d'apprendre aux élèves les effets produits sur le plan astral par les différentes façons de vivre ici-bas. Vous connaissez sans doute le mythe de Tantale. Cet homme fut condamné à souffrir dans les enfers d'une soif inextinguible, il était entouré d'eau de tous côtés, mais celle-ci se retirait dès qu'il en approchait ses lèvres.

Le sens de ce mythe n'est pas difficile à saisir lorsque l'on sait ce qu'est la vie astrale. Tous ceux qui quittent la terre, alors qu'ils sont encore remplis de désirs sensuels de toutes sortes, comme par exemple les ivrognes, ou les individus adonnés à la vie sensuelle dans le sens que l'on donne communément à ce mot, tous ceux-là se trouveront sur le plan astral, dans la situation de Tantale.

Ces individus ont créé ce désir terrible qui gouverne tout leur être. Vous savez combien peut être tyrannique la passion de l'ivrogne ; tout s'efface devant elle, ses sentiments d'honneur, son amour pour sa famille, et tous ses meilleurs penchants. L'ivrogne prendra l'argent de sa femme et de ses enfants, et même leurs vêtements, les vendra afin de se procurer l'argent pour boire.

Rappelez-vous que lorsqu'un homme meurt, il ne change pas ; ses désirs sont toujours aussi intenses, mais là, dans l'autre monde, il lui est impossible de les assouvir, son corps physique, par l'intermédiaire duquel il pouvait boire, n'existant plus. Et c'est en cela que consiste le supplice de Tantale : il essaie sans cesse de satisfaire sa passion sans pouvoir jamais y arriver [11].

Rappelez-vous aussi l'histoire de Tityos, attaché à un rocher et dont le foie, dévoré par les vautours, se reconstituait aussitôt. Ce mythe représente les effets produits par la satisfaction des désirs, l'image de l'homme toujours torturé par le remords de ses péchés.

---

11   Voir l'important ouvrage : *L'autre côté de la mort*, par C. W. LEADBEATER, 600 pages. (NDT)

Comme exemple un peu plus relevé, noms pourrons prendre la fable de Sisyphe. Vous savez qu'il était condamné à rouler un rocher jusqu'au haut d'une montagne et que, chaque fois qu'il arrivait au sommet, son rocher retombait au pied de la montagne. Ce mythe est le symbole de la vie astrale d'un ambitieux, de l'homme qui a passé sa vie à former des projets égoïstes pour acquérir la gloire et les honneurs. Dans ce cas encore, la mort n'apporte aucun changement. L'homme continue toujours à dresser des plans, comme il le faisait dans la vie physique. Il élabore ses plans, s'imagine les exécuter complètement, et, soudain, il s'aperçoit qu'il n'a plus son corps physique, que tout cela n'a été qu'un rêve. Il recommence sans cesse jusqu'à ce qu'il ait enfin compris que ses désirs sont vains, que son ambition doit être détruite. De même Sisyphe continue à rouler son rocher au haut de la montagne jusqu'à ce qu'il apprenne enfin qu'il est inutile de le rouler davantage. Avoir appris cette leçon, c'est avoir vaincu ce désir là ; il n'aura plus le *désir*, mais il aura conservé la faiblesse de caractère qui rendait ce désir possible.

Vous voyez donc que les conditions qui nous semblent terribles, ne sont que les effets, dans l'autre monde, d'une vie mal employée ici-bas. C'est la méthode qu'emploie la nature pour transformer le mal en bien. Certes, l'homme souffre, mais ses souffrances ne sont que les résultats de ses actions et rien de plus. Ce n'est pas une punition qui lui est infligée du dehors mais celle qu'il s'est attirée lui-même. Ce n'est pas tout. La souffrance est le seul moyen d'orienter ses qualités dans la bonne direction pour son évolution et son progrès dans une vie future. C'est là un point sur lequel l'enseignement des Mystères insistait tout particulièrement.

Considérons maintenant les Mystères majeurs, on les célébrait principalement dans le grand temple d'Éleusis près d'Athènes. Leurs initiés étaient appelés *Époptaï*, mot qui signifie "ceux dont les yeux sont ouverts". Leur emblème était la Toison d'or de Jason qui symbolisait le corps mental ; car la couleur jaune, dans l'aura humaine, indique l'activité intellectuelle, ainsi que le sait tout clairvoyant. Dans les mystères mineurs, on apprenait quel était le résultat, après la mort, de la conduite sur le plan physique, ici ; dans les mystères majeurs, on montrait au disciple les effets dans le monde céleste, de certains genres de vie, d'étude et d'aspiration. Dans les grands Mystères, tout le processus de l'évolution du monde et de l'homme était représenté dans ce qu'il a de plus profond ; et, pour cela, la même méthode de représentation était employée, malgré la grande difficulté de représenter sur le plan physique les choses du domaine mental.

Dans chacune de ces deux classes, dans les Mystères majeurs comme dans les Mystères mineurs, il y avait une école intérieure où l'on donnait une méthode pratique de développement à ceux qui étaient prêts à l'appliquer. Dans les Mystères mineurs, un enseignement théorique était donné au sujet du plan astral ; mais les instructeurs surveillaient soigneusement leurs élèves, et, lorsqu'ils distinguaient chez l'un d'eux un tempérament susceptible d'être développé psychiquement et dont le caractère offrait toute sécurité, ils le faisaient entrer dans l'école intérieure et on leur indiquait les méthodes pour se servir du corps astral et pour agir consciemment dans ce corps. Quand l'élève passait dans la classe supérieure, celle des Mystères majeurs, il recevait, non seulement les enseignements ordinaires du plan mental, mais encore des instructions particulières relatives au développement du corps mental comme véhicule.

À ceux qui étaient reçus, non seulement aux degrés reconnus des Mystères, mais aussi aux écoles intérieures respectives, on apprenait, à la fin des enseignements, que ceux-ci n'étaient en somme que des enseignements exotériques et que, quelque incalculable que fût leur valeur, ce n'était là réellement qu'une préparation aux vrais Mystères de l'Initiation qui les conduiraient aux pieds des Maîtres de Sagesse, et les feraient admettre dans la Grande Fraternité qui gouverne le monde.

Je puis entrer maintenant dans quelques explications supplémentaires au sujet des symboles usités dans les Mystères.

Prenons ce que l'on appelait : le *thyrse*, baguette terminée par une pomme de pin. Le même symbole se retrouve dans les Indes, mais sous forme d'une tige de bambou ayant sept nœuds. Parfois, dans quelques Mystères, on employait, au lieu du thyrse, une tige de fer creuse que l'on disait remplie de feu. Le sens de ces symboles est facile à découvrir pour tout étudiant en occultisme. Le thyrse, ou tige à sept nœuds, représente la moelle épinière avec ses sept centres dont parlent les livres indous. Le feu qui y était renfermé, c'est le serpent de feu : *Kundalini*, dont Mme Blavatsky parle dans *La Doctrine Secrète*. Le thyrse n'était pas seulement un symbole, mais encore un objet d'usage pratique. C'était un instrument très fortement magnétisé qui servait aux initiés pour libérer le corps astral du corps physique quand ils passaient en pleine conscience dans cette vie supérieure. Le prêtre qui l'avait magnétisé le posait le long de l'épine dorsale du candidat et lui infusait ainsi une certaine quantité de son propre magnétisme pour l'aider dans cette vie difficile au cours des efforts qu'il aurait à faire.

Un autre groupe de symboles se rattache aux Mystères, celui des jouets de Bacchus. Pendant que l'enfant Bacchus (le Logos) s'amuse avec les jouets, il est saisi et mis en pièces par les Titans. Plus tard, les morceaux du dieu sont rassemblés pour reformer un tout complet. Si étrange que nous paraisse ce récit, on peut voir qu'il s'agit là d'une allégorie représentant la descente de l'Unité dans la multiplicité et le retour de celle-ci à l'Unité par la souffrance et le sacrifice. Quels sont donc les jouets de l'enfant Bacchus quand il descend dans la matière pour devenir la multiplicité ? D'abord, il joue avec des dés, mais ce ne sont pas des dés ordinaires, ce sont les cinq solides platoniciens, les seuls polyèdres réguliers possibles en géométrie. Ils sont dans un ordre déterminé qui concorde avec les différents plans du système solaire. Chacun d'eux indique, non pas la forme des atomes des différents plans, mais la direction selon laquelle agit la force, qui les entoure. Ces polyèdres sont le tétraèdre, le cube, l'octaèdre, le dodécaèdre et l'icosaèdre. Si nous ajoutons le point au commencement et, la sphère à la fin de, la série, nous aurons une série de sept figures correspondant au nombre des plans de notre système solaire.

Vous savez que dans quelques-unes des anciennes écoles de philosophie il était dit: "Quiconque ne connaît pas les mathématiques ne peut entrer ici." Que croyez-vous que cela signifie ? Il ne s'agit pas là de ce que nous désignons aujourd'hui sous le nom de mathématiques, mais d'une science qui embrassait la connaissance des plans supérieurs, de leurs relations entre eux et de la façon dont le monde est construit par la volonté de Dieu. Platon disait : "Dieu géométrise" et c'est parfaitement vrai. Ces formes ne sont pas des conceptions du cerveau humain ; ce sont des vérités appartenant aux plans supérieurs. Nous étudions aujourd'hui les propositions d'Euclide, mais nous les étudions pour elles-mêmes, et non comme préparation à une science plus élevée. Si les philosophes anciens ont étudié cette science, c'est qu'elle amenait à, comprendre la science véritable de la vie. Nous avons perdu de vue, le véritable enseignement, et n'en n'avons plus, dans bien des cas, que la forme inanimée.

Un autre jouet dont se servait. Bacchus était la toupie ; celle-ci représente le tourbillonnement de l'atome dont vous pouvez voir la figure dans *La Chimie occulte* [12]. Il joue aussi avec une balle qui, elle, représente la terre, cet anneau de la chaîne planétaire vers lequel la pensée du Logos est principalement dirigée en ce moment. Bacchus joue aussi avec un miroir. Celui-ci a toujours été le symbole de la lumière astrale dans laquelle les idées archétypes sont réfléchies puis matérialisées. Chacun de ces jouets indique donc une partie essentielle de l'évolution d'un système solaire.

Nous pouvons maintenant dire quelques mots sur la façon dont les candidats étaient préparés à l'étude des Mystères par les différentes écoles ; prenons par exemple l'école Pythagoricienne à laquelle j'appartenais. Dans cette École, les étudiants étaient divisés en trois classes. La première était celle des *Akoustikoï* ou Auditeurs ; ce qui

---

[12] *Chimie Occulte* par A. Besant et C. W. LEADBEATER. Traduit en français. (NDT)

signifie qu'ils étaient là pour apprendre ; il est vrai aussi qu'un des règlements leur imposait un silence absolu durant une période de deux années.

Je crois fort qu'une telle défense serait, de nos jours, considérée comme un inconvénient sérieux par bien des membres de notre société ; mais, dans ces, temps, reculés, beaucoup de gens, hommes et femmes, se conformaient très volontiers à cette règle. Celle-ci avait encore un autre sens, à savoir que pendant tout le temps, si long fût-il, que l'étudiant restait dans la classe des *Akoustikoï*, il ne lui était pas permis d'enseigner lui-même et il devait se contenter de continuer à étudier. J'ai souhaité bien souvent qu'une règle analogue fût appliquée dans la Société Théosophique où souvent des membres n'ayant que des connaissances très limitées veulent enseigner aux autres, et leurs enseignements sont bien souvent à côté de la Théosophie.

La seconde classe des Pythagoriciens était celle des *Mathematicoï*. Ceux-ci passaient leur temps à étudier la géométrie, les nombres et la musique. Ces divers sujets étaient rapprochés les uns des autres et on cherchait les rapports entre les couleurs et les sons, rapports qui sont des plus remarquables.

Prenons un exemple qui démontrera que notre monde est un Tout offrant la plus grande cohérence, et que nous pouvons prendre, dans ses différentes parties, des faits qui ne semblent avoir aucun rapport entre eux qui en ont cependant. Je viens précisément de parler des cinq polyèdres platoniciens. Quiconque est tant soit peu familiarisé avec la musique sait qu'il y a un rapport constant entre les longueurs des cordes qui produisent certains sons. Vous savez qu'un piano peut-être accordé selon un système de quintes et que l'on peut exprimer les intervalles des différents sons par le rapport des nombres de leurs vibrations ; on peut donc représenter un accord musical par des nombres. Cela fut d'abord découvert simplement par l'expérience ; plus tard, les mathématiciens découvrirent quelles devaient être ces proportions, cela fut vérifié par l'expérience. Mais le fait particulier à remarquer, c'est que les nombres qui produisent un accord musical ont entre eux les mêmes rapports que ceux qui existent entre certaines parties de ces solides platoniciens.

Je crois bien que ce point a été élucidé il y a quelque temps, dans la *Theosophical Review*, par un organiste en Angleterre.

Il est très intéressant de remarquer que notre gamme, si différente de celle de la Grèce antique et qui ne se composait que de cinq notes, peut cependant être déduite des rapports de ces cinq figures géométriques platoniciennes que l'on étudiait en Grèce il y a quelques milliers d'années. On a quelquefois tendance à croire qu'il n'y a guère de rapports entre les mathématiques et la musique, cependant vous voyez que ce sont là deux parties d'un grand tout.

La troisième classe de l'École Pythagoricienne était celle des *Physicoï*, ceux qui étudiaient la physique, les relations occultes entre les phénomènes, la construction des mondes et la métaphysique. Les Physicoï apprenaient la vérité concernant l'homme, la nature, et Celui qui les a créés l'un et l'autre, autant du moins que cela était possible.

Une particularité des Mystères que nous ne devons pas passer sous silence, c'est la vie que menaient les élèves. Une vie toute de pureté était exigée d'eux. Coïncidence curieuse ; la vie des élèves de l'Ecole Pythagoricienne était divisée en cinq périodes presque semblables aux cinq degrés du Sentier de Probation des Indous tels qu'ils ont été décrits par moi clans Les *Aides Invisibles* et par Mme Besant dans *Le sentier du disciple*. Presque toutes les formes et symboles de la Religion chrétienne actuelle dérivent des Mystères de l'Égypte. Ainsi toute la symbolique relative à la croix latine et aussi à la descente et au sacrifice du Logos, est empruntée aux Mystères Égyptiens. J'en parle du reste dans le *Crédo chrétien*.

Bien que les mystères de la Grèce, de Rome, de l'Égypte et de la Chaldée aient disparu depuis longtemps, le monde n'a jamais été privé des voies conduisant au sanctuaire intérieur ; même dans les périodes les plus sombres du Moyen Âge, les Rose-Croix et quelques autres sociétés secrètes étaient là pour enseigner la vérité à ceux qui étaient prêts à l'accueillir. Et, de nos jours, dans ces temps d'agitation fiévreuse et de matérialisme, c'est la société Théosophique qui porte la bannière de la vraie connaissance ; c'est le portail par lequel ceux qui le veulent réellement peuvent accéder aux Maîtres de Sagesse. Nous avons des degrés, dans la section Ésotérique, comme dans les Mystères ; et la Grande Fraternité Blanche qui garde entre ses mains la clef des vraies initiations se tient derrière nous comme elle se tenait derrière les mystères.

Il faut ainsi vous rappeler que bien des enseignements qui, dans l'antiquité, n'étaient donnés que sous le sceau du secret, sont maintenant rendus publics et répandus dans le monde par la Société Théosophique. Combien d'années les plus grandes et les plus nobles figures de l'histoire n'ont-elles pas passé à étudier et à chercher ce qui nous est donné maintenant si simplement et si facilement dans quelques livres ! Vraiment on peut nous appliquer ce passage de la Bible ; "Beaucoup de prophètes et de rois ont souhaité de voir ce que vous voyez et ne l'ont point vu ; et d'entendre ce que vous entendez, et ne l'ont point entendu (*Luc*. X, 24)". Puisque cet honneur nous est échu, que cette occasion nous est offerte, il me semble qu'une grande responsabilité nous incombe et que nous devrions chercher à nous rendre dignes de cette faveur. C'est notre bon Karma qui nous offre cette occasion. Si nous la laissons échapper, nous ne méritons pas qu'une autre se présente à nous d'ici des milliers d'années. Si vous saviez, comme moi, avec quelles difficultés nous avons eu à lutter autrefois, pour apprendre toutes ces choses qui sont aujourd'hui mises à votre portée, peut-être apprécieriez-vous davantage l'occasion qui vous est offerte. Essayons de la mettre à profit du mieux que nous pourrons et de nous montrer dignes du privilège que nous devons à la Théosophie.

DEUXIÈME SECTION

DE LA RELIGION

LE LOGOS

Nous avons, dans le Logos de notre système salaire, un Être qui se rapproche d'un Dieu personnel (ou plutôt individuel) peut-être autant qu'aucun homme raisonnable peut le désirer, car Il réunit toutes les qualités qui aient jamais été attribuées à une divinité personnelle. La partialité, l'injustice, la jalousie, la cruauté ne peuvent lui être attribuées, ceux qui cherchent ces attributs dans leur divinité doivent s'adresser ailleurs. Mais, en ce qui concerne son Système, le Logos possède l'omniscience, l'omniprésence, l'omnipotence ; amour, puissance, sagesse, gloire, tous ces attributs sont en lui dans la mesure la plus complète. Cependant c'est une Individualité toute puissante, une trinité dans l'unité, et ce Logos est Dieu, véritablement, bien qu'Il soit encore éloigné, de nous ne savons combien de degrés, de l'Absolu, de l'Inconnaissable devant qui tous les systèmes solaires mêmes ne sont que des grains de poussière cosmique. Je ne crois pas que l'on puisse se faire de Lui la moindre image. Le soleil est sa principale manifestation sur le plan physique et cela peut nous aider un peu à concevoir quelques-unes de ses qualités, à nous rendre compte que toutes choses viennent de Lui. Le soleil peut être considéré comme étant l'un de ses centres de force, centre que l'on peut comparer au cœur chez l'homme, manifestation extérieure du centre principal de son corps.

Bien que le système solaire en entier constitue son corps physique, les différentes formes de son activité sont infiniment plus nombreuses à l'extérieur de celui-ci qu'à l'intérieur. Quant à moi, je préfère ne pas même essayer de me faire une image du Logos et le considérer tout simplement comme pénétrant toutes choses, de sorte que je suis moi-même Lui comme tous les autres hommes, et, qu'en vérité, il n'y a rien d'autre que Dieu. En même temps, bien que tout ce que nous sommes soit une manifestation de *Lui-même*, notre système solaire qui nous paraît si prodigieux n'est pour Lui qu'un grain de sable ; car bien qu'Il soit tout cela, Il existe cependant en dehors et au-dessus de tout, et demeure dans une gloire et une splendeur dont nous ne pouvons avoir la moindre idée. Ainsi, tout en étant d'accord avec le panthéiste d'après lequel tout est Dieu, nous allons cependant plus loin car nous reconnaissons qu'Il a une existence bien plus vaste au-dessus et au-delà de son univers. "*Après avoir créé l'univers avec une partie de Moi-même, je demeure*". (*Bhagavad-Gîtâ*, X, 42).

Je ne crois pas que l'on puisse trouver de termes pour exprimer de quelle façon nous Lui sommes unis. Nous pouvons, dans un sens, être des cellules de son corps, mais nous sommes certainement plus que cela, car sa vie et sa puissance se manifestent en nous d'une façon absolument hors de proportion avec les manifestations de la vie spirituelle que l'on pourrait attribuer aux seules cellules de notre corps. Dans sa manifestation sur le plan cosmique inférieur nous pouvons admettre que son premier aspect se trouve sur le niveau le plus élevé, le second sur le niveau immédiatement en dessous, et le troisième sur la partie supérieure du plan nirvanique, de sorte que, lorsqu'un adepte élève graduellement sa conscience d'un plan à un autre, au fur et à mesure de son développement, il arrive d'abord au troisième aspect, s'unit avec celui-ci puis s'élève, après de longs intervalles, vers l'union complète avec les second et premier aspects.

Moi-même, j'ai pu Le voir une fois sous une forme qui n'est point celle de son système ; c'est là quelque chose qui surpasse absolument toute expérience ordinaire, et qui n'a rien de commun avec aucun des plans inférieurs. Le fait ne me fut possible que par une expérience très audacieuse : la fusion complète momentanée de deux différents rayons ou types d'égos, fusion grâce à laquelle les égos ainsi unis purent atteindre, pendant un instant, un niveau infiniment plus élevé que celui qui aurait pu être atteint par l'un des égos, tout seul. Le Logos est bien au-delà de son Système. Il siège au-dessus de lui comme sur un trône de lotus. Il est, pourrait-on dire, l'apothéose de l'humanité, bien qu'Il soit infiniment plus grand que celle-ci. On pourrait penser à des *Augoeides* portés de plus en plus haut jusqu'à l'infini. Je ne sais pas si cette forme est permanente, ni si elle ne peut être vue qu'à un certain niveau... qui peut le dire ? Mais tout ce que je sais, c'est que c'est là une réalité prodigieuse et qu'on ne peut oublier lorsqu'on l'a vue, même qu'une seule fois.

Je puis encore vous dire quelques mots d'une autre expérience de ce genre, quoiqu'elle soit très difficile à décrire fidèlement. Quand un homme élève sa conscience à la subdivision supérieure de son corps causal, et la centre exclusivement dans la matière atomique du plan mental, trois moyens s'offrent à lui de transférer cette conscience, moyens qui correspondent, jusqu'à un certain point, avec les trois dimensions de l'espace. Il peut évidemment faire descendre sa conscience sur le second sous-plan du plan mental ou la faire monter sur le sous-plan inférieur du plan bouddhique, s'il a suffisamment développé son corps bouddhique pour s'en servir comme véhicule.

Un autre moyen est à sa disposition pour transférer sa conscience : il peut prendre le raccourci qui conduit de la subdivision atomique d'un plan aux subdivisions atomiques correspondantes des plans supérieur et inférieur, en sorte que, sans traverser aucun sous-plan intermédiaire, la conscience peut descendre de ce plan mental atomique au plan astral atomique ou s'élever au plan bouddhique atomique, en supposant naturellement que le développement du corps bouddhique soit un fait accompli. Afin de pouvoir se représenter ce raccourci, on peut considérer les sous-plans atomiques comme se trouvant placés parallèlement sur une tige, les autres subdivisions de chaque plan étant suspendues à la tige sous forme de boucles, comme si un bout de ficelle était enroulé sans être serré, autour de la tige. Il est évident que pour se rendre d'une subdivision atomique à une autre on peut passer par le raccourci le long de la tige ou descendre et remonter par la boucle qui symbolise les sous-plans inférieurs. Mais il est encore une troisième manière, manière non pas tant de se mouvoir sur une autre ligue perpendiculaire aux deux autres, mais plutôt de lever les yeux vers l'extrémité supérieure de cette ligne, comme un homme qui, du fond d'un puits lèverait les yeux vers une étoile.

Il existe, en effet, une ligne directe de communication entre le sous-plan atomique du mental (dans ce plan inférieur cosmique) et le plan mental atomique correspondant, dans le plan mental cosmique. Nous sommes encore bien loin de pouvoir nous élever au moyen de cette ligne, makis il nous a été une fois donné de pouvoir, pour un instant, faire cette expérience. Il est inutile de tenter de décrire ce que l'on voit alors, car mes termes ne pourraient en donner la moindre idée, mais ce qui en ressort tout au moins, avec une certitude inébranlable, c'est que notre conscience, notre intelligence que jusqu'ici nous avons considérées comme étant nôtres Lui appartiennent; cette conscience, cette intelligence ne sont même pas une réflexion de la sienne, mais littéralement et véritablement, une partie de sa conscience, une partie (le son Intelligence. Chose incompréhensible, et pourtant absolument vraie! C'est un lieu commun dans notre méditation de dire: "Je suis ce Soi; ce Soi est Moi". Mais le voir, le savoir, le sentir, le réaliser ainsi, est quelque chose de tout différent que de le dire.

C'est de lui qu'émane toute la vie déversée par les vagues successives décrites dans nos livres; la première vague émanant de son troisième aspect qui donne aux atomes préexistants le pouvoir de s'agréger en éléments chimiques, action désignée dans les Ecritures chrétiennes comme "l'esprit de Dieu se mouvant sur les eaux". Quand, à un stade ultérieur, les règnes de la nature sont définitivement établis, apparaît la seconde vague émanant de son second aspect qui forme les âmes-groupes des minéraux, des plantes, des animaux, et c'est en cela que consiste la descente dans la matière du principe: *Christ* qui, seul, rend possible notre existence même. Mais en considérant le règne humain, nous nous souvenons que l'égo lui-même est une manifestation de la troisième vague de vie émanant de son premier aspect, le Père, éternel, qui est tout amour.

Toutes les étoiles fixes sont des soleils, comme le nôtre, et chacune est une expression partielle d'un Logos.

LE BOUDDHISME

En pensant au Seigneur Bouddha, il ne faut pas oublier qu'il est beaucoup plus qu'un simple fondateur de religion. C'est un des grands dignitaires de la Hiérarchie occulte, le plus grand de tous, sauf un. Dans ses incarnations précédentes, il fut le fondateur de nombreuses religions qui précédèrent celle qui aujourd'hui, porte son nom. Il fut en effet Vyâsa qui a tant fait pour la religion indoue. Il fut Hermès, le grand fondateur des Mystères égyptiens ; il fut encore le premier des Zoroastres qui institua le culte du soleil et du feu, et il fut aussi Orphée, le fameux barde grec.

Dans sa dernière incarnation alors qu'il était le Seigneur Gautama, il ne semble pas avoir eu tout d'abord l'intention de fonder une nouvelle religion. Il apparut simplement comme réformateur de l'Indouisme, religion qui remontait déjà à une haute antiquité et qui, par conséquent, s'était fort éloignée de sa forme primitive comme cela arrive à toutes les religions. Cette religion s'était altérée en bien des points et il semble qu'elle était à cette époque bien moins élastique qu'elle ne l'est, même aujourd'hui. Nous savons combien encore aujourd'hui les démarcations établies entre les castes sont strictes et nous connaissons la rigidité de ses formes et de ses cérémonies. Nous savons aussi que, même actuellement, personne ne peut se convertir à l'Indouisme ; seuls font partie de cette religion ceux qui y sont nés.

Représentez-vous une religion dans laquelle toutes ces règles étaient encore plus rigoureuses, les sentiments plus intenses, dans laquelle toutes les idées sur la vie s'étant modifiées avaient cessé d'être ce qu'elles étaient au temps de l'immigration aryenne, alors qu'elle était une religion pleine de joie apportant l'espérance à tous. Un peu avant l'époque du *Bouddha*, l'opinion générale était que, à l'exception des brahmanes, personne n'avait aucune chance de salut. Or, comme le nombre des brahmanes a toujours été petit, et que, même de nos jours, ce nombre n'est que de environ treize millions sur les trois cent millions d'habitants des Indes, il est facile de comprendre que leur religion n'était guère rassurante pour la majorité, puisque, d'après l'enseignement qui leur était donné, il fallait de nombreuses vies pour se développer avant de pouvoir être admis dans la caste des brahmanes si peu nombreuse et si exclusive, et avant de pouvoir se libérer de la roue des renaissances et des morts.

Ce fut alors qu'apparut le Seigneur Bouddha ; son enseignement ouvrit toutes grandes les portes à la douce loi de justice, car il enseignait que les hommes s'étaient complètement écartés des anciennes traditions de la religion ; il affirma, à maintes reprises qu'un homme, tout en étant né brahmane, n'était digne de respect, et n'était sur la voie du salut, qu'autant qu'il menait la véritable vie de brahmane, qu'un homme appartenant à toute autre caste et menant la véritable vie du brahmane serait considéré comme tel et avait devant lui le même avenir, les mêmes possibilités, que s'il était né dans la caste sacrée.

Il était assez naturel qu'en face d'enseignements qui reculaient si loin l'espoir du salut final, l'homme ordinaire fût devenu sceptique et indifférent ; d'un autre côté, l'austérité des brahmanes qui consacraient toute leur vie aux cérémonies et à la méditation, n'entrait guère dans ses goûts et, à vrai dire, était impossible. Mais le *Bouddha* prêcha ce qu'il appelait "la voie moyenne", en disant que, bien que la vie austère et toute de dévotion ne fût pas bonne pour tous, il n'en résultait pas le devoir de se confiner dans une vie d'indifférence et de mauvaises actions. Il montra qu'une vie supérieure est possible, pour l'homme qui vit encore dans le monde et que, même si l'on est incapable de s'adonner à la métaphysique et de se livrer à des argumentations subtiles, on peut néanmoins se rendre suffisamment compte des grandes lois de l'évolution pour bien se guider dans la vie.

Il déclara que les extrêmes, dans chaque direction, sont également déraisonnables ; que, d'une part, la vie dans le monde de l'homme ordinaire, absorbé par ses affaires et poursuivant ses rêves de richesses et de puissance, est vaine et incomplète parce qu'elle néglige tout ce qui est réellement à considérer ; mais que, d'autre part, l'ascétisme exagéré qui pousse l'homme à s'écarter du monde, à s'appliquer exclusivement et égoïstement, à s'en retrancher, pour échapper à ses tentations, est tout aussi déraisonnable. Il affirma que la voie moyenne du devoir et de la vérité est la meilleure et la plus sure, et que, si la vie entièrement spirituelle est la plus élevée de toutes pour ceux qui sont prêts à la pratiquer, il y a également une vie spirituelle, vertueuse et sincère, pour l'homme qui accomplit sa tâche et garde encore sa place dans le monde.

Le Bouddha fonda uniquement sa doctrine pour que nous y conformions la raison et le sens commun ; il n'exigeait d'aucun une foi aveugle, mais conseillait plutôt à chacun d'ouvrir les yeux et de regarder autour de soi. Il déclarait que, malgré toutes les souffrances et la misère du monde, le grand système dont l'homme fait partie, repose sur la justice éternelle, que la loi qui nous gouverne est une bonne loi qui n'a besoin que d'être comprise de nous pour nous y adapter ensuite. Il déclarait que la vie est pleine d'amertume, mais que l'homme est cause de ses propres souffrances parce qu'il désire toujours ce qu'il n'a pas, et qu'il arrive plus facilement au bonheur et au contentement en limitant ses désirs qu'en voulant augmenter ses possessions.

Dans ce but, Bouddha classa son enseignement dans un ordre merveilleux et le partagea en divisions faciles à retenir. C'est, en vérité, merveilleux au point de vue mnémotechnique. La doctrine est si simple, dans ses grandes lignes, que n'importe quel enfant peut retenir et comprendre ses quatre nobles vérités, ses huit nobles voies et les principes de vie qu'ils suggèrent ; malgré cela, elle est développée si minutieusement qu'elle constitue un système de philosophie que l'homme le plus sage peut étudier toute sa vie et où il trouvera une lumière de plus en plus vive projetée sur les problèmes de l'existence.

Il analysait toutes choses avec la plus incroyable minutie, comme on peut le voir par les douze nidânas ou par son énumération des étapes qu'il y a entre la pensée et l'action. Chacune de ses quatre nobles vérités est exprimée par un seul mot, et cependant, pour quiconque a jamais entendu l'exposé du système, chacun de ces mots suggère, inévitablement un champ immense d'idées. Il en est de même pour les mots représentant les étapes de la "Noble voie octuple" et des "grandes perfections" dont il est question dans *La voix du silence*. Ces perfections sont tout simplement, la sagesse, la puissance et l'amour, apparaissant sous différentes formes. Elles sont quelquefois comptées comme faisant six, mais le plus souvent comme faisant dix. Les six sont: la charité parfaite, la moralité parfaite, la patience parfaite, l'énergie parfaite, la sincérité et la sagesse parfaites; les quatre autres qui sont quelquefois ajoutées à celles-ci, sont: la résignation parfaite, la résolution parfaite, la bonté parfaite et l'abnégation parfaite.

La religion du Bouddhisme a pour ainsi dire disparu de l'Inde, mais elle, a, malgré tout, laissé des résultats durables, et le pays tout entier est fortement imprégné de ses enseignements. Avant le Bouddha, les sacrifices sanglants semblent avoir été universels; ils existent même encore maintenant, bien qu'ils soient relativement très rares, car le Bouddha enseigna que ces sortes de pratiques ne pouvaient être agréables à aucune divinité noble, et que les Dieux leur préfèrent le sacrifice d'une vie sainte.

Nous voyons dans les annales akashiques de cette époque, que le Bouddha prêchait généralement en plein air, presque toujours assis au pied d'un arbre; ses auditeurs étaient assis sur le sol, autour de lui, ou se tenaient debout appuyés contre les arbres, hommes et femmes ensemble, tandis que les enfants jouaient autour de l'assemblée. Le grand instructeur avait une voix merveilleuse, puissante et sonore; sa personnalité attirait immédiatement l'attention de tous ceux qui l'entendaient parler et gagnait irrésistiblement leurs cœurs, même dans les rares occasions où ils n'étaient pas d'accord avec ce qu'il leur disait. Une grande ferveur religieuse s'emparait de ses auditeurs qui interrompaient souvent le Maître en s'écriant "Sadhou" (en manière d'applaudissement) dès qu'un passage du discours les avait particulièrement émus, et, en même temps, ils levaient leurs mains jointes, en signe de salutation.

Une partie au moins de son influence était due aux vibrations très intenses de son *aura* qui était si vaste que l'auditoire en était tout enveloppé et s'harmonisait avec elle pendant les sermons. L'effet magnétique de cette aura est presque indescriptible, et, pendant que les auditeurs se trouvaient sous son influence, même les moins intelligents d'entre eux comprenaient tout ce qu'il disait, bien que souvent, plus tard, soustraits à cette influence, ils trouvassent difficiles de comprendre les choses aussi bien. C'est aussi à cette merveilleuse influence qu'était dû le phénomène si souvent décrit dans les livres Bouddhiques, à savoir : la possibilité, pour un grand nombre de ses auditeurs, de s'élever au niveau de *l'Arhat*. Et le fait est bien souvent raconté dans les Écritures bouddhiques qu'après un sermon du *Bouddha*, des centaines d'hommes, voire même des milliers, atteignaient le niveau de *l'Arhat*. Sachant combien ce degré est élevé, cela nous sembla chose presque incroyable, quand nous en lûmes le récit, et nous conclûmes à une exagération orientale ; pourtant, par des études ultérieures et plus approfondies, nous pûmes nous convaincre de l'absolue réalité du fait. Ce remarquable résultat nous incita à pousser plus avant nos investigations sur les causes qui avaient pu le déterminer, et nous vîmes bientôt qu'il était nécessaire, pour le comprendre, de Considérer les vies antérieures des auditeurs.

Nous devons nous rappeler que le Seigneur Gautama est le *Bouddha* de la quatrième race-racine, bien que sa dernière incarnation ait eu lieu dans la cinquième. Il s'était incarné bien des fois dans les différentes races de l'Atlantide, et, toujours, comme grand Instructeur. Dans chacune de ses vies, il avait attiré autour de lui de nombreux disciples qui, graduellement s'étaient élevés des niveaux plus élevés de la pensée et de la vie ; quand il vint dans les Indes lors de sa dernière incarnation, laquelle fut pour ainsi dire l'apogée de celles qui l'avaient précédée, il organisa les évènements de façon à ce que tous ceux qu'il avait influencés à des époques et dans des pays différents revinssent en incarnation en même temps que lui. Ses auditoires étaient donc tous composés, en grande partie, d'âmes toutes préparées et pour ainsi dire spécialisées qui, une fois sous l'influence du magnétisme extraordinairement puissant d'un Bouddha, pouvaient comprendre et suivre tous ses enseignements, et son action sur leurs Égos était prodigieusement stimulante. C'est pourquoi un si grand nombre de ses auditeurs purent si rapidement s'élever à ces hauteurs vertigineuses.

Le troisième volume de *La Doctrine Secrète* contient un chapitre extrêmement intéressant et particulièrement suggestif, intitulé : *Le Mystère du Bouddha*[13]. Ce chapitre expose comment le *Bouddha* prépara ses corps internes de la matière la plus subtile, avec des spirilles entièrement développées. Ses corps bouddhique, causal et mental sont conservés, pour d'autres Grands Êtres, par suite de la difficulté qu'il y aurait à en produire d'autres qui puissent les égaler. Le Christ s'en servit avec le corps physique de Jésus pendant que ce dernier attendait sur les plans supérieurs, dans ses propres véhicules. Sankaracharya se servit aussi de ces "dépouilles augustes". De là vint l'erreur de croire qu'il fut une réincarnation du Bouddha. Le Christ à venir, emploiera, lui aussi, ces véhicules en les unissant à un autre corps physique qui, d'ores et déjà, est préparé pour lui.

Le Bouddhisme a encore un nombre d'adhérents supérieur à ceux des autres religions du monde et influence puissamment la vie de millions de nos contemporains. Il serait injuste de juger cette religion par ce qu'en ont dit les Orientalistes européens. À Ceylan et en Birmanie, j'ai pu comparer leur interprétation avec celle des boudd-

---

13   VIᵉ vol. de l'Édition Française. (NDT)

histes actuels par les disciples vivants du Bouddha. Les savants moines de ces pays traitent le sujet avec une science au moins aussi précise que celle des orientalistes les plus réputés, mais leur interprétation des doctrines est beaucoup plus vivante et moins rigide. Le meilleur livre anglais qui puisse donner une idée juste du Bouddhisme est celui de Sir Edwin Arnold intitulé *La Lumière d'Asie*; un autre peut occuper le second rang : *The soul of a People* par H. Fielding Hall. Quelques critiques se sont avisés de dire que Sir Edwin Arnold est allé au-delà du sens littéral des mots du texte, et a essayé d'y voir des idées chrétiennes. Mais je ne crois pas que cela soit juste, et je trouve, pour ma part, qu'aucun autre auteur n'a aussi fidèlement dépeint l'esprit et les sentiments des Bouddhistes.

De nos jours le Bouddhisme est divisé en deux grandes Églises, celle du Nord et celle du Sud; toutes deux se sont écartées, dans une certaine mesure, des enseignements primitifs du *Bouddha*, mais dans des directions opposées. La religion est si claire, si droite, et d'un sens commun si évident que quiconque peut facilement l'observer sans être obligé d'abandonner sa foi et son culte. Dans l'Église du Nord, nous avons une forme de Bouddhisme qui comprend énormément d'additions; elle semble avoir adopté beaucoup de cérémonies et de croyances provenant de la religion indigène qu'elle supplanta; c'est ainsi que, dans le Tibet, la religion comprend toute une hiérarchie de divinités d'ordre inférieur, dévas et démons, qui étaient complètement ignorées du système primitif du Bouddha. L'Église du Sud, d'autre part, au lieu d'ajouter à l'enseignement du Bouddha, en a plutôt retranché certaines parties, tout en accentuant le côté abstrait et les tendances matérialistes de sa philosophie.

Cette Église enseigne que seul le Karma de l'homme passe d'une vie à une autre, qu'il n'y a pas d'Égo permanent dans l'homme; que l'individu qui se réincarne est un homme nouveau, résultat du Karma d'une vie antérieure; et elle cite diverses affirmations du Bouddha. Il est vrai que le Bouddha s'élève assez fortement contre la persistance de la personnalité. Il déclara maintes et maintes fois à ses auditeurs que rien de ce qu'ils connaissaient d'un homme ne pourrait être conservé lors d'une nouvelle naissance ; mais nulle part, il n'a nié l'individualité, et, en fait, il l'affirme d'une façon très nette dans la plupart de ses discours. Prenons par exemple un texte du *Samannaphalasutta* du *Digha-Nikaya*. En parlant d'abord des conditions et de entraînement de l'intellect qui sont nécessaires pour progresser spirituellement, le *Bouddha* explique comment l'homme peut recouvrer la mémoire de ses vies passées et voir toutes les scènes auxquelles il a pris part se dérouler successivement devant les yeux de son esprit. Il donne l'exemple suivant :

> "Si un homme quitte son village pour se rendre à un autre, et de celui-ci à un autre encore pour revenir finalement à son village natal, il peut se dire : "C'est bien moi qui suis parti de mon village pour venir à celui-ci. Je m'y suis tenu debout d'une certaine façon ; je m'y suis assis de telle manière ; j'y ai parlé ainsi et j'y suis resté silencieux.
> De ce village, je me suis rendu à un autre où j'ai fait la même chose. Puis toujours le même "je" ai quitté ce village pour revenir à mon propre village." De même, Ô Roi, l'ascète, quand il est pur d'esprit, peut connaître ses incarnations antérieures. Il se dit : "Dans tel endroit, je portais tel nom, je naquis dans telle famille, dans telle caste ; ma nourriture fut de tel genre ; dans telles et telles conditions, j'ai éprouvé plaisir et souffrance, et ma vie s'est poursuivie dans d'autres lieux, et là encore, je me trouvai dans telle et telle condition. De là, le même "Moi" est venu renaître ici."

Cette citation montre bien clairement qu'elle était la doctrine du Bouddha relativement à l'Égo réincarnateur. Dans le même *Sutta*, il explique comme un ascète peut connaître les existences passées des autres, comment il peut les voir mourir dans tel endroit, puis renaître ailleurs après avoir passé par les tourments de l'enfer et les joies du ciel. Il est vrai que dans le *Brahmajala Sutta*, il parle des apparences diverses de l'âme et dit que ces apparences n'existent pas d'une façon absolue, leur existence dépendant entièrement de son contact (c'est-à-dire de ses relations). Mais en niant ainsi la réalité *absolue* de l'âme, il est d'accord avec les grands Instructeurs indous, car non seulement l'existence de l'âme, mais celle du Logos lui-même n'est que relativement réelle.

Les esprits non préparés interprètent faussement ces idées, mais celui qui étudie à fond la pensée orientale en saisit le sens exact et comprend que l'enseignement du *Bouddha* est exactement celui de la Théosophie moderne. Il n'est pas difficile de voir comment ces textes triturés et faussés peuvent paraître se contredire les uns les autres. Aussi l'Église du Sud a-t-elle préféré s'attacher plutôt à la négation de la permanence de la personnalité plutôt qu'à l'affirmation de la continuité de l'individualité, comme dans le Christianisme certaines gens ont pris l'habitude d'exagérer l'importance de certains textes et d'ignorer ceux qui les contredisent.

Un autre point au sujet duquel existe un malentendu analogue est l'affirmation constante que le Nirvâna équivaut à l'anéantissement. Max Muller lui-même, le fameux sanscritiste d'Oxford, demeura pendant bien des années dans cette illusion. Plus tard cependant, grâce à des études plus approfondies, il finit par comprendre quelle avait été son erreur. La description que donne le *Bouddha* lui-même du Nirvâna est tellement au-dessus de la compréhension de ceux qui sont habitués aux seules méthodes ordinaires et courantes de pensée, qu'il n'est pas étonnant, qu'au premier abord, cette définition ait été mal comprise par les orientalistes européens ; mais quiconque a vécu parmi les bouddhistes ne peut supposer un seul instant que l'anéantissement soit le but qu'ils s'efforcent d'atteindre.

Certes, il est vrai que, pour atteindre Nirvâna, il faut annihiler complètement le côté inférieur, c'est-à-dire le seul que nous connaissions à présent de l'homme. La personnalité, comme tout ce qui se rattache aux véhicules inférieurs, est transitoire et doit disparaître Si nous essayons d'imaginer ce que serait l'homme dépourvu de tout ce qu'impliquent ces mots, nous verrons qu'actuellement il nous est difficile de comprendre qu'il puisse rester quelque chose, et, cependant, la vérité est que *tout* reste, que dans l'esprit glorieux qui existe alors, subsiste, au plus haut degré, l'essence de toutes les qualités qui ont été développées au cours de longs siècles de luttes et d'efforts dans les incarnations terrestres. L'homme est devenu surhumain puisqu'il est alors au seuil de la Divinité : cependant il est encore *lui-même* quoique son individualité se soit si largement accrue.

De nombreuses définitions ont été données du Nirvana, et, naturellement, aucune ne saurait être satisfaisante ; la meilleure me parait être celle-ci : "la paix dans l'omniscience". Lorsque, il y a longtemps, je préparais un catéchisme bouddhiste élémentaire, le grand-prêtre Sumangala me dit lui-même que la meilleure définition à donner était la suivante : "Le Nirvana est un état de paix et de félicité si fort au-dessus de notre condition actuelle qu'il nous est impossible de le comprendre." Cela est bien loin de l'idée d'anéantissement. Tout ce que nous appelons aujourd'hui l'homme, a disparu il est vrai : mais ce n'est pas parce que l'individualité est annihilée, c'est parce qu'elle est perdue dans la Divinité.

Le Bouddha lui-même dit : "Le Nirvana n'est pas l'être ; mais il n'est pas davantage le non-être."

Il y a une autre différence entre le Bouddhisme du Nord et celui du Sud. Leurs Églises respectives ont adopté des versions différentes des Écritures. Il est généralement établi que l'Église du Nord adopte le *Mahâyâna*, et celle du Sud : le *Hinayâna*, mais l'exactitude de cette assertion dépend du sens très discuté que l'on attache au mot *yâna*. Ce mot signifie véhicule et l'on est d'accord pour l'appliquer au *dhamma*, ou loi, celle-ci étant le vaisseau qui nous transporte au-delà de l'océan de la vie pour nous conduire au *Nirvâna ;* mais il y a au moins cinq versions différentes du sens exact qui peut être donné à ce mot :

1.

1. *Yana* se rapporte simplement à la langue dans laquelle la loi a été écrite, le Sanscrit étant d'après cette hypothèse, le véhicule le plus important et le Pâli le moindre ; cette théorie me semble insoutenable. Il est vrai que l'Église du Nord se sert de la traduction en Sanscrit, alors que celle du Sud se sert du *Pâli*, langue que parlait le seigneur Bouddha lorsqu'il était sur terre. On dit que les Écritures en *Pâli* que nous possédons actuellement ne sont pas la version originale, mais que toutes les Écritures originales qui ont existé (à Ceylan du moins) furent soigneusement détruites par les envahisseurs *Tamil*, de sorte que les Écritures en *Pâli* que nous avons ne sont qu'une nouvelle traduction en *Elu* qui était alors le dialecte indigène de Ceylan ;
2. Le mot *Ilina* peut en apparence signifier *moyen, ordinaire* ou *facile*, aussi bien que *petit*, d'où l'interprétation du *Hinayâna* comme étant la voie la plus ordinaire et la plus facile pour arriver à la libération, et aussi le minimum irréductible de connaissance et de conduite requis pour atteindre cette libération, alors que le *Mahâyâna* est la doctrine plus complète et plus philosophique qui renferme beaucoup de données sur les règnes supérieurs de la nature. Inutile d'ajouter que cette dernière interprétation émane d'une source *Mahâyâna*.
3. Le Bouddhisme, par un esprit de tolérance envers les autres religions auquel il n'a jamais failli, les admet toutes comme des moyens d'arriver à la libération, tout en considérant que la méthode indiquée par son fondateur est la plus courte et la plus sure. D'après cette théorie, le Bouddhisme serait le *Mahâyâna*, et le *Hinayâna* comprendrait le Brahmanisme, le Zoroastrianisme, le Jaïnisme et toutes les autres religions qui existaient à l'époque où cette définition fut formulée.
4. Les deux doctrines ne sont que les deux degrés d'une seule et même doctrine : le Hinayana pour les *Shravakas* ou auditeurs, et le Mahayana pour les étudiants plus avancés.

5. Le mot *yâna* ne doit pas être pris tout à fait dans son sens primitif de *véhicule* mais plutôt dans son second sens qui équivaut à peu près au mot anglais : *career* [14]. D'après cette interprétation le *Mahâyâna* expose à l'homme "la grande carrière" qui consiste à devenir un Bodhisattva en se consacrant au bien général du monde, alors que le *Hinayâna* ne lui montre que la "carrière" plus étroite qui consiste à vivre de façon à atteindre le Nirvâna pour soi-même.

De nombreuses discussions se sont aussi élevées sur le sens exact à donner aux termes *Adi-Buddha* et *Avalokiteshwara*. Je n'ai point fait d'études spéciales sur ces questions au point de vue philosophique ; mais d'après ce que j'ai pu recueillir dans les discussions avec des Bouddhistes qualifiés, *Adi-Buddha* serait le point culminant de l'une des grandes lignes du développement super-humain, ce que nous pourrions appeler le principe abstrait de tous les Bouddhas. *Avalokiteshwara* est un terme appartenant à l'Église du Nord et semble être le nom donné par les Bouddhistes à leur conception du Logos. Les orientalistes d'Europe l'ont traduit par : "Le Seigneur qui regarde d'en haut" mais cela me parait inexact, car il est clair que c'est toujours le Logos manifesté, quelquefois le Logos d'un système solaire, et quelquefois aussi un Logos encore plus élevé, mais toujours manifesté. Il ne faut pas oublier que si les Fondateurs des grandes religions voient et connaissent les choses qu'ils désignent sous un nom déterminé, il n'en est pas de même pour leurs disciples qui, eux, ne voient généralement pas les choses en question dont ils ne savent que les noms avec lesquels ils échafaudent des théories plus ou moins inexactes et erronées.

Le Bouddhisme de l'Église du Sud qui embrasse Ceylan, la Birmanie, le Siam et le Cambodge, a gardé à peu près sa religion exempte de toutes les additions qui sont devenues si importantes

---

14   Carrière.

dans les parties septentrionales du Japon, de la Chine et du Tibet. Dans les temples de Birmanie on n'aperçoit aucune image, sauf celle de Bouddha, mais, on peut en compter parfois des centaines faites de matières différentes, dans des postures diverses et offertes par de nombreux fidèles variés. À Ceylan, une certaine concession semble avoir été faite au sentiment populaire ou peut-être à un gouvernement étranger du temps des Rois Tamil, car on peut voir, dans les temples, les images de quelques divinités indoues, mais celles-ci sont toujours placées dans une situation inférieure à celle du Bouddha et considérées comme des espèces de subordonnées. Nous ne devons cependant pas trop blâmer les Tibétains d'avoir accueilli certaines superstitions dans leur Bouddhisme, car le même fait s'est présenté dans tous les pays et dans toutes les religions. Ne voit-on pas en Italie, par exemple, nombre de montagnards suivre ce qu'ils appellent leur ancienne religion et continuer, même au temps présent, de rendre un culte à Bacchus sous un nom étrusque antérieur même à l'Empire romain ? Les prêtres catholiques connaissent bien l'existence de cette ancienne foi et s'élèvent contre elle mais sans succès.

Le Bouddhisme du Sud a extrêmement peu de cérémonies, et, en somme, il n'a rien qui puisse correspondre à la liturgie chrétienne. Quand les gens vont au temple faire leur visite matinale, ils demandent généralement aux moines de leur réciter les trois guides et les cinq préceptes qu'ils répètent après lui, et cela ne peut guère être appelé un office, car ces récitations ne se font pas une fois seulement pour une foule rassemblée dans ce but, mais pour chaque groupe de personnes qui se présente. Il y a une autre cérémonie appelée *Paritta* ou *Pirit* (mot qui signifie "bénédictions") mais celle-ci n'est pas célébrée dans le temple ni à époques fixes ; on considère comme une bonne œuvre, de la part des laïques, de célébrer une circonstance spéciale par une cérémonie *Pirit*, c'est-à-dire d'élever et de décorer fastueusement une construction temporaire où se fait cette cérémonie. Elle consiste à chanter des versets, bénédictions tirées des Écritures sacrées ; elle dure généralement une quinzaine de jours pendant lesquels les moines se remplacent toutes les heures [15].

Lorsqu'une personne tombe malade, un *Pirit* est parfois organisé avec l'idée que cette cérémonie sera, pour le malade, un moyen de recouvrer la santé. En réalité, c'est une cérémonie mesmérique car les moines s'asseyent en cercle tenant entre leurs mains une corde qui fait le tour du cercle, et ils ont appris à réciter leurs textes avec la volonté bien arrêtée de répandre des bénédictions. Cette corde se magnétise naturellement à un très haut degré, au fur et à mesure que la cérémonie avance ; de plus, des cordons partant de la corde principale sont plongés dans un vase rempli d'eau qui se trouve, elle aussi, fortement magnétisée. À la fin de la cérémonie, cette eau est distribuée au peuple, et le malade tient souvent dans sa main un fil rattaché à la corde principale.

Les Bouddhistes du Sud donnent une liste des cinq pouvoirs psychiques qui peuvent être acquis par l'homme qui avance sur le Sentier :

1. La faculté de pouvoir passer à travers l'air et les objets solides et de visiter le monde céleste pendant la vie. Cela ne veut probablement signifier autre chose que de pouvoir fonctionner librement dans le corps astral, car il est à présumer qu'en parlant du monde céleste on ne veut pas dire réellement le plan mental, mais seulement les niveaux supérieurs du plan astral ;
2. La clairaudience divine — ce qui évidemment veut dire la faculté de clairaudience astrale ;
3. La faculté de percevoir tout ce qu'il y a dans l'esprit des autres et d'y sympathiser — ce qui semble n'être que la lecture de pensée et peut-être la télépathie ;
4. Le pouvoir de se rappeler ses vies antérieures ;

---

15 Voir *Échappées sur l'Occultisme* par C. W. LEADBEATER. (NDT)

5. La claire vision divine, c'est-à-dire la clairvoyance. À ces pouvoirs est ajouté, dans certaines listes, celui d'atteindre la délivrance par la sagesse. Cela signifie évidemment la libération de la nécessité des renaissances ; mais ce pouvoir ne semble pas être de la même nature que les autres et ne devrait pas, semble-t-il, figurer dans la même catégorie.

On dit qu'Ananda fut le disciple favori du Seigneur Bouddha, comme Jean fut celui du Christ, et, dans les deux cas, cette intimité spéciale entre Maître et disciple, fut, sans aucun doute, le résultat de relations établies dans des vies antérieures. Ananda ne fut certainement pas choisi parce qu'il était le plus avancé des disciples, car, il est dit que, même après la mort du Bouddha, lorsque le premier concile fut tenu dans une caverne creusée dans le rocher, une condition fut imposée à tous ceux qui voulaient y prendre part, à savoir que quiconque ne pourrait passer à travers le rocher n'entrerait dans la caverne, et Ananda, n'ayant pas encore acquis ce pouvoir fut par suite exclu du concile. Mais il est dit aussi que son chagrin fut si grand de perdre ainsi une occasion de servir son défunt Maître que, par un suprême effort de volonté, il parvint à développer sur le champ le pouvoir qui lui manquait et put, quoique tardivement, prendre triomphalement sa place parmi ses frères.

Cela prouve que même ceux qui sont le plus hautement avancés ont des amis spéciaux, et que, par conséquent, il est permis d'aimer certaines personnes plus que d'autres. Il est vrai que l'affection que vous portez maintenant à ceux qui vous sont le plus proches s'étendra plus tard à l'humanité entière, mais alors l'affection que vous ressentiez pour les vôtres sera mille fois plus grande. Notre amour ne sera jamais le même pour tous, bien qu'il embrassera tous les êtres. Le sentiment d'amour que nous avons pour un autre ne peut être semblable à celui que nous avons pour notre Maître, car lorsque celui-ci sera devenu un Logos, nous ferons partie de son système, et même, lorsque dans un temps infiniment plus éloigné encore, nous serons devenus nous-mêmes des Logoï, nous ferons encore partie de Lui-même, car il représentera un système bien plus grand. Malgré les différents degrés qui existeront toujours dans notre amour pour les autres, notre aide sera égale pour tous, aussi bien pour ceux que nous aimons beaucoup que pour ceux que nous aimons moins. Nous devons toujours faire de notre mieux envers tous, comme le médecin qui soigne ses malades avec la même sollicitude qu'ils soient ses amis ou non, car tout ce qui pourrait ressembler à la haine ou à l'aversion aura disparu bien des æons auparavant.

Au temps même du Seigneur Bouddha d'autres instructeurs spirituels furent envoyés au monde tels que Lao-Tseu, Confucius et Pythagore, tous travaillant dans leurs sphères respectives. On profita de l'afflux prodigieux de forces spirituelles à ce moment, pour envoyer des Instructeurs dans plusieurs parties du monde.

LE CHRISTIANISME

Il n'y a en Théosophie aucun principe qui soit en opposition au véritable Christianisme primitif, bien que certaines de nos théories ne puissent se concilier avec quelques-unes des erreurs existant dans la théologie populaire moderne. Celle-ci attache une grande importance aux textes ; en réalité, elle me parait se baser presque entièrement sur un ou deux textes. Elle s'est emparée de ces derniers et leur donne une interprétation particulière contredisant bien souvent le sens bien clair d'autres textes se trouvant dans la même bible. Certes il y a des contradictions dans la Bible, et il ne peut en être autrement dans un livre d'une telle étendue, dont les différentes parties ont été écrites à des époques si distantes de l'histoire du monde, et par des personnes de connaissances et de civilisation si différentes.

Il est impossible que toutes les assertions de la Bible soient littéralement vraies mais nous pouvons en chercher le sens caché et essayer de découvrir ce que l'instructeur original a voulu exposer à ses disciples. Puisque la Bible contient de nombreuses contradictions et donne lieu à différentes interprétations, le devoir du chrétien qui pense est évidemment de peser les versions diverses de sa religion qui existent dans le monde et de choisir celle qui satisfait sa raison et son bon sens.

En fait, tout chrétien décide pour lui-même au temps présent et choisit entre l'Église catholique romaine, l'Église anglicane, l'église méthodiste ou l'armée du Salut, bien que chacune de ces sectes prétende détenir l'unique et pur flambeau du Christianisme et justifie cette affirmation en l'appuyant sur différents textes. Comment alors le simple laïque choisit-il entre ces prétentions rivales ? Ou il accepte aveuglément la croyance qu'il tient de ses parents sans vouloir l'approfondir, ou bien, il l'examine et se base sur son propre jugement.

S'il a déjà commencé dans cette voie, il serait absurde, et inconséquent de sa part, de se refuser à examiner *tous* les textes et de se contenter de baser ses croyances sur un ou deux de ces textes seulement. S'il les examine tous avec impartialité il en trouvera certainement un grand nombre qui viendront à l'appui des vérités enseignées par la Théosophie. Il découvrira aussi que les *crédos* ne peuvent être rationnellement interprétés que par la Théosophie. Mais, afin de comparer ces différents systèmes d'une façon intelligente, il devra se livrer à des recherches sérieuses sur l'histoire de sa religion et apprendre comment la doctrine chrétienne est devenue ce qu'elle est aujourd'hui [16].

Il verra que l'Église primitive était divisée en trois parties principales. D'abord, les docteurs Gnostiques ou instructeurs, hommes d'une grande sagesse et d'une haute culture ; ceux-ci proclamaient que l'Église chrétienne possédait un système de philosophie d'une nature semblable à celle des systèmes Grecs et Romains de cette époque. Ce système, disaient-ils, est très vaste et très beau, mais difficile à comprendre, aussi n'en conseillaient-ils pas l'étude aux ignorants. Ils lui donnaient le nom de Gnose ou connaissance — connaissance que possédaient les fidèles instruits, mais qui n'était pas donnée publiquement ni même enseignée aux fidèles plus ignorants tant qu'ils se trouvaient au stade préliminaire où ils n'avaient pas encore reçu les sacrements.

La seconde division se composait d'une réunion de gens respectables de la classe moyenne ; ceux-ci ne se préoccupaient nullement

---

16   Voir *Le Crédo chrétien*, par C. W. LEADBEATER, *Le Christianisme Ésotérique*, par Annie BESANT. (NDT)

de philosophie, mais se contentaient simplement de prendre les paroles du Christ comme guide dans la vie. Ils avaient pour livre sacré une collection de ses maximes dont quelques feuilles ont été récemment découvertes par les archéologues.

Il y avait enfin, malheureusement, une troisième classe, composée de gens ignorants et turbulents qui, n'ayant jamais eu la moindre idée de la doctrine chrétienne, entrèrent néanmoins dans l'église à cause des prophéties faites par le Christ annonçant que des temps meilleurs étaient proches. En effet, profondément touché par la misère des pauvres, rempli de compassion et de pitié le Christ leur répétait sans cesse, dans, ses enseignements, de ne pas désespérer, puisque le pauvre qui supporte courageusement la lutte aurait dans l'avenir une situation meilleure et avancerait plus vite que le riche qui fait, mauvais usage de ses richesses et qui ne profite pas des occasions qui lui sont données de faire le bien. On devine aisément qu'une telle doctrine, prêchée à un peuple absolument ignorant, était fatalement destinée à être comprise dans son sens le plus étroit. Ses partisans voulaient bien accepter les promesses qui leur étaient faites, mais non les conditions exigées, et leur idée de ces temps meilleurs à venir était qu'ifs deviendraient à leur tour les oppresseurs et qu'ils en profiteraient pour se tourner contre les riches, chose que le Christ ne prêcha jamais, bien entendu. Il en résulta donc qu'il attira à lui toute une foule de gens qui, pour diverses raisons, protestèrent contre le gouvernement existant ; et lorsque ces ignorants voulurent à leur tour prêcher aux autres ce qu'ils appelaient le Christianisme, il arriva que cet enseignement se trouva complètement dénaturé par suite des grossières erreurs et des exagérations qu'ils y glissèrent par leurs erreurs dues à leur fausse interprétation de la doctrine. Toute cette populace qui se qualifiait elle-même de "pauvres gens" devint rapidement une grande majorité dans l'Église primitive, et elle acquit tant d'autorité qu'elle fut bientôt assez puissante, pour chasser les Docteurs Gnostiques comme hérétiques, craignant que les connaissances dont ceux-ci faisaient preuve, et qu'elle était loin, elle, de posséder, ne fussent considérées plus tard comme partie essentielle du Christianisme.

Il y a encore un autre point de vue d'où la Théosophie peut être de la plus grande utilité au chrétien. En ce moment, de nombreux chrétiens orthodoxes s'affligent de voir s'exercer ce qu'ils appellent la haute critique, c'est-à-dire la tentative d'appliquer le sens commun ordinaire et les méthodes scientifiques à l'examen des enseignements religieux, ils s'affligent des efforts faits pour comprendre la religion au lieu d'y croire aveuglément. Pendant des siècles, le monde a été invité à avaler les dogmes ecclésiastiques comme des pilules : vouloir les raisonner est impie. Mais il y a dans le monde des quantités d'hommes (parmi l'élite intellectuelle) qui ne peuvent admettre ainsi, aveuglément, ces doctrines, sans les comprendre. Avant de croire ils veulent comprendre, au moins dans une certaine mesure, et aucune théorie, ne peut devenir pour eux une vérité, que lorsqu'ils peuvent la relier rationnellement à d'autres faits, et la considérer comme faisant partie d'un système plus ou moins compréhensible.

Il est ridicule de dire (comme quelques orthodoxes) que ces gens sont funestes et que leur attitude est inspirée par le démon. Au contraire, ce sont précisément ceux-là qui savent apprécier le don précieux que Dieu leur a fait en leur donnant la raison, et qui sont fermement décidés à en faire l'usage le plus élevé : à savoir la recherche, de la vérité en matière de religion. En fait, la critique ne peut que rendre les plus grands services à la religion ; en élucidant des points qui n'étaient que bien vagues auparavant, elle étudie avec précision des questions qui n'avaient été comprises qu'en partie, et elle s'efforce d'édifier un système raisonnable avec tout ce qui, jusqu'à présent, n'était qu'un chaos d'idées confuses et sans signification.

Si des théosophes ont des amis orthodoxes qui soient troublés par ces tentatives, qui craignent de perdre complètement leur foi en la rendant plus large et plus rationnelle, que ces théosophes recommandent à leurs amis l'étude de la Théosophie car c'est ce dont leurs frères ont le plus grand besoin.

Elle leur conseillera d'attendre avant de rejeter la foi de leurs ancêtres et leur montrera que cette foi a un sens et une base réels quand elle est bien comprise, et que, si certains dogmes nés de la fantaisie ecclésiastique du Moyen Âge sont incompréhensibles, il n'en est pas moins vrai que l'enseignement original du Christ fut une magnifique manifestation de la vérité universelle.

Si ces orthodoxes se sont élevés un peu au-dessus de la forme extérieure de leur religion, s'ils ont commencé à percer la chrysalide de la foi aveugle pour s'élever, sur les ailes de la raison et de l'intuition, vers la vie mentale plus large, plus noble, des niveaux supérieurs, la Théosophie loin de leur faire rien perdre leur assurera un gain immense et glorieux. Car elle leur dit que les élans de dévotion qui leur étaient si précieux dans leur vie spirituelle sont amplement justifiés, que la splendeur, la beauté et la poésie de la pensée religieuse existent toujours mais plus complètement qu'ils ne l'ont jamais espéré, non plus comme de simples rêves agréables d'où la froide lumière de la raison peut, à un moment donné, les faire sortir brutalement, mais comme des vérités naturelles pouvant supporter l'analyse et le jugement et qui deviendront plus lumineuses et plus parfaites à mesure qu'elles seront mieux comprises.

La bible chrétienne ne doit évidemment pas être prise à la lettre, car un grand nombre de ses assertions sont ou symboliques ou fausses. Si par exemple on examine à l'aide de la clairvoyance, la vie du fondateur du Christianisme, on n'y trouve aucune trace des douze apôtres, et il semblerait qu'ils n'ont jamais existé en tant qu'hommes, qu'ils ont été introduits dans l'histoire pour une raison quelconque, peut-être pour symboliser les douze signes du zodiaque. Le Disciple Jésus dont le corps fut emprunté par le Christ n'était pas fils illégitime, comme le laisse croire l'Évangile, et son père n'était point charpentier, En réalité, Jésus appartenait à la plus haute aristocratie des Juifs, et descendait de leur lignée royale. Il peut se faire qu'il ait eu une teinte de sang Aryen, et cela a suffi pour faire dire aux Juifs exclusifs qu'il n'appartenait pas légitimement à la race de David ; cette assertion a pu très facilement être le point de départ de l'idée de naissance illégitime dans le récit évangélique.

Quoi qu'il en soit, la vérité est que les quatre évangiles n'ont jamais été destinés à être pris dans un sens historique. Tous les quatre sont issus d'un texte beaucoup plus court, écrit en hébreu par un moine, du nom de Mathœus, lequel vivait dans un monastère situé dans un désert, au fond de la Palestine. Ce moine parait avoir conçu l'idée de retracer, sous forme de récits, quelques grands faits relatifs aux initiations et d'y ajouter quelques évènements de la vie du Jésus réel qui était né en l'an 105 av. JC et aussi quelques-uns de la vie d'un autre prédicateur, fanatique obscur, qui avait été condamné à mort et exécuté à Jérusalem environ 30 ans après JC.

Il envoya ce document à l'un de ses amis, grand prieur d'un monastère très important d'Alexandrie, en lui suggérant de le traduire ou de le faire traduire pour le publier en grec. Le prieur alexandrin semble avoir employé plusieurs de ses jeunes moines à ce travail, chacun d'eux devant le faire en entier et le traiter selon ses propres vues. Un certain nombre de textes, de valeur très inégale, furent ainsi écrits, chacun des moines y incorporant plus ou moins les faits contenus dans le manuscrit original de Mathœus, y ajoutant aussi quelques légendes dont ils avaient eu par hasard connaissance, sans compter ce que leur inspiraient leur goût et leur fantaisie. Quatre de ces textes ont survécu, et, à chacun, sont attachés les noms des moines qui les rédigèrent : Mathieu, Marc, Luc et Jean. Le splendide passage qui fait le début de l'évangile de St Jean n'est pas une œuvre originale, c'est une citation, car nous avons reconnu qu'il existait bien des années avant l'époque du Christ dans un manuscrit qui était, même alors, d'une très grande antiquité.

Dans ce même manuscrit se trouvait aussi une citation des stances de Dzyan, qui, elle aussi, était traduite en grec.

LE PÉCHÉ

Quel est le vrai sens du péché, me demandez-vous ?' Dans le sens donné ordinairement à ce mot, par les prédicateurs chrétiens tout au moins, le péché peut être défini, je crois, comme étant une fiction créée par l'imagination des théologiens. Du point de vue populaire, c'est une infraction à la loi divine, l'accomplissement d'une action que l'on sait être mauvaise. Mais il est plus que douteux que cela soit juste ; car, le plus souvent, l'homme ne transgresse la loi que par ignorance ou étourderie, et non pas dans une intention délibérée. Lorsqu'une fois l'homme connaît et comprend la loi divine, il s'identifie inévitablement avec elle, et cela, pour deux raisons : la première est, qu'au premier stade, il reconnaît l'inutilité d'agir autrement ; puis, plus tard, ayant vu toute la gloire et la beauté de la loi, son seul désir est d'y obéir de toute la force de son cœur et de son âme.

Parmi toutes les fausses conceptions que nous avons héritées du Moyen Âge, la plus sérieuse est celle qui fait considérer ce que l'on appelle "péché" comme une perversité méritant un châtiment et une répression farouche, au lieu d'être, ce qu'il est réellement : c'est-à-dire le résultat d'une ignorance que l'on doit éclairer et dissiper.

On objectera que l'on voit journellement des gens faire ce qu'ils savent être mal, mais c'est là une interprétation erronée du fait. Ces gens font ce que l'*on dit être mal*, ce qui est tout à fait différent. Si l'homme sait réellement qu'une action est mauvaise et qu'elle sera inévitablement suivie de conséquences fâcheuses, il cherche à l'éviter.

L'homme *sait* que le feu peut le brûler, aussi n'y met-il point la main. On lui a *dit* que le feu de l'enfer le brûlera pour le punir d'une certaine action, comme de jouer aux cartes le dimanche, par exemple, mais il ne le *sait* réellement pas ; aussi, malgré les conséquences dont il est menacé, ne se prive-t-il pas de jouer aux cartes quand il en a envie. On peut constater que quiconque fait le mal cherche toujours à justifier son action au moment même où il la commet, quitte à penser autrement plus tard quand il est de sang-froid. Je maintiens donc mon idée en disant que le péché, tel qu'il est compris en général, est une fiction créée par l'imagination théologique ; ce qui existe réellement, c'est la malheureuse condition d'ignorance qui entraîne le plus souvent à transgresser la Loi divine. Et c'est à nous qu'incombe le devoir de dissiper cette ignorance par la lumière de la Théosophie.

LE PAPE

Une magnifique occasion attend le Pape qui sera suffisamment préparé et assez courageux pour la saisir. Au lieu de lancer des bulles fulminantes contre la Théosophie et le modernisme, il pourrait nous donner lui-même une interprétation théosophique du Christianisme. Rappelez-vous que l'Église catholique possède ce que l'on appelle la doctrine du perfectionnement et qu'elle a déclaré que le Pape, étant le représentant de Dieu sur la terre, est infaillible en matière de doctrine religieuse. Il serait donc parfaitement dans son droit si au sujet de l'interprétation théosophique, il osait dire bravement :

"Oui, vos théories donnent bien réellement le sens de la doctrine chrétienne. Nous l'avons toujours connu, ce sens ! et la Bibliothèque du Vatican contient de nombreux manuscrits qui peuvent en témoigner. Si nous ne l'avons pas divulgué jusqu'ici, c'est que, dans les siècles passés jusqu'ici, les hommes n'étaient pas prêts à l'entendre. Ils étaient trop imparfaits, trop grossiers, trop ignorants, pour comprendre une interprétation philosophique et mystique. L'écorce extérieure de la religion était la seule chose qui pût leur être présentée utilement. Mais, maintenant que l'humanité est plus évoluée, elle est prête à accueillir cette révélation. Le sens ésotérique de notre religion vous est donc dévoilé, mais il ne faut pas mépriser ceux qui ne sont encore qu'au stade où ils sont obligés de s'en tenir à l'écorce extérieure ; ceux-ci ne doivent pas non plus critiquer ceux qui sont prêts à s'élever d'un degré et à recevoir une illumination supérieure."

Mais, pour cela, ce Pape devra naturellement être aussi courageux que sage, car, comme toutes les personnalités éminentes, il est entouré d'une coque épaisse de formes-pensées qu'il lui sera extrêmement difficile de briser avant de pouvoir prendre une nouvelle ligne de conduite.

LE CÉRÉMONIAL

Le cérémonial est une question qui séduit bien des gens, mais il faut cependant bien comprendre que les cérémonies religieuses ne sont nullement nécessaires : l'homme qui désire réellement entrer dans la voie de sainteté doit s'en convaincre et rejeter cette croyance que les cérémonies sont nécessaires, car elles sont plutôt des entraves qui le retarderaient dans ses efforts pour atteindre le Nirvana. Cela ne veut pas dire que les cérémonies ne soient quelquefois utiles pour amener des résultats déterminés, mais, en principe, elles ne sont jamais nécessaires pour personne ; le candidat aux choses supérieures doit apprendre à s'en passer. Les cérémonies offrent une route facile à une certaine catégorie de gens qu'elles peuvent aider à s'élever, mais il y en a d'autres pour qui ces cérémonies semblent plutôt se dresser comme un obstacle entre eux et les êtres divins qu'ils cherchent à atteindre.

Le cérémonial du Christianisme est celui-là même qui a été ordonné par son fondateur, cérémonial au moyen duquel son pouvoir magique peut s'exercer. La consécration de l'hostie, par exemple, est un moyen par lequel la force spirituelle est déversée sur les hommes, et, le plus souvent, à ce moment-là, un sentiment intense de ferveur envahit l'assemblée, sentiment qui rend possible l'influence magique, celle-ci ne dépendant nullement de l'acte de consécration. Ceux dont la nature est dévotionnelle, qui sont plus réceptifs, reçoivent naturellement davantage que les autres ; d'autre part, il y a toujours à craindre qu'une dévotion aveugle ne dégénère en superstition. Dans mes recherches récentes au point de vue occulte, en Sicile, sur cette question, j'ai constaté qu'il y a beaucoup de superstition et, trop souvent, une intervention fâcheuse de la part des prêtres, mais, somme toute, la contrée est incontestablement dans une situation meilleure — considérablement meilleure — avec sa religion, si imparfaite qu'elle soit, que sans aucune religion, Il faut aussi nous rappeler que, dans l'histoire, il est souvent parlé des effets désastreux produits par l'enthousiasme religieux, tandis que le progrès effectif et constant de milliers de gens soumis à son influence ne produit qu'une faible impression sur l'historien.

LA PRIÈRE [17]

Il est difficile de dire quoique ce soit sur la prière qui puisse s'appliquer universellement, par suite de la variété même les prières et qui s'adressent à des êtres qui diffèrent tant les uns des autres selon la place qu'ils occupent dans l'évolution. Les fondateurs des grandes Religions n'ont jamais incité leurs disciples à leur adresser des prières et ces derniers étaient bien trop éclairés pour avoir semblable idée. Pour qu'une forte pensée dirigée vers eux puisse les atteindre ou non, il faut connaître la ligne d'évolution qu'ils ont suivie et savoir surtout s'ils sont encore ou non en contact avec la terre. Dans le premier cas, s'ils reçoivent la pensée, il est très probable, s'ils jugent la chose utile pour celui qui leur a envoyé cette pensée, qu'ils dirigeront vers lui l'attention d'un de leurs disciples encore sur la terre. Mais il est inconcevable qu'un homme, ayant la moindre notion de l'œuvre si vaste et si magnifique entreprise pour l'évolution par les Grands Êtres des plans supérieurs ait la prétention de les importuner en cherchant à les faire intervenir dans les petites difficultés de leur vie journalière ; il devrait savoir que s'il a besoin d'assistance, celle-ci peut lui être donnée d'une façon plus appropriée par un être se rapprochant davantage de son propre niveau. Et, ici même, sur le plan physique, ne sommes-nous pas plus sages que cela ? car nous n'avons pas l'idée d'aller trouver les plus grands savants de nos universités

---

17   Voir aussi le *Christianisme Ésotérique*, par Annie BESANT. (NDT)

pour leur demander d'aider nos enfants à vaincre les difficultés de l'alphabet.

En ce qui concerne les saints des Églises, la situation est différente, bien que, pour eux aussi, la possibilité d'entendre les prières qui leur sont adressées dépend de la place qu'ils occupent dans l'évolution. Le saint ordinaire, qui est tout simplement un brave et saint homme, entre, comme il est de règle, dans la vie céleste qui, pour lui, sera probablement longue. Ce n'est que pendant sa vie astrale qu'une prière peut l'atteindre, mais comme son séjour n'y sera probablement que de très courte durée, il y a peu de chance pour qu'elle lui parvienne ; si elle lui parvient malgré tout, il fera sans aucun doute son possible pour satisfaire celui qui l'implore, mais il n'est nullement certain que la prière attire son attention, occupé qu'il sera par le monde nouveau dans lequel il vient de pénétrer.

Et quand il est entré dans le long repos du monde céleste il lui est impossible d'être troublé par les choses terrestres ; cependant, dans ce cas, la prière qui lui est adressée peut ne pas être sans effet sur l'homme qui prie : car cet homme doit être assurément pour l'humanité, une source intarissable de pensées d'amour, et ces pensées se déversent comme une pluie bienfaisante de bénédictions pour aider au développement spirituel de ceux sur qui elle tombe.

Il n'y a donc aucun doute que l'homme dont les pensées, par des prières ardentes, se dirigent vers ce saint ne se mette en relation occulte avec celui-ci et attire ainsi sur lui-même une grande partie de la force qui en émane sans que le saint en ait conscience. Si le saint est suffisamment avancé pour avoir parcouru une série spéciale d'incarnations se succédant rapidement, le cas est encore différent. Il est alors constamment en contact avec la terre, qu'il vive sur le plan astral ou qu'il soit en incarnation sur le plan physique ; et si la prière est assez intense pour attirer son attention alors qu'il est hors de son corps, il est à présumer qu'il donnera toute l'assistance possible.

Mais, heureusement, pour les milliers de gens dont les âmes s'élèvent sans cesse par la prière — dans l'ignorance la plus complète, il est vrai, mais cependant avec la foi la plus sincère — subsiste, indépendamment de toutes ces considérations, une autre chose capable de satisfaire leurs aspirations. Dans la *Bhagavad Gita*, Shri Krishna nous dit que toutes les prières sincères parviennent à l'Un quelconque des Grands Êtres à qui elles sont adressées en toute ignorance ; il y a, nous dit-il, une conscience assez large pour tout embrasser, conscience qui ne manque jamais de répondre à tout effort tendant à un accroissement de spiritualité. Elle fonctionne de bien des manières ; parfois l'attention d'un déva est attirée par l'homme, parfois encore, celui qui prie attire sur lui l'attention des êtres humains qui travaillent sur les plans astral et mental au bien être de l'humanité. Si ce déva ou cet aide, ainsi utilisé, se montre, il est souvent pris par l'homme en prière pour celui à qui il s'adresse. De nombreux exemples viennent illustrer ce fait.

J'ai été pris moi-même, dans une circonstance analogue, pour saint Philippe de Néri, et un aide plus jeune qui se trouvait avec moi, fut pris pour saint Stanislas Kostka. Notre Présidente elle-même a été prise plus d'une fois pour un ange par ceux qu'elle assistait.

LE DÉMON

Le démon n'existe pas. Il y a des gens qui s'imaginent avoir fait un pacte avec lui, pacte parfois signé de leur sang. En ce cas, le résultat dépend en grande partie, de la catégorie à laquelle appartient l'entité qui a voulu, dans cette occasion, personnifier le démon. Nombreuses sont créatures de toutes sortes qui se réjouissent à l'idée de jouer un tour semblable aux dépens de l'homme ; mais aucune entité de quelque nature qu'elle soit ne peut être d'aucune utilité possible à l'"âme" d'un homme — ni l'âme d'une personne assez stupide pour faire un tel contrat, être d'une utilité quelconque, soit à elle-même, soit à quelqu'un d'autre. Toutes ces suppositions absurdes sont infirmées par le fait que l'homme est l'Égo et ne peut, par conséquent, se vendre lui-même ; il n'y a, d'ailleurs aucun acheteur pour ces sortes de marchés ; tout cela n'est donc qu'un amas de stupidités.

Il y a beaucoup d'entités qui peuvent être désireuses et capables de ménager trente années de prospérité matérielle à une personne ; mais, en général, c'est dans le but d'obtenir en retour quelque avantage matériel tels que sacrifices d'enfants en bas âge, chèvres ou volailles. L'Égo n'a aucune part dans ces pactes ni dans les cas individuels, ni dans le culte des fétiches en général. Ces entités ne peuvent prendre possession de l'Égo humain, et, le pourraient-elles, qu'elles ne sauraient s'en servir. Un corps humain leur est parfois commode ; pour qu'il leur soit permis de l'obséder, elles proposent un arrangement quelconque. Un contrat de cette nature donne à l'entité une emprise très grande sur l'homme qui a consenti, mais dès que celui-ci s'est rendu compte de la folie de son action, la meilleure chose qui lui reste à faire est de résister de toutes ses forces à cette obsession. Les cérémonies enfantines, telle qu'une signature donnée avec son sang n'ont naturellement aucune portée.

Il n'y a pas d'hiérarchie dans la voie du mal. Certes, il y a des magiciens noirs, mais ceux-ci ne sont le plus souvent que des entités isolées. Le magicien noir travaille pour lui-même, comme entité solitaire et pour arriver à ses fins. Une hiérarchie ne peut exister entre gens qui se méfient les uns des autres. Il n'en est pas de même dans la Fraternité Blanche où chacun des membres a pour les autres la plus grande confiance ; mais on ne peut se fier aux magiciens noirs, leur intérêt n'étant basé que sur l'égoïsme.

Il faut cependant veiller à ce que l'on entend par : *mal*. Le principe du mal est souvent personnifié, mais c'est seulement parce que les formes anciennes ont été brisées pour être employées, comme matériaux, dans la construction de formes nouvelles et supérieures. Ici, dans l'Inde, nous avons Shiva, le Destructeur, mais personne n'aurait l'idée de lui appliquer une idée de mal, car il est une des plus hautes manifestations de la Divinité. Le principe de la destruction des formes est nécessaire pour assurer le progrès. Il existe un Grand Être dont une partie des fonctions consiste à présider aux grands cataclysmes qui surviennent mais, en cela, il travaille pour le bien du monde, et ces évènements ne doivent pas être considérés comme mauvais. L'idée de l'ange Lucifer qui se révolta et fut chassé du ciel, repose principalement sur le "Paradis perdu" de Milton. La conception donnée dans le livre de Job sur le même sujet n'est pas du tout la même. Dans ce récit, le démon est un personnage tout différent du sombre héros de Milton. Les Bouddhistes ont — Mara — qui personnifie le Karma du passé s'appesantissant tout d'un coup sur l'homme et sous des formes multiples ; car au moment d'atteindre l'illumination, il se produit un épuisement instantané du Karma.

La théorie d'après laquelle toutes choses matérielles, toutes limitations sont mauvaises est une erreur. Si, par mal vous entendez ce que ce mot comporte habituellement, et non quelque autre notion entièrement différente ou d'une nature abstraite, la matière ne peut être alors considérée comme mauvaise, car l'Esprit et la matière sont équivalents. La matière n'est pas en opposition avec l'Esprit. La matière ne nous semble embarrassante qu'à cause des corps que nous devons utiliser ; mais nous sommes ici pour apprendre ce que, seule, la vie physique peut nous offrir. Les expériences du plan physique développent, donnent à notre conscience et à nos facultés, un caractère déterminé et une puissance que nous ne pourrions jamais acquérir sur n'importe quel plan, à moins d'avoir séjourné le temps nécessaire ici-bas. Mais, pourquoi se préoccupe-t-on autant du mal ? Il y a assez de bien dans le monde, et il est mieux d'y penser, car la pensée vous identifie avec ce à quoi vous pensez. Porter trop souvent sa pensée vers les magiciens noirs et parler d'eux, attire inévitablement leur attention et les résultats qui en découlent sont souvent extrêmement fâcheux.

L'INDOUISME

Quand les missionnaires ignorants s'étendent à plaisir sur les trois cent trente millions de dieux indous, ils donnent là une idée grossière d'une religion beaucoup plus scientifique que la leur. L'Indouisme, comme toutes les religions, ne reconnaît qu'un seul Dieu, malgré la multiplicité de ses manifestations. Appeler celles-ci des "dieux" est certes absolument ridicule, et il serait préférable d'éviter ce mot: *dieux* à cause des conceptions fausses qu'y ont associées les Chrétiens. Mais si on l'emploie, au moins ne devrait-il être appliqué qu'au Logos du système solaire, et non aux êtres qui lui sont inférieurs. Toutes les grandes qualités attribuées au Dieu des Chrétiens sont vraies aussi pour le Logos; il n'y a rien dans son système qui ne soit Lui, et, cependant, il est encore bien au-dessus de son système. Il nous est impossible de concevoir la vérité concernant l'Absolu; tout ce que nous pouvons en imaginer ne peut qu'être bien faible par suite de l'extrême limitation de notre intelligence.

Le Seigneur Bouddha conseillait toujours à son peuple de ne pas s'occuper de questions aussi élevées puisqu'il lui était impossible d'arriver à aucune conclusion, et que rien d'utile ne pouvait en ressortir.

Les images des Divinités indoues sont généralement fortement magnétisées, et leur influence sur le peuple est bonne quand elles sont transportées dans les rues lors de certaines fêtes. Dans la plupart des temples indous, de fortes influences se font sentir à l'état permanent; c'est le cas à Madura. Un jour que je visitais cette ville, on me donna un peu de cendres blanches provenant du temple de

Shiva et aussi une poudre brillante et cramoisie provenant du temple de Parvati ; leur pouvoir magnétique était si grand que j'en ressentis leur influence pendant quelques années, même durant mes nombreux voyages.

L'Inde est essentiellement un pays épris de rites et de cérémonies. La religion en est remplie et il est dit qu'un grand nombre d'entre eux furent prescrits par le Manou lui-même, mais il est à présumer que beaucoup d'autres furent ajoutés à des époques ultérieures. Quelques-uns de ces rites paraissent être des règles qu'il est nécessaire de prescrire aux débuts d'une nouvelle race ; mais ces règles deviennent inutiles lorsque celle-ci est définitivement établie. En regardant s'accomplir certaines cérémonies, il est facile, en bien des cas, de découvrir le but pour lequel elles ont été instituées, bien qu'elles nous rappellent ces coquilles vides dont on ne peut plus rien retirer. Cependant, ces cérémonies ne sont pas sans utilité pour les âmes jeunes ; en réalité, nombreux sont ceux qui s'en réjouissent et en retirent un grand profit ; toutefois aucune d'elles n'est nullement nécessaire, et l'homme vraiment évolué est entièrement libéré de cet esclavage.

À l'origine, chaque chef de famille était lui-même le prêtre de sa maison, mais lorsque la civilisation fut devenue plus compliquée, les rites et les cérémonies le devinrent aussi ; dès lors, intervint une classe de prêtres spécialement instruits pour cette fonction, personne ne pouvant se rappeler la richesse des détails inutiles inhérents au culte tous ayant d'autres occupations. Il semblerait qu'à notre époque la plupart des gens accomplissent ou ordonnent ces cérémonies à peu près comme l'on prend un médicament prescrit par le médecin, sans savoir quelle est sa nature, mais avec la ferme confiance qu'il procurera un certain bien être. Il en est sur qui les cérémonies ne font aucun effet s'ils n'en comprennent pas le sens, et, qui, le plus souvent, finissent par s'en détacher complètement.

C'est un triste spectacle que de voir des prêtres accomplir les cérémonies d'autrefois sous les formes anciennes qui, dans le passé, étaient si efficaces et qui, maintenant, ne donnent que des résultats si minimes qu'ils ne valent même pas la peine d'être mentionnés. Il semble, de nos jours qu'aucune force de volonté ne soit exercée. Les prêtres commencent par réciter quelques-unes de leurs invocations : "Om, Bhur, Bhuvar, Swar" mais le résultat est nul. Dans les anciens jours, l'officiant qui prononçait ces mêmes mots y mettait une volonté ferme ; et, tandis qu'il parlait, il élevait sa conscience d'un plan à un autre en même temps que celle des personnes présentes suffisamment sensitives pour ressentir l'effet des vibrations ainsi provoquées.

Je me rappelle avoir vu une scène analogue au cours d'une cérémonie solennelle, alors que nous étudiions les vies passées d'une individualité qui vivait dans l'Inde il y a un millier d'années. Le peuple entrait dans une salle intérieure et s'y tenait dans une obscurité complète. Au début de la cérémonie, l'officiant proférait les mots sacrés avec lenteur et solennité, et chacun de ces mots produisait l'effet voulu sur la majorité des assistants. Le mot "Om" harmonisait l'assemblée avec l'officiant comme avec les sentiments qui l'animaient. Puis, au moment où il prononçait le mot "Bhur", la salle s'emplissait, aux yeux des assistants, d'une lumière semblable à celle du jour qui leur permettait alors de percevoir tous les objets environnants ; quand, après un court intervalle, venait le second mot, ils jouissaient de la vue astrale pour un instant ; enfin, à l'émission du troisième mot, ils jouissaient de la clairvoyance sur le plan mental ; sur eux descendaient alors la félicité et les forces du plan supérieur, et cet état persistait tout le temps que durait la récitation des versets qui suivaient les invocations.

Ces effets, naturellement, n'étaient que momentanés ; quand la cérémonie était terminée la conscience de ceux qui y avaient pris part revenait sur le plan inférieur, mais ils n'en avaient pas moins fait une expérience prodigieuse qui permettait ensuite à leur conscience supérieure de s'éveiller plus rapidement et plus complètement en d'autres occasions, Mais rien de semblable ne peut se voir nulle part au temps présent. Aujourd'hui, le prêtre dispose son combustible en adressant une invocation solennelle à Agni, et y met le feu avec une allumette! Dans l'antiquité, le déva personnifié par Agni, apparaissait réellement et le feu descendait du ciel, pour employer une vieille expression. Mais tout cela a été oublié et l'écorce extérieure semble seule rester.

Les pèlerinages cachent une idée absolument rationnelle et scientifique. De vastes autels sont généralement élevés aux endroits où a vécu un saint, où quelque grand évènement est survenu, telle qu'une initiation ou bien encore où se trouvent des reliques de grand personnages connus. Dans l'un ou l'autre de ces cas, un centre puissant de forces magnétiques a été créé, centre qui peut subsister des milliers d'années. Toute personne sensitive qui s'approche d'un semblable lieu peut sentir cette influence dont les effets ne peuvent qu'être salutaires, surtout où se produisent de fortes vibrations d'un degré supérieur à celui que peut atteindre l'humanité ordinaire, il s'ensuit que tout homme qui se soumet à leur influence voit son propre mode vibratoire se mettre au diapason de celui de l'ambiance.

Le pèlerin se baigne dans le magnétisme du lieu parfois pendant plusieurs jours successifs, et il ne peut qu'en retirer du bien : mais ces effets diffèrent avec le degré de réceptivité de chacun. Un pèlerinage de ce genre se fait à l'arbre de Bodhi à Bouddhagaya, l'endroit même où le Seigneur Gautama parvint à la dignité de Bouddha. L'endroit est bien le même, mais l'arbre n'est plus celui qui existait alors. Celui-ci tomba vers le Moyen Âge et celui qui le remplace n'en est qu'un rejeton. Malgré tout, le magnétisme prodigieux qui s'en dégage subsiste et subsistera encore pendant de longs siècles à venir.

LES CASTES

On raconte que, primitivement, chaque caste avait sa couleur distinctive ; et, en fait, le sens actuel de *varna* (mot sanscrit qui veut dire caste) est couleur. Je n'ai pas étudié cette question, mais, en tout cas, il y a une chose certaine, c'est que les couleurs indiquées pour chacune d'elles ne correspondent pas à celles des *auras* respectives. Seul, l'enfant a une aura blanche ; le rayonnement intense qui entoure les Adeptes est de plusieurs couleurs. Cependant, pour une raison quelconque l'aura du brahmane est dite blanche de par la tradition. Celle du Kshattriya, se rapproche dit-on, du rouge ; il y a dans l'aura humaine plusieurs nuances de rouge, depuis le rose de l'amour pur jusqu'au rouge écarlate de la colère et de l'indignation et le rouge brun de la sensualité ; or, le Kshattriya n'a pas ces caractères plus que les autres hommes. Le jaune d'après la tradition, serait la couleur attribuée au *vaishya*, cette couleur étant celles de l'intellect, il n'y a aucune raison pour considérer le *vaishya* comme étant spécialement doué d'intelligence. Le noir était attribué au *shudra*.

Mais si nous adoptons cette théorie des couleurs comme s'appliquant aux races anciennes et primitives, elle devient plus facile à expliquer et plus conforme à la réalité des faits. Les Aryens, représentant la caste des Brahmanes, étaient incontestablement d'une couleur plus claire que les peuples d'où ils provenaient. Les Toltèques, d'une nuance tirant sur le rouge et qui gouvernaient la plus grande partie du pays à l'époque de l'invasion aryenne peuvent avoir quelque rapport avec la caste primitive des Kshattriyas. Les aborigènes,

Lémuriens, qui, de nos jours ont pour représentants quelques tribus montagnardes, étaient presque noirs, et peuvent se rattacher aux *shudras*. Entre eux et les Toltèques, il semble y avoir eu plusieurs sous-races Atlantéennes qui s'établirent comme marchands et ces races étaient de couleur jaune, comme les Chinois. C'est là peut-être que remontent les *vaishyas* primitifs.

En portant nos investigations de plus en plus loin dans le passé, nous arriverons sans doute à éclaircir l'origine des castes et les rapports de ces dernières avec les différentes couleurs.

LE SPIRITISME

N'oublions pas que les spirites sont entièrement d'accord avec nous sur plusieurs points importants. Tous admettent :

1. que la vie après la mort est une vivante réalité et toujours présente ;
2. que le progrès éternel et le bonheur suprême attendent tous les hommes, les méchants comme les bons.

Or, ces deux principes sont d'une haute importance, en ce qu'ils constituent une avance très grande sur la position prise par l'orthodoxie ordinaire ; pour ma part, et quant à cela, je serais très heureux de me joindre à eux et de différer la discussion sur les points qui nous séparent, jusqu'à ce que nous ayons au moins convaincu le monde de ces deux grandes vérités. J'ai toujours pensé, du reste qu'il y avait assez de place pour les deux sociétés, spirite et théosophique.

Les gens qui désirent des phénomènes, qui ne peuvent croire que lorsqu'ils ont *vu*, n'obtiendront aucune satisfaction chez nous, mais trouveront au contraire ce qu'ils cherchent chez les spirites. D'autre part, ceux qui demandent une philosophie et non des phénomènes viendront plutôt à nous. Ceux que les communications obtenues par l'intermédiaire des médiums transportent d'admiration, n'apprécieront certainement pas les enseignements théosophiques, pas plus que les personnes qui ont su reconnaître la profondeur de ceux-ci, ne seront satisfaits par les communications spirites. Les deux écoles offrent ce qu'il faut aux gens à l'esprit libéral et ouvert, mais s'adressent à des catégories différant totalement l'une de l'autre ; il ne s'en suit pas que nous devions vivre en mauvaise intelligence.

Dans tout ce que Mme Blavatsky a écrit sur le spiritisme, elle a fortement insisté sur l'extrême incertitude que présentent les phénomènes spirites, et sur la prépondérance des substitutions de personnes sur les apparitions réelles. Les expériences que j'ai faites personnellement pendant plusieurs années ont été plus probantes, et je ne crois pas qu'il y ait un seul des phénomènes relatés dans les livres que je n'aie pu voir par moi-même, et cela à plusieurs reprises. Il m'a été donné certes, de constater parfois des substitutions de personnes, mais, en somme, je dois dire que dans la plupart de mes expériences, de réelles apparitions se sont présentées à mes yeux je ne puis donc que témoigner de la réalité de ces faits. Les messages donnés dans les séances manquent le plus souvent d'intérêt et leur enseignement religieux n'est généralement que du Christianisme dilué mais tel quel, il est cependant empreint d'un grand libéralisme et s'élève bien au-dessus du fanatisme orthodoxe.

Cela ne signifie pas que tous les spirites soient libéraux ; il en est malheureusement qui, eux aussi, ont l'esprit sectaire, qui sont étroits, intolérants lorsqu'il s'agit, par exemple, de la loi de la réincarnation. La majorité des spirites anglais et américains ne reconnaissent pas encore cette Loi, mais il n'en est pas de même en France pour les disciples d'Allan Kardec et pour l'école de Mme d'Espérance en Angleterre. Un grand nombre d'étudiants s'étonnent de ce que tous les morts n'aient pas connaissance de la réincarnation et ne l'admettent pas comme un fait réel ; mais pourquoi en serait-il autrement ? Quand l'homme meurt, il recherche la société de ceux qu'il a connus sur terre et vit dans une classe de gens analogue à celle qu'il fréquentait dans le monde physique. Le simple épicier de campagne n'a pas plus de chance — après comme avant sa mort, d'entrer en relations avec des personnes pouvant lui donner des instructions au sujet de la réincarnation. La plupart des hommes se ferment à toute idée nouvelle par suite d'une foule de préjugés, et comme ils emportent ceux-ci, avec eux, dans le monde astral, ils ne sont pas plus susceptibles d'être amenés à se rendre à la raison et au sens commun qu'ils ne l'étaient ici-bas. Il est vrai sans doute, que l'homme à l'esprit ouvert peut apprendre bien des choses sur le plan astral, et même acquérir rapidement la connaissance de l'enseignement théosophique dans son ensemble, et il y a des morts à qui cela arrive; c'est pourquoi des bribes de notre enseignement sont quelquefois données dans les communications spirites. Il ne faut pas oublier qu'il existe un spiritisme d'un ordre plus élevé dont le public n'a pas connaissance et qui ne publie aucun compte-rendu de ses résultats. Les meilleurs cercles sont strictement privés et réservés seulement à une famille ou à un petit nombre d'amis. Dans ces cercles, les mêmes personnes se rencontrent maintes et maintes fois, et toute personne étrangère en est exclue dans la crainte que le magnétisme ne s'en trouve modifié; aussi les conditions sont-elles rigoureusement parfaites et les résultats obtenus d'un caractère surprenant. Dans les séances publiques où tout le monde peut être admis, et où l'on paie sa place, on a le plus souvent, sinon toujours, affaire à des désincarnés d'une classe inférieure par suite des magnétismes divers qui se dégagent de l'assistance.

LE SYMBOLISME

Le symbolisme est un sujet d'une étude très captivante. Pour certains d'esprits, tout s'exprime en symboles, et ceux-ci sont d'un grand secours pour bien des gens. Je n'ai pas ce genre d'esprit, aussi n'ai-je point porté une attention spéciale sur les symboles ni fait d'étude particulière à leur sujet ; quelques-uns d'entre eux, cependant, sont de toute évidence et faciles à saisir par quiconque comprend, ne fût-ce que faiblement, les principes de leur interprétation. Prenons, par exemple, les symboles des premières pages du *Livre de Dzyan*. Sur la première page est tracé un disque blanc représentant la condition du non manifesté ; sur la seconde, un point apparaît au centre du disque, ce point représente la première manifestation, le Premier Logos ou le Christ dans le sein du Père ; sur la troisième page, on peut voir que le point s'est étendu pour former une ligne divisant le disque en deux parties égales, division qui représente la première grande séparation entre l'Esprit et la matière, comme aussi le second Logos que l'on représente toujours comme étant double ou androgyne ; sur la quatrième page, une autre ligne, tracée à angles droits avec la première, nous donne la figure d'un cercle divisé en quatre parties égales, figure qui représente la manifestation du troisième Logos, bien qu'Il ne soit pas encore en activité. Sur la page suivante, le cercle extérieur disparaît ne laissant plus que les quatre bras de la croix grecque. Celle-ci indique que le troisième Logos est prêt pour l'action, c'est-à-dire prêt à descendre dans la matière de Son Cosmos.

Le stade suivant de cette activité est indiqué par des formes diverses du symbole. Parfois, les bras de la croix s'élargissent, en s'éloignant de leur centre, de manière à former la croix de Malte. Un autre symbole garde les quatre bras de la croix grecque, mais recourbe chacune des extrémités comme une flamme pour représenter le feu s'échappant de l'intérieur. Une autre forme de ce symbole donne l'impression d'une croix tournant autour de son centre comme une roue autour de son axe ; puis des flammes sont dessinées comme jaillissant en arrière pendant que la croix accomplit son mouvement de rotation ; nous avons ainsi le plus universel de tous les symboles, celui de la *svastika* que l'on trouve dans toutes les nations et religions du monde.

Le sens symbolique de la croix latine ordinaire, dans l'Église chrétienne, n'a aucun rapport avec cette *svastika* telle que nous l'interprétons ; sa signification est totalement différente, car elle symbolise le second Logos et sa descente dans la matière, elle est en outre étroitement liée aux rites initiatiques de l'ancienne Égypte. Dans le cas du *Livre de Dzyan*, l'interprétation du symbole est grandement facilitée par le fait que le livre lui-même est puissamment magnétisé d'une façon particulière, aussi, quand l'étudiant qui a le privilège de voir ce livre prend une de ses pages entre les mains, un effet remarquable se produit : il voit le tableau que la page se propose de représenter et il entend une sorte d'explication de la stance.

Il est excessivement difficile de traduire cela en paroles mais l'expérience est merveilleuse.

J'ai vu et j'ai eu entre les mains, le document décrit par Mme Blavatsky, document dont l'étude lui a servi pour écrire *La Doctrine secrète*. Ce document n'est pas, certes, le livre original, mais la copie qui en a été faite et qui est conservée dans le musée occulte sous la garde du Maître KH. Le document original est à Shamballa sous la garde du Chef de la Hiérarchie, c'est le livre le plus ancien du monde. En fait, on a dit qu'une partie de son contenu, (ses six premières stances, je crois) est même plus ancienne que le monde, car elle proviendrait d'une chaîne antérieure à la nôtre. Cette partie du *Livre de Dzyan* est considérée par quelques-uns, non seulement comme décrivant le processus de la naissance d'un système, mais encore, et surtout, comme étant une sorte de manuel d'instructions pour la création d'un univers.

Un autre symbole bien connu est celui du "Grand Oiseau" employé pour désigner la divinité planant sur son Univers, couvant ou sommeillant sur les eaux de l'espace ou s'élançant en avant dans le sens de son évolution. S'abriter sous les ailes du Grand Oiseau signifie méditer de façon à provoquer une union avec le Logos, et il est dit que l'homme qui atteint ce degré peut rester là un nombre inouï d'années.

Le mot *Om* est une autre représentation de la même idée, c'est le mot sacré de la race-mère Aryenne. Le mot sacré des Atlantes était *Tau*, et il a été dit que tous les mots sacrés donnés successivement aux races-mères sont les syllabes consécutives d'un Mot Suprême et unique, le vrai nom sacré.

Un autre symbole qui tombe sous le sens, c'est le cœur; ce symbole avait une place prépondérante dans la religion des Atlantes. Dans le sanctuaire le plus caché du temple de la Cité des Portes d'Or était placée sur l'autel une boite en or massif ayant la forme d'un cœur dont l'ouverture à secret n'était connue que du Grand Prêtre. Elle était appelée le "Cœur du Monde" et représentait pour les Atlantes le mystère le plus occulte qu'ils connussent. Ils y renfermaient les choses les plus sacrées et une grande partie de leur symbolique s'y rattachait. Ils savaient que chaque atome a des pulsations semblables à celles du cœur; ils prétendaient que le soleil avait aussi ses pulsations qu'ils disaient coïncider avec la période où les taches solaires sont visibles. On rencontre souvent dans leurs livres des passages laissant croire que leurs connaissances scientifiques étaient plus complètes que les nôtres, bien qu'ils étudiaient à un point de vue plutôt poétique que scientifique. Ils croyaient, par exemple, que la terre respire et se meut, et, tout récemment, des scientistes ont découvert que la surface de la terre se déplace régulièrement et journellement, déplacement qui, dans un certain sens, pourrait être pris pour une sorte de respiration.

Un autre symbole c'est celui du lotus qui représente le système solaire dans ses rapports avec son Logos. Cette comparaison est justifiée par des faits mêmes de la nature. Les sept Logoï Planétaires, tout en étant de hautes individualités, sont en même temps des aspects du Logos Solaire, les centres de forces de son corps, pourrait-on dire. Or, chacun de ces grands centres vivants, ou Logos auxiliaire, subit, en propre, une sorte de changement, ou mouvement périodique, correspondant peut-être, mais à un degré infiniment supérieur, aux battements réguliers du cœur humain et à l'inspire et l'expire du souffle.

Quelques-uns de ces changements périodiques sont plus rapides que d'autres, de là une série compliquée d'effets ; il a été observé en outre que les mouvements des planètes physiques, dans leurs rapports réciproques, fournissent une indication expliquant les effets des fortes influences cosmiques à un moment donné. Chacun de ces centres est localisé, spécialisé, à son foyer principal dans le corps du soleil, et, de plus, un foyer secondaire qui, lui, est toujours extérieur au soleil. Ce dernier foyer est toujours une planète physique.

Les relations exactes ne peuvent guère être rendues claires à l'aide de notre phraséologie qui ne concerne que le domaine à trois dimensions ; mais on peut les représenter approximativement en disant que chaque centre a un champ d'influence pratiquement coextensif avec le système solaire et que, si on pouvait faire une section de ce champ, on verrait qu'elle a la forme d'une ellipse, que l'un des foyers de chaque ellipse est toujours situé dans le soleil, et que l'autre est la planète spéciale gouvernée par ce Logos auxiliaire. Il est probable que dans la condensation graduelle de la nébuleuse incandescente primordiale d'où le système est né, la situation des planètes dans l'espace fut déterminée par la formation de tourbillons, les petits foyers secondaires étant des points auxiliaires de distribution, des ganglions dans le système solaire, pourrait-on dire. Toutes les planètes physiques sont comprises dans la portion du système commune à tous les ovoïdes ; ainsi, quiconque essaie, mentalement, de construire la figure peut voir que ces ovoïdes, en exécutant leur révolution, dessinent des segments, et l'on sera ainsi préparé à comprendre la comparaison du système entier avec une fleur composé de nombreux pétales.

Cette comparaison du lotus a encore une autre raison d'être beaucoup plus belle mais demandant aussi à être plus approfondie. À nos yeux, les planètes apparaissent comme étant des globes séparés ; cependant, il existe entre elles des liens que notre conscience cérébrale ne peut saisir. Ceux qui ont étudié la quatrième dimension sont familiarisés avec l'idée d'une extension dans une direction invisible à nos yeux, mais il ne leur est sans doute pas venu à l'esprit que ce principe pourrait s'appliquer au système solaire en bloc.

Nous pouvons nous faire une idée des faits en tenant la paume de la main tournée en haut et recourbée en forme de coupe, les doigts étant écartés ; posez ensuite une feuille de papier sur les extrémités des doigts. Un être à deux dimensions vivant sur le plan de cette feuille ne pourrait être conscient de la main, il ne verrait que les petits cercles aux points de contact des doigts avec le papier. Pour lui, ces cercles n'ont entre eux aucun rapport ; mais nous qui voyons avec une dimension de plus, nous pouvons constater que chacun d'eux se rattache à la paume de la main, et forme avec celle-ci un tout complet. De même celui qui emploie la vision à quatre dimensions peut observer que les planètes qui, avec nos trois dimensions, paraissent isolées se rattachent cependant les unes aux autres ce que nos sens actuels ne peuvent encore percevoir ; vus ainsi, ces globes ne sont que les extrémités des pétales d'une fleur gigantesque. Du centre de cette fleur émerge le pistil central qui nous apparaît sous la forme du soleil.

Il n'est pas sage, de la part des admirateurs de la science moderne, de ridiculiser ou de mépriser soit les enseignements de l'antiquité, ou les symboles étranges et fantastiques sous lesquels ils étaient exprimés, car un grand nombre de ces symboles sont fertiles en significations, celles-ci dénotant souvent une connaissance plus profonde que n'en possède maintenant le monde extérieur. L'étudiant théosophe, tout au moins, ne tombera pas dans l'erreur de mépriser une chose parce qu'il ne la comprend pas encore, et qu'il n'a pas encore appris le langage dans lequel elle est décrite.

LE FEU

Sur les plans supérieurs tout est lumineux, ainsi qu'on le dirait ici-bas ; et, au-dessus d'un certain niveau on peut avancer que tout est pénétré par le feu, mais non pas par le feu tel que nous le connaissons sur le plan physique. Ce que nous appelons feu ne peut exister sans que quelque chose brûle ou s'enflamme ; ce n'est pourtant qu'une sorte de réfléchissement ou l'expression inférieure d'une chose abstraite supérieure qui échappe à nos sens. Essayez d'imaginer un feu qui ne brûle pas, mais qui serait liquide comme de l'eau. Ce feu était bien connu des disciples du premier grand Zoroastre ; c'était un feu qui n'avait pas besoin de combustible pour briller sur leurs autels, feu sacré qu'ils disaient symboliser la Vie Divine.

Un moyen d'atteindre au Logos se rapporte à cette ligne du feu, et les anciens Parsis le savaient bien : ils élevaient leur conscience jusqu'à ne faire qu'*un* avec le feu afin, jusqu'à ce que, par son aide, ils arrivent à lui. L'assistance d'une certaine classe de dévas est pour cela nécessaire, mais, dans la période où nous vivons, le monde est si matérialiste que bien faible est le nombre de ceux qui pourraient tenter l'expérience. Le premier Zoroastre avait autour de lui un grand nombre de disciples prêts à suivre cette méthode ; si nous voulions en faire autant, aujourd'hui, nos véhicules inférieurs seraient probablement détruits au cours d'une semblable expérience, nous pourrons cependant employer ce moyen dans les races à venir et sur d'autres planètes. Tout ceci peut paraître étrange et incompréhensible, ces choses étant totalement inconnues sur le plan physique ; mais dans le cours de son évolution, l'étudiant en occultisme s'apercevra qu'il lui faut faire face à quantité de faits qui ne peuvent s'exprimer dans notre langage terrestre.

TROISIÈME SECTION

DE L'ATTITUDE THÉOSOPHIQUE

LE SENS COMMUN

Au-dessus de tout et en toutes circonstances, l'étudiant en occultisme doit s'attacher principalement à développer eu lui le *sens commun*, car il trouvera, dans sa marche en avant, nombre d'idées nouvelles, de faits surprenants dont l'étrangeté peut lui causer de l'hésitation ; s'il se laisse aller à ce sentiment, les résultats obtenus par l'augmentation de ses connaissances seront plutôt insignifiants. Bien d'autres qualités sont nécessaires pour avancer sur la voie du progrès, mais un parfait équilibre est la première des nécessités. En fait, l'étude de l'occultisme peut être ainsi résumée : c'est l'étude de tout ce que l'homme ordinaire se refuse à admettre, la connaissance par conséquent, de faits nouveaux et, ensuite, l'adaptation de sa vie à ces nouveaux faits d'une façon rationnelle et conforme au sens commun. Tout ce que je connais de l'occultisme n'est qu'une apothéose du sens commun.

LA FRATERNITÉ

Tous les hommes sont frères, ceux qui ne veulent pas l'admettre sont ceux qui ferment volontairement les yeux sur des réalités qu'ils se refusent à reconnaître. Il est inutile de perdre notre temps à les en convaincre, la nature elle-même se chargera bien de vaincre leur hérésie. Mais beaucoup plus dangereux sont ceux qui comprennent mal la fraternité, et leur nombre est légion.

Rappelez-vous, non seulement la véritable signification du mot fraternité, mais aussi ce qu'il ne signifie pas. Fraternité ne veut pas dire égalité (les jumeaux sont relativement rares il est encore plus rare de voir trois frères naître en même temps dans des circonstances normales), donc la fraternité implique une différence d'âge, et par suite toutes sortes de différences : en force, en habileté, en capacités.

La fraternité implique des intérêts communs, mais non une communauté de tous les intérêts. Si la famille est riche, tous ses membres en profitent; si elle est pauvre tous ses membres en souffrent aussi. Il y a donc là communauté d'intérêts. Mais l'intérêt individuel de chacun des frères d'une même famille peut et doit être même absolument différent pendant bien des années. Quel intérêt un enfant de quatorze ans peut-il avoir de commun avec son jeune frère de six ans ? Chacun vit sa vie avec les amis de son âge et a, avec eux, bien plus d'idées communes qu'avec son frère. Qu'importe au frère aîné de vingt-cinq ans, occupé à se frayer un chemin dans le monde, les récompenses et les soucis scolaires qui remplissent l'horizon du cadet.

On ne doit donc pas espérer que, parce qu'ils sont frères, des hommes puissent avoir les mêmes impressions et être intéressés par les mêmes choses. Cela ne serait même pas à désirer, car le devoir de chacun diffère selon l'âge, et la seule chose qui puisse favoriser l'évolution d'une famille dans son ensemble, c'est que chacun de ses membres fasse son devoir là où il plaît à Dieu de l'appeler, comme le dit le catéchisme chrétien. Cela ne signifie nullement que l'homme doive toujours rester dans la situation où son Karma l'a fait naître ; s'il peut, par des moyens honnêtes et sans porter préjudice à autrui, générer un Karma qui lui permette de s'élever, libre à lui de le faire. Mais, quelle que soit la situation sociale qu'il ait acquise, il doit remplir les devoirs inhérents à cette situation. L'enfant grandit d'une façon régulière ; mais, à un certain âge, ses devoirs seront ceux de son âge et non ceux de son frère aîné Chaque âge a ses devoirs : le jeune doit apprendre et servir ; aîné, diriger et protéger ; mais tous les deux doivent aimer et assister, et essayer de considérer le genre humain comme une grande famille. Tous s'aideront mutuellement, non pas en intervenant dans les affaires de tous, mais chacun en s'efforçant sérieusement de faire son devoir comme membre de la famille à laquelle il appartient.

Dans notre société, la fraternité devrait être une réalité vécue. Il importe que nous reconnaissions et établissions dans une association étroite entre tous, un sentiment d'unité et de rapprochement ; mais cette union ne peut se faire que si les membres veulent bien oublier leurs sentiments personnels pour ne s'occuper que de l'intérêt des autres. Le cœur de la Société Théosophique se construit, sur le plan bouddhique, un corps qui sera un canal à travers lequel les grands Êtres déverseront leurs forces. La perfection du canal dépend de l'attitude adoptée par les membres sérieux et dévoués.

Ce canal est, quant à présent, encore bien imparfait, en raison des tendances que possède chaque membre à se considérer comme unité séparée et, par suite, à penser trop à soi-même et trop peu au bien général de tous. Les pierres d'un mur doivent être maçonnées régulièrement à la place qu'elles doivent occuper, car si l'une s'avance trop en avant et l'autre trop en arrière, le mur sera rugueux et défectueux. Nous ne sommes qu'une faible partie d'un vaste système, une roue, pour ainsi dire, dans une machine. C'est à nous à nous rendre propres à remplir au mieux notre rôle si peu important qu'il soit ; ce faisant, bien que nous ne soyons sans doute pas prêts à prendre un rôle prépondérant dans le grand drame du monde, le peu de bien que nous faisons est efficace et durable et remplira honorablement sa place dans le grand tout.

Vous savez tous que d'ici sept cents ans nos deux Maîtres commenceront la fondation de la sixième race-mère ou race-racine, [18] et que, dès maintenant ils font une sélection parmi ceux qui peuvent les aider dans cette œuvre. Mais il y a devant nous un travail plus immédiat, travail qui permet de développer les qualités requises pour participer au grand œuvre plus soigné ; c'est le développement de la sixième sous-race de la race Aryenne, sous-race qui commence dès à présent à se former dans le nord de l'Amérique. Les signes de ces préparatifs pour ce travail se manifestent d'ores et déjà ; des races différentes s'unissent entres elles pour n'en plus former qu'une seule ; et nous avons notre rôle à jouer dans ce travail. Nous reconnaissons tous combien il est important d'entourer l'enfant de bonnes influences ; il en est de même pour l'enfance d'une race. Si nous pouvons réussir à entraîner cette nouvelle race dans la bonne voie, un grand résultat aura été obtenu ; et nous, malgré la distance qui nous sépare de l'Amérique, pouvons apporter, si nous le voulons, un concours efficace à ce moment critique de l'histoire du monde.

Une partie de ce plan doit s'effectuer prochainement, par le rapprochement des diverses branches de notre cinquième sous-race, la race Teutonne. Beaucoup d'entre nous appartiennent à cette race : les colonies anglaises, les Américains, les Scandinaves, les Danois et

---

18   Lire : *Les Commencements de la VIe Race*, par C. W. LEADBEATER dans *La Revue Théosophique française*. (NDT)

les Allemands; à cette race appartiennent aussi différentes populations de la France et de l'Italie, comme les Normands, par exemple, qui descendent des scandinaves, et dans les régions méridionales, les descendants des Goths et des Visigoths. Afin de hâter la réalisation du grand plan de la Hiérarchie, il est grandement désirable que toutes ces races se lient d'une sympathie plus étroite. Ce rapprochement s'est déjà effectué entre l'Angleterre et l'Amérique, et il est bien regrettable qu'il n'en soit pas de même en ce qui concerne l'Allemagne; ce grand pays pourtant semble tout disposé à écarter toute pensée de coalition, coalition désirée par d'autres États. Il croit ainsi défendre ses intérêts particuliers. Il ne reste plus qu'à souhaiter que cette difficulté soit rapidement surmontée.

Le but principal de ce rapprochement entre les nations est de préparer la voie pour la venue du nouveau Messie ou, comme nous le dirions dans les cercles théosophiques, le nouvel avènement du Seigneur Maîtreya, comme grand Instructeur spirituel apportant une nouvelle religion. Le temps est très proche où sera répandu dans le monde un enseignement qui unifiera les autres religions et qui, comparativement à ces dernières, aura une base plus large et gardera plus longtemps intacte sa pureté. Mais avant d'arriver à cela, il faut que nous nous soyons débarrassés de ce cauchemar de la guerre suspendu sur nous comme un immense spectre, paralysant les plus grandes intelligences de tous les pays dans leurs efforts pour améliorer les situations sociales, et mettant nos hommes d'État dans l'impossibilité d'élaborer de nouveaux plans et de nouvelles méthodes sur une plus grande échelle. Le point essentiel donc pour mener à bien le grand plan de ceux qui nous dirigent est qu'une période de paix universelle puisse s'établir. De nombreuses tentatives ont été faites pour amener ce résultat, comme le Congrès de la Paix, mais cela ne suffit pas et d'autres moyens seront à essayer.

Si nous tous qui appartenons à la cinquième sous-race pouvons réussir à abandonner nos préjugés et à resserrer nos rangs, un grand travail se présentera à nous ensuite. Notre sous-race étant la dernière venue, contient par conséquent, au sens général, les égos les plus avancés dans l'évolution ; malheureusement la grande majorité des gens n'est nullement prête à répondre à un mobile purement désintéressé comme moyen d'amener la paix universelle si nécessaire.

Quel est donc le meilleur moyen de l'obtenir ? En faisant comprendre à toutes les nations qu'il est de leur intérêt d'insister sur la nécessité d'une paix universelle.

Rappelez-vous que le commerce souffre pendant la guerre. Nous qui appartenons à différentes branches de la race Teutonne, nous sommes les nations les plus commerçantes du monde, aussi comprendrons-nous bientôt, je l'espère, que notre intérêt est de nous rapprocher les uns des autres et de nous montrer partisans de la paix. Ce mobile n'est pas, il est vrai, très élevé, puisqu'il est basé sur un intérêt personnel ; cependant, quand les gouvernants et les grands hommes d'État seront poussés, de par l'amour abstrait pour l'humanité, à désirer l'unité, ce mobile, tout inférieur qu'il soit, pourra les aider à amener les moins développés de leurs compatriotes à se rallier à leurs idées et à soutenir tout mouvement soulevé dans ce but.

Toutes sortes de mouvements peuvent être utilisés pour opérer ce rapprochement de notre race. Ainsi, la mort de Sa Majesté la reine Victoria a été utilisée dans cette voie. Pendant son règne un résultat important a été atteint en reliant, par des liens plus étroits, les colonies anglaises à la Mère patrie. Ceux qui, ont pu voir, psychiquement, le cortège du Jubilé de la Reine ont été vivement impressionnés par le puissant courant d'émotion soulevé dans la foule. Son règne fut fertile en résultats bienfaisants mais sa mort le fut encore plus en rapprochant de nous non seulement nos colonies, mais aussi les États-Unis d'Amérique. Au moment où la Reine mourut, j'étais moi-même en Amérique, et à voir les sentiments de deuil si sincères si spontanés, exprimés par le peuple américain, on aurait pu croire que c'était leur propre souverain qu'il pleurait. Par sa mort, elle rendit donc autant de services que par sa vie.

Chaque race a, comme l'individu, ses caractéristiques propres; et si nous voulons coopérer à l'œuvre si capitale de nos Maîtres il faut apprendre non seulement à être tolérants pour les nations qui ont un caractère différent du nôtre, mais à leur porter un intérêt bienveillant au lieu de les tourner en ridicule et de se laisser aller à des mouvements d'impatience sur leur façon de considérer les choses. Que devons-nous donc faire pour faciliter ce grand mouvement d'unité entre les nations? C'est bien simple: lorsque, dans notre présence, sont faites des remarques désobligeantes et ironiques sur d'autres nations, nous pouvons prendre comme principe de mettre en avant ce qu'elles ont de bon et parler d'elles amicalement. Il n'est pas toujours facile sur le moment, de réfuter les faits malveillants qui sont racontés, mais nous pouvons y suppléer en énumérant ce qu'elles ont fait de bien.

Nous ne sommes que peu nombreux peut-être, mais du moins, en un an, chacun de nous rencontre à peu près un millier d'individus, et peut être ainsi un centre aidant notre propre pays à voir le bon côté des autres; de cette façon, quand ce ne serait que dans des limites restreintes, nous pouvons frayer la voie et rendre l'union plus facile. Beaucoup de gens ont l'habitude de parler avec intolérance des particularités des autres nations; ayons bien soin de ne jamais en faire autant, et rappelons-nous toujours combien il est important de répandre des sentiments de sympathie. Ne soyons pas découragés en pensant combien peu chacun de nous est en mesure de faire dans cet ordre d'idées; rappelons-nous plutôt que le plus petit effort sera utilisé par ceux qui travaillent derrière nous. Il est évident que leurs desseins seront exécutés, que nous acceptons ou non le privilège qui nous est offert d'aider à leur réalisation. Mais ce n'est pas une raison pour ne pas faire de notre mieux.

Ce ne sont pas seulement les gens de bien qui sont utilisés pour faire avancer le plan des grands Êtres; toutes sortes de forces sont mises en jeu par la Grande Fraternité qui se tient derrière nous pour favoriser le travail nécessaire, voire même l'égoïsme et les défaillances des hommes. "Aveuglément, le méchant travaille au triomphe de la volonté divine", écrit Southey dans *Thalaba*. Et "Toutes choses travaillent ensemble pour le bien de ceux qui aiment Dieu", a-t-il été dit au sujet du Karma personnel, mais cela aussi peut s'appliquer aux plans plus vastes et plus larges. Ainsi, le fanatisme de l'Église chrétienne, si déplorable qu'il soit, n'a pas été tout à fait sans utilité, il a aidé à fortifier la foi, puisque l'ignorant ne peut croire sans être fanatique. Les poursuites commerciales faites dans un but intéressé sont répréhensibles aussi, et cependant elles ont en soi un certain pouvoir qui peut être pris en considération par ceux qui nous dirigent car elles sont un moyen de développer la volonté et la concentration, qualités qui, dans une vie ultérieure, pourront être employées à des fins utiles.

Tous, nous avons une occasion de coopérer à ce plan dans le sens du bien. Si nous ne la saisissons pas, un autre le fera, et si celui-ci la manque, ce sera encore un autre ; de toute façon, l'œuvre s'accomplira.

Nous savons malheureusement que quelques-uns d'entre nous ont rejeté l'occasion qui leur était offerte, mais c'est une raison de plus pour nous mettre au travail avec plus de courage afin de compenser leur défection et assumer leur tâche avec la nôtre. Nous ne devons pas craindre un seul instant que l'œuvre soit retardée ou puisse souffrir par suite de leur défection. Nous ne pouvons que regretter de voir nos pauvres amis manquer ainsi une occasion ; par ignorance et manque de clairvoyance, ils agissent contre leurs propres intérêts. Mais leur folie ne sera que temporaire, et, quelque jour, ils s'éveilleront à la réalité, sinon dans cette vie, du moins dans une autre. En attendant, tout va bien *intérieurement*, et la Grande œuvre continue à aller de l'avant.

L'évolution, en somme, n'est qu'une grande entreprise similaire à toutes les entreprises. Pensez, par exemple, à la construction d'une ligne de chemin de fer. Il importe peu à la Compagnie de ce chemin de fer et aux futurs voyageurs quel est l'ouvrier qui a posé tel rail ou tel boulon, pourvu que le travail soit bien fait, ce qui est l'affaire du contreMaître. Mais cela importe beaucoup à *l'ouvrier*, car celui qui travaille reçoit un salaire, tandis que l'autre ne reçoit rien du tout. Le contreMaître ne peut que regretter lorsqu'un de ses hommes s'en va dans un moment de colère ou d'ivrognerie et refuse de travailler tout un jour ; mais il se dit : "N'importe, il reviendra demain", et, en attendant, il emploie quelqu'un d'autre. Beaucoup d'entre nous ont quitté le travail de la même manière dans une explosion de personnalité, mais ils reviendront. La question n'est pas de savoir si le travail sera fait, car, en tout cas, les Maîtres y pourvoiront ; il s'agit seulement de savoir qui saisira l'occasion de le faire.

Les gens qui luttent avec amertume contre certains droits montrent simplement qu'ils ne sont pas encore préparés à supporter cette épreuve ; c'est qu'ils n'ont pas encore atteint ce degré où l'on peut s'oublier totalement dans l'œuvre commune ; leurs personnalités sont encore trop prédominantes, ils sont vite ébranlés et déséquilibrés lorsqu'un fait nouveau se présente à eux. La chose est triste, c'est vrai, mais elle ne sera que temporaire ; s'ils ont manqué une bonne occasion, c'est qu'ils n'avaient pas encore la force d'en faire usage ; mais de nombreuses vies leur restent pour réparer. En attendant, d'autres prendront leur place. N'oubliez jamais que la seule chose qui importe, c'est que le travail des Maîtres soit fait, et sachons, nous, tout au moins, nous ranger parmi ceux qui veulent y coopérer, sans nous occuper de ceux qui ne veulent pas voir assez clair pour nous aider. Dans cette vie, ils répudient les Maîtres, comme le méchant garçon qui se met en colère contre ses parents et qui, dans un moment d'égarement, se sauve et se cache ; mais bientôt la faim le ramène à la maison, et, de même, pour ceux qui nous ont quittés, la soif pour la vérité qu'ils ont une fois goûtée les ramènera aux pieds des Maîtres dans leur vie prochaine. En attendant tenons-nous fermes, et que nos cœurs soient en paix même pendant la lutte.

Si nous voulons nous élever à la hauteur de la tâche que nous avons assumée, il nous faut arrondir les angles de notre caractère et surtout effacer notre personnalité, l'oublier en encourageant les bons sentiments de toutes les manières possibles. Si nous entendons dire du mal de quelqu'un, que ce soit pour une nation ou pour un individu, essayons immédiatement de faire ressortir ses bons côtés. Contrebalançons le mal par le bien, non pas en cherchant à donner une fausse impression mais en présentant les faits sous leur meilleur aspect ou en leur donnant une interprétation plus juste. Notre tâche est de faire rouler la machine sans heurts et d'en neutraliser les frottements. Nous avons pour but de faire de notre société un tout uni dans un même sentiment d'harmonie et d'aider à faire pénétrer celui-ci dans le monde extérieur. Le but est élevé, l'occasion glorieuse; voudrons-nous la saisir?

Mais prenez bien garde, et que l'idée de vous préparer au grand travail de l'avenir ne soit pas une excuse pour négliger les plus petites occasions de la vie journalière. Une lettre qui m'a été adressée dernièrement me fournit un bon exemple de ce que j'entends par là. Mon correspondant me dit qu'il est chargé de diriger une Branche Théosophique et que ses connaissances étant encore très imparfaites, il ne se juge pas digne d'une telle fonction et craint d'avoir assumé une responsabilité au-dessus de ses moyens. À cela je lui ai répondu:

> "Ne vous troublez pas de notre situation dans la Branche; certes, enseigner implique toujours une certaine somme de responsabilité; mais c'est aussi un grand privilège. Pensez-y sous un autre jour; dites-vous qu'il y a nombre d'âmes qui ont soif d'apprendre, et que ceux qui sont derrière nous ont bien voulu vous donner l'occasion de leur servir de canal pour désaltérer ces âmes. Vous possédez suffisamment les grands principes de la Théosophie pour les exposer clairement, et le sens commun vous empêchera de vous écarter beaucoup de la vérité dans les détails de l'enseignement. Vos scrupules vous font grand honneur, gardez cette attitude

consciencieuse avec vos élèves, et il y aura toute chance pour que vous ne les induisiez pas en erreur.

Nous avons tous plus ou moins de responsabilités, et ceux qui écrivent des livres et font des conférences en ressentent le poids beaucoup plus vivement que vous ne pouvez l'imaginer. Ne nous a-t-on pas dit qu'avant d'écrire des livres, nous devrions attendre d'arriver à l'adeptat afin d'être bien surs de n'y laisser glisser aucune erreur. Mais nous avons décidé de partager avec nos frères le peu de savoir que nous possédons, quelque imparfait qu'il soit, et alors même que nous avons encore beaucoup à apprendre ; je crois que le résultat obtenu a justifié notre décision. Si nous avions attendu d'être arrivés à l'adeptat, nos livres eussent été alors la perfection — ce qu'ils sont bien loin d'être maintenant — mais vous ne les auriez eus que dans des milliers d'années, ce qui aurait produit une grande différence dans le travail de la société pour le siècle actuel. La question qui se pose devant vous est absolument la même. Vous aussi pourriez attendre, avant d'enseigner, que vos connaissances soient plus complètes, mais que deviendrait votre Branche en attendant ?"

AIDER LE MONDE

Une des principales qualités requises pour suivre la voie est un esprit simple ne visant qu'à un seul et même but. Combien de gens dans le monde ne doivent leurs succès qu'à cette attitude de leur esprit, et nous pourrions apprendre d'eux combien est précieuse, sur notre ligne de développement, l'esprit de détermination. Notre but étant moins tangible que le leur, il nous est plus difficile de le garder toujours présent à l'esprit, mais, dans l'Inde, l'importance de l'invisible est plus facilement comprise que dans l'Occident. Il est bon de rechercher la société de ceux qui sont plus avancés que nous et pour qui les réalités de la voie sont toujours présentes. Il est bon aussi de lire, d'entendre et de penser fréquemment au but que nous nous proposons d'atteindre et de pratiquer avec constance les qualités qui seules nous aideront à acquérir la connaissance.

Nous vivons dans un siècle où tout se fait à la hâte, où la tendance des gens est d'effleurer nombre de choses sans rien approfondir, de flotter d'une chose à une autre. Qui donc songerait de nos jours, comme au Moyen Âge en Europe, dans les temps anciens de l'Italie, ou dans l'Inde antique, à consacrer une vie entière à l'achèvement d'un seul chef-d'œuvre?

L'occultisme change la vie d'un homme à bien des égards et, entre autres choses importantes, l'oriente vers un seul but. Je ne veux pas dire par là que l'occultisme le pousse à négliger tous les autres devoirs, bien au contraire, car il prescrit en premier lieu de veiller constamment à l'accomplissement des devoirs qui nous incombent.

Mais il donne à l'homme une note qui résonne toujours à son oreille, note qu'il ne peut oublier même pour un instant; la note de l'aide pour tous. Pourquoi? Parce qu'il apprend à connaître le plan du Logos et à y coopérer.

Cela implique de nombreuses lignes d'action. Pour pouvoir aider efficacement, il faut se rendre apte à aider; et pour cela, il est nécessaire d'entreprendre un entraînement sérieux de son "moi", d'éliminer les défauts et de cultiver les qualités. Il faut aussi, en toutes circonstances, rechercher les occasions de donner notre aide.

Il y a une méthode spéciale pour venir en aide au monde, qui est à la portée de tous les membres de notre société, c'est celle qui consiste à répandre les enseignements Théosophiques. Nous n'avons pas le droit ni même le désir d'imposer nos idées, mais c'est notre devoir, en même temps qu'un privilège, de donner au monde l'explication réelle des problèmes de la vie. Si, alors que l'élixir est offert à un homme, celui-ci ne veut pas le boire, c'est son affaire, mais ce qui importe pour nous c'est que personne ne puisse périr faute de savoir que cet élixir existe.

Nous avons donc le devoir de répandre la vérité, et rien ne doit nous en empêcher. C'est là l'œuvre que nous, comme Société, devons prendre à tâche et c'est un devoir auquel chacun de nous est astreint. Notre esprit doit en être imprégné, il doit être constamment tendu vers ce but, en recherchant les meilleurs moyens d'y arriver et en saisissant toutes les occasions possibles. Nous n'avons pas à prendre pour prétexte que tel ou tel membre parait ne rien faire, cela le regarde et nous n'avons pas à nous en préoccuper, mais si nous négligeons de travailler de notre mieux, nous manquons à notre devoir. Ce n'est pas seulement pour éclairer notre voie que cette radieuse lumière nous est venue, mais aussi pour qu'à notre tour, nous la présentions à nos frères malheureux.

L'ESPRIT DE CRITIQUE

Si nous voulons faire quelque progrès en occultisme il nous *faut* apprendre à nous occuper de nos affaires et à ne pas nous ingérer dans celles d'autrui. Les autres ont des raisons et des lignes de pensées que nous ne comprenons pas ; ils ont foi en leur propre Maître ou le désavouent, que nous importe ! Une fois de plus, je le répète, nous avons notre travail à faire et rien ne doit nous en distraire. Nous *devons* apprendre la charité et la tolérance, réprimer le désir insensé de vouloir toujours trouver les autres en défaut. C'est un désir insensé que celui de critique, et, malheureusement, il domine dans la vie moderne. Chacun veut s'immiscer dans le devoir de son voisin au lieu de s'occuper du sien propre ; chacun croit qu'il fera mieux le travail de l'autre. On peut voir cela partout : en politique, en religion, dans la vie sociale. Le devoir d'un Gouvernement, par exemple, est de gouverner, et celui du peuple d'être bons citoyens et de rendre l'œuvre du gouvernement facile et effectif. Mais aujourd'hui les peuples sont si anxieux d'apprendre à leurs Gouvernements comment il faut gouverner qu'ils en oublient leur principal devoir : celui d'être de bons citoyens. Les hommes ne peuvent comprendre que, du moment où ils s'attacheront à remplir strictement leurs devoirs, le Karma saura bien se charger de leur faire obtenir les "droits" qu'ils réclament si bruyamment.

Comment cet esprit de critique si acerbe s'est-il si généralement répandu à l'époque où nous vivons ? Comme pour la plupart des défauts, il est le résultat de l'exagération d'une qualité bonne et nécessaire. Au cours de l'évolution nous sommes arrivés à la cinquième sous-race de la cinquième race-racine. J'entends par là que cette race est la dernière développée jusqu'ici, et que son esprit domine en ce moment dans le monde et influence même ceux qui n'appartiennent pas à cette race.

Or, chaque race a ses leçons spéciales à apprendre, des qualités spéciales à développer. La qualité de la cinquième race est ce que nous appelons quelquefois le *manas*, c'est-à-dire l'intellect qui sait discerner, qui perçoit les *divergences* entre les choses. Quand le *manas* sera complètement développé, les hommes percevront ces divergences avec calme, mais dans le but seul de les comprendre et de discerner ce qu'elles ont de bon. Mais, au temps présent, à ce stade de mi-développement, la plupart des gens considèrent les divergences à leur propre point de vue, non pas dans le but de les *comprendre*, mais pour leur faire *opposition ;* et souvent les persécuter avec violence. C'est simplement le point de vue auquel se place l'ignorant et l'homme non évolué imbu d'intolérance, de présomption, sûr qu'il est d'avoir raison (cela peut être vrai à un certain point) et que tous les autres ont tort (rien de moins sûr.) Rappelez-vous ce que disait Olivier Cromwell aux membres de son Conseil privé : "Mes frères, je vous supplie au nom sacré du Christ de croire qu'il vous est possible de vous tromper quelquefois."

Nous aussi, nous devons développer en nous l'esprit de critique, mais pour nous critiquer nous-mêmes et non les autres.

Toute question présente deux faces et généralement davantage. *Kritein* veut dire juger ; aussi la critique n'est-elle utile et inoffensive qu'autant qu'elle est calme et judicieuse. La critique n'est point une attaque furieuse contre un adversaire, mais un jugement sain et équilibré pesant le pour et le contre d'une opinion quelconque ou d'une manière d'agir. Nous pouvons décider dans un sens ou dans un autre, mais nous *devons* admettre qu'un homme, égal à nous en intelligence, puisse voir les choses sous un autre aspect et par suite décider tout autrement. Et en décidant ainsi, à son point de vue, il n'en est pas moins sage, moins bon, moins honnête que nous-mêmes.

Et cependant, combien peu admettent ce raisonnement; combien peu parmi les protestants sectaires croient réellement que les catholiques puissent être des hommes de bien; combien peu parmi les radicaux, les rouges, peuvent croire qu'un vieux Tory puisse être aussi bon et aussi sincère qu'eux-mêmes, essayant de taire consciencieusement ce qu'il croit être son devoir.

Si un homme arrive à une conclusion différente de la nôtre, nous ne sommes pas obligés de tomber d'accord avec lui mais nous pouvons tout au moins lui prêter de bonnes intentions. Une des caractéristiques les plus néfastes de la vie moderne, c'est la tendance à croire au mal avec une facilité extrême, l'habitude de chercher délibérément à donner à toutes choses la plus mauvaise interprétation possible. Et cette attitude est plus déplorable encore quand elle est adoptée envers ceux qui nous ont aidés, et pour qui nous ne devrions avoir que des sentiments de gratitude pour les connaissances et l'inspiration qu'ils nous ont données.

Rappelez-vous les paroles du Maître: "L'ingratitude est inconnue parmi nous". C'est toujours une faute que de follement critiquer ceux qui en savent plus que nous. Il sied mieux d'attendre et de réfléchir, d'attendre et de voir ce que l'avenir apportera. Appliquez l'épreuve du temps et juger d'après les résultats; "Par leurs fruits vous les reconnaîtrez." Faisons-nous donc une règle de penser tout le bien possible de chacun; faisons notre travail et laissons les autres libres de faire le leur.

LES PRÉJUGÉS

Méfiez-vous dès que la suspicion commence à vous envahir, car ce sentiment défigure toutes choses. Je l'ai vu s'élever entre des amis et ai pu constater comment le plus petit soupçon peut s'agrandir et devenir la cause d'un malentendu très grave. Toute parole insignifiante est alors dénaturée et prise comme exprimant une intention malveillante et déplacée, alors que la personne qui l'a formulée n'a aucunement conscience du soupçon qui pèse sur elle. Il en est de même lorsque les opinions diffèrent au sujet de livres et de religion, une légère différence d'opinion se nourrit en s'appesantissant sur tout ce qui est dit d'un côté en faveur d'un fait et tout ce qui est dit contre, jusqu'à ce que finalement le résultat n'est plus qu'une façon de voir complètement fausse. La même chose a lieu dans les préjugés de couleur, bien que ceux qui ont maintenant des corps de blancs aient revêtu autrefois des corps de nègres et *vice versa*, et que les mœurs de l'un ont été ou seront les mœurs de l'autre. Fraternité signifie absence de préjugés, et la connaissance de la réincarnation devrait nous aider à surmonter nos ignorances et notre malveillance.

Nous, étudiants d'une vie supérieure nous devons nous élever au-dessus de tous ces préjugés. C'est une tâche difficile tant ils sont invétérés : préjugés de race, de caste, de religion ; mais tous *doivent* être déracinés, car ils obscurcissent la vue et le jugement. Ils sont comme des verres de couleur ou plutôt comme des verres de qualité inférieure qui déforment tout et à un point tel que les objets paraissent tout différents de ce qu'ils sont réellement. Avant de juger et critiquer, il nous *faut* voir nettement.

Il est toujours facile d'attribuer de mauvaises intentions à ceux que nous n'aimons pas et de trouver des explications fâcheuses à leurs actions. Cette tendance constitue un obstacle très sérieux dans la voie du progrès. Il nous faut détruire la personnalité si nous voulons juger les autres tels qu'ils sont. Un préjugé est une sorte de verrue sur le corps mental, et lorsque l'homme cherche à voir à travers cette partie spéciale du corps, il ne peut naturellement voir clairement. En réalité, c'est un point congestionné du corps mental, un point où la matière ne vit plus et où la vie n'afflue plus, en un mot un point inerte et atrophié. Le moyen de le guérir est d'acquérir plus de connaissance, de mettre en mouvement la matière du corps mental, et l'on verra bientôt les préjugés disparaître les uns après les autres.

Cet effet néfaste du préjugé est ce que Aryasangha entendait quand il dit dans *La voix du silence* que le mental est le grand destructeur du réel. Par-là, il a attiré l'attention sur le fait que nous ne voyons aucun objet tel qu'il est en réalité. Nous ne voyons que les images que nous sommes capables de nous en faire, et par suite tout est inévitablement coloré par les formes-pensées que nous créons. Remarquez comment deux personnes ayant des idées préconçues et, avant assisté à la même suite de faits vous en feront un récit tout différent bien qu'elles soient d'accord quant à la réalité des évènements. C'est exactement ce qui arrive continuellement pour l'homme ordinaire, et nous ne pouvons pas imaginer combien les faits sont absurdement dénaturés.

Le devoir de l'étudiant théosophe est d'apprendre à voir les choses sous leur véritable jour mais ceci demande un contrôle de tous les instants, une vigilance et un travail pénible. Ainsi, en Occident, les préjugés en matière de religion sont très puissants car nous naissons dans une certaine religion qui nous enseigne avec persistance que toutes les autres ne sont que des superstitions. Nos idées sont donc influencées dès notre enfance, et quand nous avons étudié les autres religions et avons appris à les respecter, même alors, il nous est bien difficile d'admettre que nous aurions pu naître dans l'une d'elles. Les Indous ne veulent pas même penser qu'ils auraient pu naître Chrétiens ou Musulmans, de même ces derniers ne peuvent s'imaginer qu'ils auraient pu être de la religion indoue ou bouddhiste, bien qu'il soit, en réalité, certain que, dans une vie passée, ils ont appartenu à l'une ou l'autre de ces religions.

Nombreux sont les Protestants qui, tout en se disant Chrétiens montrent cependant une grande méfiance envers le Catholique Romain; plus les gens sont ignorants, plus grande est leur incrédulité pour les choses auxquelles ils ne sont pas habitués. Les paysans, par exemple, ont une méfiance instinctive pour les étrangers; et maints villages existent en Angleterre où un Français, par exemple, sera tenu en suspicion, à moins qu'il ne soit pauvre et ait besoin de secours. S'il est affamé, on lui donnera à manger et on le traitera avec compassion; mais s'il vient comme ouvrier, tout ce qu'il fera sera critiqué, ridiculisé et même suspecté. Tout cela, naturellement, provient de l'ignorance et de ce que les paysans sont peu habitués à rencontrer des étrangers.

La disparition de ce préjugé est un des grands avantages acquis par l'homme intelligent qui voyage. Dans la Société Théosophique, les hommes de nations différentes n'hésitent pas à se rapprocher les uns des autres; les Indous apprennent à avoir confiance dans les blancs, et ceux-ci, à leur tour apprennent que les Indous sont des hommes semblables à eux-mêmes. Au moment de la guerre du Transvaal, je me trouvais à Amsterdam, et, bien que les Hollandais eussent alors contre l'Angleterre un fort sentiment de mécontentement, je n'ai jamais eu lieu d'en découvrir la moindre trace parmi les membres de la section théosophique hollandaise. Il est très intéressant de suivre les Congrès théosophiques Européens et d'y voir la franche cordialité avec laquelle les membres des différentes nations s'accueillent les uns les autres, et combien tous paraissent heureux de se voir et d'échanger leurs impressions. Cette vue suggère immédiatement l'idée que si les sentiments d'union qui existent entre les membres de la Société Théosophique pouvaient s'étendre à la majorité de leurs compatriotes respectifs, la guerre ne paraîtrait bientôt plus que comme une chose impossible et ridicule.

Dans l'état actuel des choses nous avons l'habitude de nous former des opinions sur des raisons très superficielles ; lorsque vous rencontrez une personne pour la première fois, il arrive qu'une parole maladroite, un geste un peu trivial, vous la rendent de suite antipathique, et, ainsi, se dresse un léger mur entre elle et vous. Cela peut vous sembler une chose sans importance ; mais si vous n'y prenez garde cette petite prévention formera avant longtemps une barrière qui vous empêchera de juger cette personne à sa juste valeur. Vous ne la voyez, jusqu'à un certain point, qu'à travers la forme-pensée que vous avez créée, et vous ne pouvez ainsi la juger avec impartialité, car c'est comme si vous la voyiez à travers un verre coloré et grossier qui dénature toutes choses.

Quelquefois, quoique moins souvent, le préjugé est en faveur de la personne, comme dans le cas d'une mère qui ne peut croire que son enfant puisse faire le mal, bien que celui-ci ait pu causer certain préjudice à d'autres. Or, que ce soit en faveur d'une personne ou contre elle, ces deux façons d'agir sont également des préjugés, des illusions du mental qui détruisent le réel. Le meilleur moyen de voir les choses ou les personnes telles qu'elles sont, c'est de commencer résolument à voir le bon côté que chacun possède plus ou moins, puisque nos préjugés nous portent toujours à voir le mauvais et que nous avons plutôt des tendances à voir le mal même lorsqu'il n'existe pas. Nous différons d'autres peuples par la couleur, la manière de se vêtir, les mœurs, les coutumes, et dans les formes extérieures de la religion ; mais toutes ces choses ne sont que superficielles, et ce qui, sous toutes ces formes extérieures, constitue l'homme réel, est bien le même pour tous.

Après tout, ce n'est pas si difficile de pénétrer ces coques extérieures sous lesquelles se cachent les individus ; ils paraissent souvent pires qu'ils ne le sont réellement, car les moindres défauts se montrent presque toujours à la surface ; l'or véritable est soigneusement renfermé. — Quiconque aspire au progrès doit écarter de lui cette cécité volontaire qui l'empêche de reconnaître la valeur des gens, cette tendance à ne vouloir juger que sur des caractéristiques superficielles.

Rappelez-vous que quiconque désire prendre parti pour le bien ou contre le mal aura toujours l'occasion de le faire, tout ignorant ou fanatique qu'il soit. Les Maîtres s'emparent toujours du bien et savent l'utiliser d'où qu'il vienne, même s'il y a beaucoup de mauvais dans le même homme ; et l'emploi qu'ils font de cette force pour le bien est d'un grand secours pour l'homme qui l'a générée. Ils utilisent par exemple la force dévotionnelle d'un homme devenu meurtrier par fanatisme, et lui permettent ainsi de faire quelque bon travail dont il sera récompensé par l'aide qui lui sera envoyée.

Nous devrions, nous aussi, imiter les Grands Êtres, en nous efforçant toujours de prendre le bon côté et des choses et des gens. Ne cherchez pas le mal et surtout ne l'exagérez pas, mais cherchez le bien et exaltez-le. Continuez à faire votre travail du mieux qu'il vous est possible et ne vous préoccupez pas du travail de votre voisin ni de savoir comment il le fait. Et même si les autres vous créent des difficultés, cherchez à les surmonter et ne vous en tourmentez pas ; elles font partie de votre Karma, et ces choses extérieures importent si peu après tout. Ne tombez pas non plus dans l'erreur de croire que les autres cherchent à contrecarrer vos bonnes intentions ; ne sont-ils pas de la même nature que vous, et croyez-vous vraiment que vous voudriez vous-mêmes commettre une aussi vilaine action ?

LA CURIOSITÉ

Efforcez-vous de vous absorber tellement dans votre travail que vous ne puissiez trouver le temps de chercher les défauts chez les autres et de vous ingérer dans leurs affaires. Si seulement tous les hommes voulaient bien ne s'occuper que de ce qui les regarde en propre, le monde serait infiniment plus heureux.

Cette ingérence dans les affaires d'autrui est le plus souvent une cause de mal, et on a raison lorsque l'on dit qu'une personne qui a cette malheureuse habitude est atteinte de maladie, car ce n'est pas généralement pour venir en aide qu'elle cherche à s'enquérir de ce qui se passe chez les autres, mais tout simplement pour satisfaire sa curiosité, ce qui est un premier symptôme, de sa maladie. Un autre symptôme c'est que cette personne, non seulement, ne peut garder pour elle-même les informations qu'elle a recueillies par des voies si détestables, mais aussi, qu'elle les répand parmi des gens aussi stupides et aussi méchants qu'elle-même. Ces bavardages impliquent une mauvaise action, une des plus mauvaises actions qui existent pourrait-on dire avec juste raison. Ces bavardages ne sont que des inventions quatre-vingt-dix-neuf fois sur cent, mais ils sont d'autant plus nuisibles.

Ce n'est pas seulement le préjudice porté à la réputation d'une personne qui est en jeu — car c'est encore là le moindre mal ; mais le bavardage et les commérages venimeux qui l'accompagnent créent des formes-pensées, des fautes, qu'ils attribuent à leur victime et forment ainsi des courants incessants qui rejaillissent sur celle-ci. Le résultat inévitable est d'augmenter chez la victime le mauvais penchant dont elle est accusée, si toutefois sa nature est telle qu'elle puisse répondre à leurs efforts malveillants. Une fois sur cent, alors même qu'il pourrait exister un grain de vérité dans leurs bavardages haineux, les formes-pensée qu'ils génèrent intensifient le mal, et ils amassent ainsi une terrible quantité du Karma réservé à ceux qui entraînent leurs frères dans le péché. Les Théosophes devraient particulièrement éviter ce travers d'esprit en raison des efforts que font un certain nombre d'entre eux pour développer les pouvoirs psychiques, car s'ils employaient ceux-ci pour s'immiscer dans les affaires d'autrui ou pour envoyer de mauvaises pensées, le Karma qu'ils auraient ainsi généré serait d'une terrible nature.

Ne parlez jamais avant de savoir, et même alors ne parlez que si vous avez la certitude qu'il puisse en résulter quelque bien. Avant de parler demandez-vous : "ce que je vais dire est-il bien vrai ? Est-il bon ? Est-il utile de le dire !" Et à moins que vous ne puissiez répondre affirmativement à ces trois questions votre devoir est de garder le silence. Je sais fort bien que s'il fallait se conformer à cette règle absolue, les conversations s'en trouveraient réduites de quatre-vingt-dix pour cent environ, mais ne serait-ce pas là un immense avantage qui ferait avancer le monde beaucoup plus rapidement ?

Quand nous arrivons à comprendre l'unité sous-jacente qui existe entre tous, nous ne pouvons faire autrement que de nous rendre utiles et de nous intéresser aux misères de nos frères. Il y a bien des cas sans doute ou l'aide physique est impossible, mais nous pouvons tout au moins aider par la sympathie, la compassion, l'amour et c'est là notre devoir. Pour un homme qui comprend la vie théosophique, la rigueur envers les autres n'est plus possible. Tout membre qui se montre dur ou grossier envers autrui manque à tous ses devoirs de théosophe ; et s'il manque de patience c'est qu'il n'a pas compris nos enseignements. Les comprendre, c'est tout pardonner, et aimer tous les hommes. Chacun a sa façon propre de voir les choses, et la voie la plus courte pour l'un n'est pas nécessairement la meilleure pour un autre. Tout homme est dans le vrai lorsqu'il veut prendre son évolution en main et la diriger selon ses vues et ses idées tant que sa façon d'agir n'est pas pour les autres une cause de souffrance ou de gêne. Ce n'est pas à nous à redresser les individus ; la seule chose dont nous ayons à nous préoccuper c'est de nous assurer que notre attitude est telle qu'elle doit être vis-à-vis des autres. Avant de vouloir essayer de forcer les autres à suivre notre voie, il faut examiner la *leur* qui peut être celle qui leur convient le mieux. Nous devons toujours être prêts à aider de toutes nos forces, mais nous ne devons jamais intervenir dans les choses qui ne nous concernent pas.

"CONNAIS-TOI TOI-MÊME"

Le vieux dicton grec *Gnothi seauton* "Connais-toi toi-même" est le meilleur qui existe, car la connaissance de soi-même est absolument nécessaire pour tout candidat à la voie du progrès. Mais il faut bien prendre garde à ce que cette analyse de soi-même ne dégénère pas en introspection morbide, ce qui est souvent le cas pour quelques-uns de nos meilleurs étudiants. Nombre de gens s'inquiètent constamment de savoir si, inconsciemment, ils ne "reculent pas insensiblement" comme ils le disent. S'ils comprenaient mieux la marche de l'évolution, ils se rendraient compte que personne ne peut "reculer" puisque le courant vous pousse toujours en avant.

Quand un torrent se précipite dans un ravin, un grand nombre de petits remous se forment derrière les roches, ou aux endroits où l'eau tourbillonne par suite, une partie, de l'eau paraît pour l'instant remonter le courant ; cependant, la masse d'eau dans son ensemble, remous et tourbillons, est entraînée dans la course précipitée du torrent, de sorte que même ce qui paraît remonter, par rapport au reste, est réellement entraîné en avant par la masse. Les individus qui ne font rien pour avancer et qui laissent aller les choses évoluent quand même petit à petit par suite de la force irrésistible du Logos qui les pousse constamment en avant ; mais ils avancent si lentement qu'il leur faudra des millions d'années d'incarnations de peines pour monter même d'un degré.

La méthode selon laquelle tout cela s'accomplit est délicieusement simple et ingénieuse. Tous les défauts des hommes sont des vibrations de la matière inférieure des différents plans. Dans le corps astral, par exemple, l'égoïsme, la colère, la haine, la jalousie, la sensualité, et tous les défauts de cette catégorie s'expriment invariablement par des vibrations du type le plus inférieur de la matière astrale ; alors que l'amour, l'abnégation, la sympathie et les sentiments de cette nature ne s'expriment que dans la matière des trois sous-plans supérieurs. De cela découlent deux résultats remarquables. Il convient de remarquer que chacun des sous-plans du véhicule astral a une relation spéciale avec le sous-plan correspondant du corps mental ; ou, pour poser le fait plus exactement, les quatre sous-plans inférieurs de l'astral correspondent aux quatre états de matière du corps mental, tandis que les trois sous-plans supérieurs correspondent au corps causal.

On peut voir, par conséquent, que seules les qualités supérieures peuvent entrer dans la construction du corps causal, puisque les vibrations créées par les défauts ne peuvent y trouver de matière susceptible de leur répondre. De là, il ressort que, alors que toute bonne qualité développée par l'homme s'imprime à jamais par un changement dans son corps causal, le mal qu'il fait, pense ou ressent, ne peut atteindre l'égo véritable, et ne peut causer ni trouble ni dérangement, si ce n'est dans le corps mental lequel est renouvelé à chaque incarnation. Il est évident que le résultat de ces défauts s'amasse dans les atomes permanents des corps mental et astral, de sorte qu'il retombe toujours sur l'homme, mais cela n'est pas du tout la même chose que si le mal entrait dans l'Égo et devenait réellement une partie de celui-ci.

Le second de ces résultats remarquables est qu'une certaine somme de force dirigée vers le bien produit en proportion un effet infiniment plus grand que la même somme de force dirigée vers le mal. Si un homme déploie une certaine somme d'énergie pour nourrir un vice, cette énergie ne peut s'exprimer que par la matière astrale la plus grossière et la plus basse ; et alors que toute matière astrale, à quelque degré qu'elle soit, est extrêmement subtile comparativement à tout ce qui appartient au plan physique, il n'en est pas moins vrai que si on la compare avec la matière de son propre plan, elle est aussi grossière que l'est le plomb sur le plan physique en comparaison de l'éther le plus subtil.

Il s'en suit donc que la même somme de force employée par un homme dans la direction du bien, s'exprimerait à travers la matière la plus subtile des sous-plans supérieurs et produirait un effet au moins cent fois plus considérable, et probablement mille fois, si nous comparons le sous-plan plus bas au plus élevé. Rappelez-vous qu'en plus de ce qui a été dit sur les effets de la force dans les différents états de matière, nous avons encore un autre fait important, c'est que le Logos Lui-même, de par son pouvoir irrésistible, imprime au système cosmique un mouvement régulier en avant et ascendant et que, quelque lent que puisse nous paraître le progrès cyclique, ce fait ne saurait être négligé puisqu'il en résulte qu'un homme, dont le bon et le mauvais s'équilibrent, revient en incarnation, non pas réellement dans la même position mais relativement dans la même position et qu'il a fait, par conséquent, un faible pas en avant, et se trouve, pourrait-on dire, dans une position un peu meilleure que celle qu'il a vraiment méritée et qu'il s'est faite.

D'après ces considérations, il résulte clairement que si un homme était assez fou pour vouloir remonter le courant, il lui faudrait travailler de toutes ses forces dans la direction du mal; il n'y a donc aucune crainte de "reculer" insensiblement. C'est là un reste des vieilles illusions du temps où l'on croyait au démon de l'orthodoxie, ce démon qui était tellement plus fort que Dieu, que tout dans le monde travaillait en sa faveur. C'est exactement le contraire qui existe, car dans le monde tout est calculé pour venir en aide à l'homme s'il veut bien le comprendre.

La plupart des personnes les plus consciencieuses sont comme l'enfant qui, ayant un jardin à lui, en arrache toutes les plantes pour voir si les racines poussent, ce qui fait qu'évidemment rien ne pousse. Nous devons apprendre à ne pas penser à nous-mêmes ni à nos progrès personnels, mais entrer dans la voie du progrès, continuer à travailler pour les autres dans la mesure de nos capacités, et compter que notre avancement se fera de lui-même. Plus un homme de science pense à lui-même, moins grande est son énergie mentale pour élucider les problèmes scientifiques ; de même, plus un dévot s'occupe de sa personnalité, moins grande est la dévotion qu'il peut prodiguer à son objet.

Certes, un examen de soi-même est nécessaire, mais c'est une erreur d'y consacrer trop de temps ; c'est comme si on passait tout son temps à huiler et à réparer une machine. Employons les facultés que nous possédons et d'autres se développeront, et ainsi un progrès véritable sera fait. Si vous apprenez une langue, par exemple, c'est une erreur de croire qu'il faille d'abord l'apprendre complètement, dans les livres avant d'essayer de la parler ; non, il faut vous essayer hardiment, quitte à vous tromper souvent, et au bout d'un certain temps d'efforts, vous arriverez à la parler correctement. De même, au cours du temps, ce qu'on appelle renonciation se fera tout naturellement et même aisément. Sans doute, lorsque les hommes commencent à tenter de mener la vie supérieure, ils renoncent absolument à bien des choses qui sont des jouissances pour les autres et qui ont encore pour eux un attrait puissant ; mais bientôt, ils s'aperçoivent que cet attrait a disparu et qu'ils n'ont ni le temps ni le désir de rechercher ces plaisirs inférieurs.

Avant toutes choses, efforcez-vous de ne pas vous faire de souci. Soyez contents et tirez le meilleur parti de toutes choses. Essayez de vous élever vous-mêmes et d'aider les autres. Le contentement n'est pas incompatible avec les aspirations à une vie supérieure ; l'optimisme est justifié par la certitude du triomphe ultime du bien ; mais cet optimisme n'est guère possible, si nous ne tenons compte que du plan physique. Notre attitude, à cet égard, dépend principalement du niveau auquel nous avons l'habitude de tenir notre conscience. Si celle-ci est centrée surtout sur le plan physique, on aura tendance à ne voir que la misère ; mais lorsqu'il devient possible de la centrer à des niveaux supérieurs, c'est la joie de ces hauteurs qui transperce toujours. Je n'ignore pas que le *Bouddha* disait que la vie n'était que misère, et cela est parfaitement vrai somme toute, en ce qui concerne la vie manifestée ici-bas ; cependant les Grecs et les Égyptiens s'arrangeaient de manière à en retirer même la joie en la considérant du point de vue philosophique.

On ne peut rien perdre à tirer le meilleur parti des choses, mais gagner beaucoup en bonheur et en puissance à faire le bonheur des autres. Au fur et à mesure que notre sympathie et notre amour croîtront nous deviendrons nous-mêmes plus aptes à recevoir tous les courants de sentiments et de pensées émanant d'autrui, et cependant intérieurement nous resterons sereins, calmes joyeux comme l'océan qui reste toujours en équilibre malgré les nombreuses rivières qui s'y déversent.

La vie intérieure d'un aspirant ne devrait pas être sujette à des oscillations. Les manifestations de notre humeur varient continuellement par suite des influences extérieures de toutes sortes exercées sur nous ; les dépressions nerveuses sont souvent dues à des raisons qui n'ont la plupart du temps aucune importance. Le corps physique est la source d'une foule de désordres de ce genre ; une digestion pénible, un léger dérangement dans la circulation du sang ou un peu de surmenage peuvent expliquer des troubles qui nous *paraissent* être très sérieux. Plus fréquemment encore, la dépression est causée par la présence d'une entité astrale qui elle-même, se trouvant déprimée, tourne autour de nous en quête de sympathie ou dans l'espoir de tirer de nous la vitalité qui lui fait défaut. Nous devons simplement chercher à négliger toute espèce de dépression, à la rejeter comme un péché comme un crime envers notre prochain — ce qu'elle est en réalité — mais, en tout cas, que nous réussissions ou non à disperser les nuages qu'elle provoque, notre attitude doit être la même que s'ils n'existaient pas.

Votre mental vous appartient en propre, et vous ne devriez en permettre l'entrée qu'aux pensées que vous, l'égo, avez choisies. Il en est de même pour le corps astral dans lequel vous ne devez admettre que les sensations qui peuvent être bonnes pour le soi supérieur. Il vous faut donc maîtriser ces vibrations causées par la dépression et vous refuser absolument à leur donner asile. Ne leur permettez pas de vous toucher, et si malgré tout elles viennent vous assaillir, faites en sorte qu'elles ne pénètrent pas en vous. Et si, en dépit de vos efforts, elles persistent dans une certaine mesure, à flotter autour de vous, il est de votre devoir de les ignorer et de faire en sorte que les autres ne puissent même soupçonner leur existence.

Des gens viennent souvent me raconter qu'ils ont eu des moments d'inspiration et d'exaltation splendides et de radieuses visions de joie et de dévotion. Ils ne s'aperçoivent pas que ces moments sont ceux où le soi supérieur réussit à s'imposer au soi inférieur et que tout cela existe *tout le temps,* mais que le soi inférieur n'en est pas toujours conscient. Que la raison et la foi vous fassent bien comprendre que ce bonheur, que ces choses sont toujours là, à notre portée, et alors ce sera comme si nous les ressentions toujours, même lorsque le lien est imparfait et que nous ne le sentons pas ici-bas.

Mais plus d'un homme, tout en admettant la vérité de tout cela comme abstraction, objecte cependant que ce bonheur ne peut être ressenti continuellement par lui en raison de ses défauts et de ses chutes fréquentes. Son attitude, en réalité, est identique à celle qui est adoptée dans les litanies où il est dit : "Ayez pitié de nous misérables pécheurs !" Or, nous sommes tous pécheurs, en ce sens que nous négligeons bien souvent de faire notre devoir, et que nous faisons bien des choses que nous devrions éviter, mais cela n'est pas une raison pour aggraver le mal en nous considérant comme de *misérables* pécheurs. Un misérable est un fléau public, un centre d'infection qui propage la misère et la tristesse parmi tous ses malheureux voisins, chose que personne n'a le droit de faire. L'homme qui a ces mêmes sentiments, mais qui cherche à garder une apparence de contentement tout en s'efforçant de se réformer, ne porte pas préjudice à autrui de la même manière.

Les gens qui se croient et se disent constamment de misérables vers de terre prennent juste le chemin de le devenir, car un homme devient ce à quoi il pense. Cette façon de parler n'est en général que de l'hypocrisie comme on peut s'en rendre compte par le fait qu'un homme qui se dit si facilement ver de terre à l'église, se trouverait outrageusement insulté si quelqu'un d'autre lui appliquait cette épithète dans la vie ordinaire. Et que ce soit de l'hypocrisie ou non, la chose est absolument ridicule, attendu que nous avons depuis bien longtemps franchi le stade des reptiles dans l'évolution, si jamais nous y avons appartenu. Quiconque a la moindre idée de l'influence de la pensée comprendra que si un homme se croit réellement un ver de terre, il ne pourra s'élever au-dessus de cette condition ; tandis que l'homme, qui se croit réellement une étincelle de la vie divine, se sentira toujours joyeux et plein d'espoir, le divin, dans son essence, *étant* la joie elle-même. C'est une grande erreur de passer tout son temps à se repentir : ce qui est passé est passé et tous les remords du monde ne peuvent détruire ce qui a été fait. Comme le disait une fois un de nos Maîtres : "le seul repentir qui ait quelque valeur, c'est la résolution de ne plus retomber dans le mal."

L'ASCÉTISME

Quelques notions erronées semblent prévaloir parmi nos membres au sujet de l'ascétisme, et il est peut-être bon de considérer ce qu'il en est réellement et jusqu'à quel point il peut être utile. Ce mot ascétisme : s'applique généralement à une vie d'austérités et de mortifications, bien que ce sens s'éloigne quelque peu du sens original du mot grec *asketes,* qui signifie simplement : *celui qui s'exerce* comme le fait un athlète. Mais l'église s'empara de ce mot et en changea le sens ; elle l'appliqua à la pratique de sacrifices de tous genres ayant pour but de hâter le progrès spirituel, se basant sur la théorie que la nature corporelle, avec ses passions et ses désirs, est la place-forte du mal inhérent à l'homme depuis la chute d'Adam et qu'elle doit, par conséquent, être détruite par le jeûne et la pénitence. Dans les religions primitives de l'Orient, on rencontre quelquefois une idée similaire basée sur la conception que la matière est essentiellement mauvaise en soi, d'où l'on déduit que pour approcher du bien idéal ou pour échapper aux misères de l'existence, le seul moyen est de maîtriser le corps ou de le soumettre à la torture.

L'étudiant en théosophie peut voir immédiatement quelle terrible confusion de pensées il y a dans ces deux théories. Aucun mal n'est inhérent à l'homme, sauf celui qu'il a généré lui-même dans ses vies antérieures ; la matière non plus n'est pas essentiellement mauvaise puisqu'elle est, comme l'esprit, d'essence divine, et que, sans elle, aucune manifestation de la Divinité ne serait possible. Le corps et ses désirs ne sont en eux-mêmes ni mauvais ni bons, mais il est vrai qu'avant que l'individu puisse faire de réels progrès, ils doivent être soumis au contrôle du soi supérieur. Torturer le corps est stupide, mais le gouverner est absolument nécessaire. "Les hommes qui se livrent à de rudes pénitences… torturant dans leur folie les éléments réunis qui composent leur corps, et Moi-même aussi qui réside dans leur corps intérieur ; sache que leurs résolutions sont démoniaques" (*Bhagavad Gîtâ*, XVII, 5-6) et encore "L'austérité qui est née d'une imagination égarée, conduit à la torture de soi-même… elle vient, est-il dit, des ténèbres." (*Ibid.*, XVII, 19).

L'illusion que pour être bon, il nous faut souffrir, la souffrance devant être en elle-même agréable, au Logos, semble s'être largement propagée dans le monde. Rien pourtant n'est plus grotesque que cette idée, et dans les textes de la *Bhagavad-Gîtâ* cités ci-dessus, on nous donne à entendre qu'elle est plus que grotesque, puisqu'il y est dit que ceux qui torturent leur corps torturent le Logos qui y réside. Chez nous, en Europe, cette théorie, malheureusement si commune, est un des terribles legs qui nous ont été laissés par l'horrible blasphème qu'est le Calvinisme. J'ai moi-même entendu dire à un enfant : "Je me sens trop heureux pour n'être pas sûr que je suis très méchant" ; résultat vraiment terrible d'un enseignement criminellement défiguré.

Nos Maîtres, qui sont si fort au-dessus de nous sont toujours remplis de joie, de sympathie, et non d'affliction. Nous aussi, nous devons montrer de la sympathie pour les autres, mais ne pas nous identifier avec leurs souffrances. Un homme tourmenté par le chagrin ne peut juger les choses clairement. À ses yeux, le monde entier apparaît sombre, et il lui semble que personne ne peut être heureux. Quand il est joyeux, le monde lui paraît radieux et il lui semble que personne ne doit être malheureux. Et cependant, rien n'est changé, pas même lui, mais seulement son corps astral. Le monde est toujours le même, que vous soyez heureux ou malheureux. Ne vous identifiez donc pas avec votre corps astral, mais essayez de sortir de cette trame d'illusion, due aux dispositions personnelles.

Sans doute, cette amusante théorie que la souffrance est méritée, vient en partie de ce que l'on sait que, pour progresser, l'homme doit maîtriser ses passions et aussi du fait que cette maîtrise est désagréable à l'homme non évolué. Mais la souffrance est bien loin d'être méritoire ; au contraire, c'est un signe que la victoire n'est pas encore gagnée ; elle provient du fait que la nature inférieure n'est pas encore dominée et que la lutte subsiste toujours.

Quand la maîtrise des passions est assurée, le désir pour les choses inférieures n'existe plus et partant il n'y a plus ni lutte ni sensation de malaise. L'homme vivra la vie bonne et quittera la vie basse et vile parce qu'il lui semblera tout naturel d'agir ainsi et non plus parce qu'il croira devoir faire cet effort quelque difficile qu'il soit pour lui. Ainsi donc la sensation de malaise n'existe qu'à un stade intermédiaire et ce n'est pas elle-même, mais son absence qui est le signe du succès.

Une autre raison, pour l'évangile de la souffrance, est la confusion faite entre la cause et l'effet. On a pu observer qu'une personne réellement avancée est simple dans sa manière de vivre, et néglige une foule de petites jouissances considérées comme importantes et vraiment nécessaires par l'homme ordinaire. Mais ce dédain du luxe est l'effet et non la cause du progrès de la personne. Elle ne se préoccupe nullement de toutes ces choses parce qu'elle les a dépassées et qu'elles n'ont plus pour elle aucun intérêt, et non parce qu'elle les considère comme mauvaises ; et celui qui l'imite en s'abstenant de ces jouissances alors qu'il les désire encore avidement, n'en avancerait pas pour cela. À une certaine phase de la vie, l'enfant joue avec des poupées et des briques ; quelques années plus tard, il joue au cricket et au football ; et plus tard encore lorsqu'il est devenu jeune homme, ces jeux à leur tour cessent de l'intéresser beaucoup, et il commence à aimer et à vivre. Un enfant qui voudrait imiter ses aînés, jeter de côté poupées et briques pour jouer au cricket ne dépasserait pas pour cela l'époque de l'enfance. Au cours de sa croissance normale, il met de côté ces jouets enfantins, mais il ne peut forcer la croissance en les rejetant et en voulant jouer à se faire plus vieux qu'il n'est.

Il n'y a aucune vertu à priver le corps pour l'amour de la privation elle-même, mais il y a trois cas où la privation volontaire peut faire progresser. Premièrement, lorsque c'est dans le but d'aider les autres, comme, par exemple, une personne qui soigne un ami malade ou qui travaille péniblement pour entretenir sa famille. Secondement, quand un homme comprend qu'une habitude qu'il a contractée peut être un obstacle à son avancement, telles que fumer, boire de l'alcool, ou manger de la viande. S'il est sincère dans son désir d'avancer il renonce immédiatement à cette habitude ; quand le corps est habitué à cette forme particulière de souillure, celui-ci s'insurge, réclame ces choses dont il était si avide, et provoque ainsi un grand trouble. Si, pourtant, l'homme persévère avec fermeté dans sa résolution, le corps a bientôt fait de s'adapter aux nouvelles conditions, et alors il n'y aura plus de privation. Mais dans la phase intermédiaire, alors que la lutte existe encore entre l'homme et son corps, peuvent surgir de cruelles souffrances ; l'homme doit les considérer comme étant le Karma résultant du vice dont il veut maintenant se débarrasser : Quand la souffrance cesse, le Karma est liquidé, la victoire est gagnée, et un pas de plus a été fait dans l'évolution.

Je sais bien qu'il y a de rares cas (quand les gens sont physiquement très faibles) où il pourrait être dangereux de rompre immédiatement avec une mauvaise habitude. L'habitude de la morphine, par exemple ; celui qui en est victime et qui veut s'en débarrasser est obligé de diminuer graduellement la dose, car la cessation brusque pourrait être trop violente pour la force de résistance du corps physique. Il y a aussi, semble-t-il, certains cas malheureux où le même système de privation graduelle doit être appliqué pour se débarrasser de l'habitude de manger de la viande. Les médecins nous disent qu'alors que la digestion de la viande se fait principalement dans l'estomac, celle des végétaux se fait plutôt dans les intestins ; aussi une personne dont la santé laisse à désirer est parfois obligée de donner à ces différents organes le temps de s'adapter au changement nécessaire, et de s'exercer, pour ainsi dire, aux fonctions qu'ils doivent dorénavant remplir. Toutefois, l'action constante de la volonté aura bientôt fait de soumettre le corps et de l'adapter au nouvel état de choses.

Le troisième cas où il est utile de faire souffrir le corps, c'est quand l'homme veut délibérément le contraindre à faire une chose qu'il n'aime pas, dans le but de s'assurer que ce véhicule lui obéira le cas échéant, Mais il faut bien comprendre que même alors, le mérite consiste dans le fait que le corps obéit promptement et non dans le fait qu'il souffre. Par cette méthode, l'homme apprend graduellement à être indifférent à la plupart des petites misères de la vie, et à s'épargner de ce fait bien du souci et de l'irritation. Pour entraîner ainsi la volonté, et amener son corps à l'obéissance, l'homme doit être attentif à n'acquérir que des choses utiles. Certes le Hatha Yogi développe le pouvoir de la volonté en tenant son bras au-dessus de sa tête jusqu'à ce que celui-ci se dessèche ; mais en même temps qu'il acquiert une grande puissance de volonté, il perd l'usage de son bras. La volonté peut tout aussi bien se développer par des moyens dont les résultats seront toujours utiles, au lieu d'être une source d'entraves — la victoire, par exemple sur certains défauts, la colère ou l'orgueil, l'impatience ou la sensualité. Il serait bon pour tous ceux qui aspirent à l'ascétisme de méditer sur ces sages paroles de la *Bhagavad-Gîtâ*:

> "La pureté, la droiture, la chasteté, la mansuétude sont appelées austérité du corps. Un langage dépourvu de malveillance, qui est véridique, agréable, bienfaisant… est appelé l'austérité de la parole. Le calme de l'esprit, l'équilibre, le silence, la maîtrise de soi-même, la pureté de l'être, telle est l'austérité de l'esprit"
>
> XVII. 14. 15. 16.

Remarquez spécialement que dans ce dernier verset la paix mentale est donnée comme étant la première caractéristique de l'austérité de l'esprit, le premier signe de la parfaite maîtrise de soi indispensable à celui qui désire faire de réels progrès. C'est pour nous un devoir strict d'être heureux ; la tristesse ou la dépression morbide dénotent l'insuccès et la faiblesse de caractère car elles dénotent l'égoïsme. L'homme qui se laisse aller à s'appesantir sur ses peines ou ses fautes oublie tous ses devoirs envers autrui.

Il constitue ainsi un centre d'infection répandant autour de lui la tristesse au lieu de la joie ; et qu'est-ce sinon l'égoïsme le plus violent ? Si quelqu'un d'entre vous désire se livrer à l'ascétisme, qu'il prenne en main cette austérité de l'esprit préconisée par la *Bhagavad-Gîtâ,* et qu'il prenne la résolution que, quelles que soient ses peines et ses souffrances, il s'efforcera de les oublier pour l'amour d'autrui, pour pouvoir constamment communiquer à ses compagnons de pèlerinage, le radieux bonheur que donne au théosophe une connaissance plus complète et les aider ainsi sans cesse à réaliser que "Brahman est toute félicité".

PETITS SOUCIS

L'inquiétude inutile parait être la note dominante de la vie moderne. Ce ne sont pas seulement ceux qui font des efforts spéciaux pour progresser qui se rendent malheureux sans raison, mais la même erreur sévit jusque dans la vie de l'homme ordinaire Le corps astral de l'homme ordinaire cause une impression pénible au clairvoyant. La figure donnée dans *L'homme visible et invisible* (p. 106) montre ce que doit être le corps astral : un simple reflet des couleurs du corps mental indiquant que l'homme ne se laisse aller à ressentir que ce que sa raison lui dicte. Mais, si c'est trop demander à ce stade de l'évolution, la figure (p. 84) nous donne un ensemble de couleurs représentant un corps astral ordinaire lorsqu'il est relativement au repos. On y voit beaucoup de nuances qui indiquent la présence de défauts peu attrayants, défauts qui devraient être déracinés aussitôt que possible. Mais ce côté du sujet est traité dans l'ouvrage, et c'est sur un autre point que je désire attirer votre attention.

J'ai dit que la figure représente un corps astral ordinaire et peu développé lorsqu'il est relativement au repos ; mais un des résultats fâcheux de ce que nous sommes convenus d'appeler, notre civilisation, c'est qu'un corps astral jouit rarement d'un repos même relatif. Il est naturellement compréhensible que la nature d'un corps astral soit toujours en vibration, et chacune des couleurs que nous voyons dans la figure indique un mode différent de vibration, mais il devrait y avoir un certain ordre dans ces vibrations et une certaine limite à cet état. L'homme plus développé (p. 106) montre cinq modes de vibrations ; l'homme ordinaire en montre au moins neuf, avec, en plus, un mélange de nuances variées. Ce n'est donc évidemment pas aussi bon que le premier état, mais la majorité des Occidentaux est réellement encore plus mal partagée que cet homme-là. Vibrer en même temps de neuf façons différentes est déjà suffisamment mauvais ; mais, dans le corps astral de beaucoup d'hommes et de femmes, on pourrait en observer cinquante et même cent. Ce corps devrait être divisé en quelques parties nettement définies, chacune vibrant régulièrement à sa vitesse normale ; au lieu de cela, la surface est généralement divisée en une multitude de petits tourbillons et de courants qui se croisent et se heurtent les uns les autres dans une confusion inouïe.

Tout cela résulte des petites émotions, des soucis inutiles, et l'Occidental ordinaire en est l'esclave. Il est troublé par ceci, tracassé par cela, effrayé par autre chose encore, et ainsi de suite ; toute sa vie est remplie de petites émotions mesquines, de sorte que toutes ses forces sont dépensées de cette manière. Une forte émotion, qu'elle soit bonne ou mauvaise, se répand dans le corps astral tout entier et le fait vibrer un moment à une vitesse unique ; mais ces petits tourments forment des tourbillons, des centres de trouble local dont chacun persiste pendant un temps plus considérable.

Le corps astral qui vibre ainsi de cinquante façons différentes à la fois, est une tache dans le paysage et un sujet de trouble pour ses voisins. Ce n'est pas seulement un vilain objet, mais un sérieux inconvénient. On peut comparer cela à un corps physique atteint d'une paralysie rare, à forme grave, dont tous les muscles seraient secoués simultanément dans toutes les directions. Mais, pour rendre cette comparaison partiellement exacte, il nous faudra admettre que cette paralysie est contagieuse, ou bien que tout être qui voit ces résultats funestes éprouve une tendance irrésistible à les reproduire. Car cet horrible chaos produit un effet désagréable et troublant sur tous les sensitifs qui l'approchent. Il infecte leur corps astral et leur communique une sensation pénible d'agitation et d'anxiété.

Peu nombreux jusqu'à présent sont ceux qui ont développé les facultés leur permettant de voir cette malfaisante influence en action ; d'autres, plus nombreux, ont vaguement conscience d'un malaise quand ils approchent ces personnes agitées ; la plupart des gens ne ressentent toutefois probablement rien de précis au moment de la rencontre, mais, plus tard, dans la journée, ils s'étonnent d'éprouver une fatigue inexplicable. L'effet est là, le mal est produit, qu'il ait été, ou non, immédiatement perceptible.

Une personne qui pousse la folie jusqu'à se mettre dans cet état fait du mal à beaucoup, mais plus encore à elle-même. Très souvent ces troubles astrals perpétuels réagissent à travers le corps éthérique sur le véhicule physique grossier et toutes sortes de maladies nerveuses en sont la conséquence. Presque tous les troubles nerveux sont le résultat direct de soucis et d'émotions inutiles, et disparaîtraient bientôt si le patient voulait maintenir ses véhicules au repos et garder son âme en paix.

Même au cas où un corps physique bien constitué est capable de résister à cette irritation constante de l'astral, les effets sur le plan astral ne sont pas moins désastreux. Ces petits centres inflammatoires qui recouvrent le corps astral tout entier, sont pour lui ce que sont des abcès pour le corps physique. Non seulement ils causent des douleurs aigues, des ulcérations sur lesquelles le moindre toucher produit une vive souffrance, mais ce sont encore des endroits *faibles* où le fluide vital ne circule plus et par lesquels l'empoisonnement extérieur peut pénétrer. Une personne dont le corps astral se trouve dans un tel état de bouleversement, ne peut offrir pratiquement aucune résistance aux influences malfaisantes qu'elle rencontre et elle est, en même temps, incapable de profiter des bonnes influences. Ses forces s'écoulent par ces plaies ouvertes et les germes de toutes sortes de maladies peuvent y pénétrer. Elle ne peut faire usage de son corps astral en son entier ni le gouverner et elle le laisse se briser en un certain nombre de centres séparés qui, eux, la gouvernent. Ces petits soucis, ou vexations, deviennent de plus en plus forts, prennent de plus en plus d'empire sur la personne et se transforment en une légion de démons qui la possèdent si bien qu'elle ne peut plus leur échapper.

Cette condition pénible est fréquente. Comment un homme peut-il éviter d'y tomber, et s'il y est déjà tombé, comment peut-il s'en tirer ? La réponse est la même pour les deux questions. Qu'il apprenne à ne plus être affecté par les soucis, la crainte ou les ennuis. Qu'il se rende compte du peu d'importance de ces petits faits personnels qui obscurcissent son horizon. Qu'il considère ce qu'ils lui apparaîtront lorsqu'il les envisagera de sa prochaine existence, ou même après vingt années. Qu'il grave dans son cœur ces sages paroles que, de toutes les choses extérieures qui arrivent à l'homme : "Aucune n'a une grande importance et la plupart n'en ont pas du tout." Seules ses actions, ses paroles, ses pensées, *ont* de l'importance ; ce que les autres font, disent ou pensent n'a aucune importance pour lui. Qu'il ne fasse donc pas attention à toutes ces petites piqûres d'épingles de la vie journalière et qu'il refuse absolument de se laisser tracasser par elles.

Cela lui demandera tout d'abord un certain effort car il lui faut de la volonté pour détruire une mauvaise habitude invétérée. Bien souvent son mental pensera : "Mme Durand a dit du mal de moi ; peut-être en dit-elle en ce moment ; d'autres la croiront peut-être ; et peut-être cela me nuira-t-il ;" et ainsi de suite, à l'infini. Mais il lui faut répliquer : "Peu m'importe ce qu'a dit Mme Durand ; je suis seulement désolé que la pauvre femme se prépare un si mauvais Karma. Je ne veux plus penser à elle ni à ce qu'elle peut dire. J'ai mon travail à faire et n'ai point de temps à perdre à penser à de ridicules commérages."

Il se peut encore que des pressentiments de maux futurs envahissent instantanément son cerveau : "Peut-être perdrai-je ma situation l'an prochain ; il se peut que je meure de faim ; que je fasse banqueroute ; il se peut que je perde l'affection d'un ami." À toutes ces choses, il doit répondre avec fermeté : "Tout cela, certes, peut survenir, mais peut-être aussi cela n'arrivera-t-il pas ; et je trouve inutile de vouloir traverser un pont avant d'y être arrivé. Je prendrai toutes les précautions nécessaires, mais après cela, je refuse d'y penser plus longtemps. Le souci que je me ferai ne peut en aucun cas influencer ce qui doit arriver mais il servira certainement à me rendre impropre à les affronter. Je ne veux donc plus me tracasser et je ne m'occuperai plus de tout cela à l'avenir."

Une autre forme très fréquente de cette sorte d'agitation, qui peut provoquer de très sérieux résultats, est cette sotte tendance à s'offenser de ce qu'une personne dit ou fait. Le simple bon sens devrait empêcher l'homme de tomber dans cette erreur, et, pourtant, bien peu nombreux sont ceux qui l'évitent. Il suffit de réfléchir avec calme, et on comprend aussitôt que ce que les autres ont dit ou fait ne peut nous affecter en quoi que ce soit. Si on a dit quelque chose qui a blessé nos sentiments, nous pouvons être certains que, neuf fois sur dix, on n'a pas eu l'intention de nous offenser. Alors, pourquoi nous laisser aller à nous en préoccuper? Même dans les cas très rares où une remarque est intentionnellement malhonnête ou mordante, où un homme a dit quelque chose dans le but de blesser un autre, il est encore absolument insensé de se sentir blessé. Si la chose a été réellement dite avec l'intention de blesser, plaignons plutôt l'homme qui l'a dite, sachant que, d'après les lois de la justice divine il devra certainement souffrir de sa sottise. Nous n'avons pas à nous préoccuper de ce qu'il a dit; car, si nous y réfléchissons bien, ses paroles n'ont réellement produit aucun effet sur nous.

Un mot blessant ne nous fait de mal que si nous prêtons attention, que si nous nous appesantissons sur lui où lui permettons de nous blesser. Que valent donc les paroles des autres pour que notre sérénité en soit troublée? Elles ne sont que de simples vibrations de l'air. Si nous ne les avions pas entendues ou qu'elles ne nous aient pas été répétées, nous auraient-elles affectés? Non, n'est-ce pas? Alors, il est évident que ce ne sont pas les paroles qui nous ont blessés, mais bien le fait de les avoir entendues. Ainsi donc, si nous nous préoccupons de ce qu'un homme a dit, c'est *nous* qui sommes responsables du trouble apporté dans notre corps astral, et non lui.

L'homme n'a fait et ne peut rien faire qui puisse nous nuire ; si nous nous sentons blessé, si nous croyons qu'on nous a fait du tort, et que, par là nous nous soyons créé beaucoup d'ennui, c'est à nous qu'il faut nous en prendre. Si des troubles se produisent dans notre corps astral à la suite de ce qui a été dit, c'est simplement parce que nous n'avons pas encore acquis le contrôle de ce corps ; que nous n'avons pas encore développé le calme qui nous rend capables de regarder les choses d'en haut, en *âmes*, et de continuer notre chemin en nous occupant de notre travail sans prêter la moindre attention aux remarques stupides et désobligeantes que peuvent faire les autres. Cette attitude nous est dictée par le simple bon sens, et pourtant pas un homme sur cent ne l'adopte.

Le fait est que quiconque veut devenir un étudiant en occultisme ne doit nourrir aucun sentiment égoïste qui puisse être blessé dans n'importe quelle circonstance. Un homme qui a ces sentiments pense encore trop à lui-même, alors que notre devoir est de nous oublier pour ne penser qu'au bien d'autrui. Rien ne peut vous offenser si vous avez résolu de ne pas l'être, et si vous pensez uniquement à la meilleure manière d'aider les autres et non à votre personnalité.

Une autre variante de cette maladie, moins égoïste, et par là même moins blâmable, mais tout aussi préjudiciable au progrès, c'est la fâcheuse habitude de se préoccuper outre mesure de petites choses concernant notre maison ou nos affaires commerciales. Cela implique toujours un manque de discernement et de sens de la perspective. Il est vrai que, soit dans un ménage, soit dans une maison de commerce, les affaires doivent être ordonnées et faites ponctuellement et exactement ; mais, pour arriver à cela, il faut se proposer un idéal élevé et le poursuivre avec fermeté et non pas irriter chacun par une agitation continuelle et inutile. Celui qui est assez malheureux pour être affligé d'une faiblesse de ce genre devrait faire de grands efforts pour la vaincre, car autrement, il ne sera qu'une force active travaillant à la lutte et non à la paix, et il ne sera que d'une bien faible utilité pour le monde. Les symptômes en ce cas ne diffèrent guère de ceux de l'agitation plus égoïste ; dans ce cas, il y a moins de tourbillons, mais on remarque un tremblement et une agitation perpétuels du corps astral tout entier, aussi gênant pour les voisins, aussi destructif du bonheur et du progrès de l'agité lui-même.

L'homme doit apprendre à maîtriser ses pensées et ses sentiments et rejeter impitoyablement tout ce que le soi supérieur n'approuve pas. Ce chaos de mesquines émotions est indigne d'un être raisonnable ; et il est humiliant qu'un homme, qui est une étincelle de la Divinité, se laisse dominer ainsi par l'élémental du désir, c'est-à-dire par quelque chose qui n'est pas encore arrivée au stade du minéral.

J'ai déjà dit que cette désastreuse condition astrale est souvent préjudiciable à la santé physique, mais elle est invariablement plus que préjudiciable au progrès sur le sentier : elle lui est absolument fatale. Une des premières grandes leçons à apprendre sur le sentier est la parfaite maîtrise de soi, et le long stade qui y conduit, c'est l'absence de toutes espèces de tracas. Tout d'abord, par simple habitude, la matière du corps astral sera souvent facilement entraînée dans des tourbillons inutiles, mais chaque fois, l'homme devra s'efforcer de les faire disparaître pour ramener l'oscillation régulière des sentiments que, comme Égo, il désire réellement.

Qu'il se laisse si bien pénétrer par le divin amour, que cet amour se répande toujours par lui, sous forme d'amour pour ses frères, et alors, il n'y aura plus de place en lui pour d'inutiles vibrations ; il n'aura plus le temps de se tracasser au sujet de petits ennuis personnels, si toute sa vie est consacrée au service du Logos en s'efforçant de faire progresser l'évolution du monde. Pour faire de réels progrès, et pour travailler réellement, l'homme doit se détourner des choses inférieures pour tendre vers les choses supérieures ; il doit sortir de *notre* monde à nous pour entrer dans le Leur ; passer de l'agitation à la paix qui dépasse toute compréhension.

LA SUPPRESSION DU DÉSIR

On nous dit souvent qu'il faut tuer le désir ; mais il faut se rappeler que c'est là un processus graduel. Les désirs les plus bas et les plus grossiers, indiqués en sanscrit par le mot *Kama*, doivent être certainement détruits avant qu'aucun progrès ne puisse être fait ; mais, si nous prenons le sens ordinaire de ce mot, tous nous avons encore certains désirs que nous garderons sans doute encore bien longtemps. Par exemple, nous désirons ardemment servir le Maître, devenir ses disciples, aider l'humanité. Ces aspirations sont aussi des désirs mais des désirs qui ne demandent pas à être détruits. Ce qu'il est nécessaire de faire, c'est de tuer les désirs d'une nature inférieure pour acquérir ceux qui sont d'une nature supérieure, c'est-à-dire purifier les désirs et les transmuer en aspirations.

Plus tard, une autre transmutation s'effectuera. Ainsi, nous désirons maintenant faire des progrès ; mais un temps viendra où nous serons si surs de progresser que ce désir ne se fera plus sentir, parce que nous saurons que nous progressons sans cesse aussi rapidement que la chose est possible pour nous, et parce que nous aurons la ferme intention que cela continue ainsi. Le désir se trouve ainsi transmué en résolution. À ce point, il ne peut plus y avoir de regret pour quoi que ce soit ; on fait de son mieux et on sait qu'en retour le mieux viendra. Certaines personnes désirent sincèrement acquérir une qualité ou une autre ; ne gaspillez pas votre force à désirer, il vaut mieux *vouloir*.

C'est ainsi qu'il est dit encore que nous devons tuer la forme lunaire, c'est-à-dire le corps astral. Mais cela ne veut pas dire qu'il faille détruire le corps astral et annihiler les sentiments et les émotions. S'il en était ainsi, nous n'aurions plus le pouvoir d'aimer et de comprendre les autres. Ce que l'on a voulu dire c'est que nous devons maîtriser notre corps astral et développer la faculté de détruire la forme lunaire *à volonté*. La pureté est nécessaire mais elle ne signifie pas seulement l'absence de certaines fautes spéciales, mais bien la destruction de la personnalité. Ainsi l'ambition est une forme de désir très commune et elle comporte toujours la pensée de la personnalité. L'adepte ne peut être ambitieux. Sa volonté est une avec celle du Logos, qui veut l'évolution. Nous faisons tous partie du Logos, et nos volontés font partie de sa volonté. Et c'est seulement tant que nous ne comprenons pas cela que nous formons des désirs pour nous-mêmes. Les règles de la vie furent admirablement résumées par le Seigneur Bouddha dans une petite stance de quatre lignes :

Sabbapâpassa akaranam
Kusalassa upasampada
Sâchitta pariyo dapanam
Etam Buddhàna sàsanam

Cessez de faire le mal
Apprenez à faire le bien
Purifiez votre propre cœur
Telle est la religion des Buddhas

LE CENTRE DE MON CERCLE

De tous les obstacles qui se dressent sur le chemin de l'aspirant qui désire entrer sur le sentier, le plus sérieux, par suite de son extension et de son importance fondamentale, est la tendance à tout rapporter à soi. Remarquez que je n'entends pas par-là l'égoïsme farouche et grossier qui cherche à s'emparer de tout même au détriment des autres ; car je suppose que ce degré a depuis longtemps déjà été dépassé. Mais chez ceux qui ont dépassé ce degré subsiste une autre forme du mal, si subtile et si profondément enracinée qu'ils n'en ont même pas conscience, ou, en tous cas, qu'ils ne savent point que c'est un mal. Mais qu'un homme s'examine honnêtement et impartialement et il se rendra compte que toutes ses pensées ont lui-même pour objet ; il pense souvent aux autres personnes et à d'autres choses, mais toujours en ce qu'elles sont par rapport à lui ; il forge nombre de drames imaginaires, mais c'est toujours lui qui y joue le rôle principal. C'est toujours lui qui est au centre de son petit théâtre, la lumière de la rampe éclairant sa personne ; s'il n'occupe pas cette position il se sent de suite blessé, ennuyé, irrité, et même jaloux de toute autre personne qui, pour le moment, se trouve attirer l'attention de ceux qui devraient rendre un culte à *son* autel à lui. Transformer ce défaut si fondamental, c'est pour l'homme transformer jusqu'aux racines mêmes de toutes choses, et, faire de lui un homme complètement nouveau. Malheureusement, la plupart des gens ne peuvent envisager même, un seul instant, la possibilité d'un changement aussi radical, et cela par ce qu'ils ne savent même pas que cette condition existe.

Or, cette attitude, étant absolument fatale à toute espèce de progrès, doit être totalement transformée ; et pourtant, combien peu nombreux sont ceux qui font des efforts dans ce but. Il n'y a qu'un moyen de sortir de ce cercle vicieux, un moyen unique : c'est l'amour. C'est la seule chose qui, dans la vie de l'homme ordinaire, change cette condition, et s'empare si bien de lui qu'elle arrive à modifier, pour un temps, toute son attitude. Pour un certain temps du moins, quand l'homme devient amoureux, comme on le dit communément, une autre personne occupe le centre de son cercle, et il rapporte tout à l'objet de son amour, et non plus à lui-même. La divinité, à l'autel de laquelle il rend un culte si exclusif, peut très bien, aux yeux du monde, paraître très ordinaire, alors que pour lui, elle incarne temporairement la grâce et la beauté la plus parfaites ; il voit en elle la divinité qui est réellement son partage, puisqu'elle réside en tous à l'état latent, bien que nous ne la voyions pas normalement. Il est vrai qu'au bout d'un certain temps, dans bien des cas, son enthousiasme se refroidit et se porte sur un autre objet ; mais il n'en a pas moins, pendant ce temps, cessé d'être lui-même le centre de ses pensées, et pendant ce temps son horizon s'est élargi.

Or, ce que l'homme ordinaire fait inconsciemment, l'étudiant en occultisme doit le faire consciemment. Il doit de propos délibéré se détrôner du centre de son cercle et y mettre le Maître à sa place. Il n'a eu jusqu'ici, instinctivement, qu'une seule préoccupation : chercher comment les choses peuvent l'affecter, ou quel parti il peut en tirer pour son plaisir ou son profit. Au lieu de cela, il doit se préoccuper maintenant de savoir comment toutes choses peuvent affecter le Maître, et comme le but unique du Maître est d'aider l'évolution humaine, cela implique qu'il doit considérer toutes choses à ce point de vue, et discerner si elles sont une aide ou un obstacle à l'évolution. Tout d'abord, il devra y apporter tous ses efforts et toute son attention, mais, avec de la persévérance, il arrivera à agir aussi instinctivement et aussi naturellement qu'il le faisait auparavant lorsqu'il rapportait tout à sa personne. Pour employer la parole d'un Maître, il doit s'oublier totalement pour ne plus penser qu'au Meta d'autrui.

Mais, alors même qu'il se sera détrôné de son centre pour mettre à sa place le travail qui lui incombe, il doit bien prendre garde de ne pas se faire illusion et de ne pas reprendre sa première position au centre de son cercle sous une forme plus subtile. J'ai connu beaucoup de théosophes, bons et sincères, qui sont tombés dans cette erreur, qui identifiaient l'œuvre théosophique avec leur personnalité, et croyaient sincèrement que toute personne qui ne partageait pas leurs idées ou leurs méthodes était une ennemie de la Théosophie. Les gens pensent si souvent que leur méthode est la seule bonne et que différer d'opinion avec la leur c'est trahir la cause? Cette attitude démontre que le soi est habilement revenu prendre sa place accoutumée au centre du cercle, et que tout le travail fait pour l'en déloger est à recommencer. Le seul pouvoir auquel l'homme doit aspirer, c'est celui qui le fera passer inaperçu aux yeux des autres. Quand il est le centre de son cercle, il peut certainement faire du bon travail, mais c'est toujours avec la pensée que c'est *lui* qui fait ce travail, et même que c'est à lui que revient cette tâche; mais quand il a mis le Maître à sa place, il travaille simplement pour que le travail soit accompli, pour l'amour du travail même et non pour celui qui le fait. Et il doit apprendre à considérer son travail, comme si celui-ci était le travail d'une autre personne, et le travail de cet autre comme si c'était le sien propre. La seule chose qui importe, c'est que le travail soit fait, quel que soit celui qui le fait. Il ne doit donc pas croire que son travail est mieux fait, ni critiquer indûment celui des antres, ni déprécier hypocritement le sien pour s'attirer des félicitations. En me servant de ce que Ruskin disait de l'art, il devrait être capable de dire avec sérénité : "Que ce travail soit le mien où le vôtre ou celui de n'importe qui, il est bien fait."

Il y a encore un autre danger, et celui-là concerne spécialement le théosophe, c'est le danger de se féliciter trop tôt d'être différent du reste du monde. L'enseignement théosophique nous fait envisager les choses sous un aspect si nouveau que nous sommes tout naturellement portés à croire que notre attitude diffère de celle de la plupart des gens. Il n'y a pas de mal à penser cela, puisque c'est une vérité incontestable, mais il m'a été donné de constater que quelques-uns de nos membres ont une forte tendance à s'enorgueillir du fait qu'ils sont capables de discerner ces choses.

Il ne s'en suit pas le moins du monde que nous, qui discernons ces choses, soyons meilleurs que les autres. Nombre de gens se sont développés sur d'autres voies dans lesquelles ils peuvent être beaucoup plus avancés que nous, bien qu'il leur manque ce que nous avons acquis sur notre propre voie. Souvenez-vous en, l'adepte est l'homme parfait, celui qui est complètement développé en toutes choses ; et si nous avons quelque chose à enseigner à ces autres gens, nous avons aussi beaucoup à apprendre d'eux ; et ce serait le comble de la folie que de mépriser un homme parce qu'il ne possède pas les connaissances théosophiques, ou qu'il n'a pas les capacités nécessaires pour les comprendre. Là encore, il nous faut donc prendre bien garde de ne pas retomber au centre de notre cercle.

Une bonne méthode à adopter pour prévenir le retour au centre de son cercle est de se rappeler, comme symbole de ce que devrait être l'attitude du théosophe, ce que j'ai expliqué au sujet de la théorie occulte du cours et de l'influence des planètes. À ce propos, je vous ai dit que chaque planète est un foyer secondaire d'une ellipse dont le grand foyer est à l'intérieur du corps du soleil. Vous êtes comme le foyer secondaire, vous effectuez votre propre course et le travail qui vous a été indiqué, mais, pendant ce temps, vous n'êtes qu'une réflexion du grand foyer, et votre conscience est centrée dans le soleil ; car le Maître, dont vous êtes une partie, est membre de la Hiérarchie qui, elle, accomplit toujours le travail du Logos.

Pendant qu'un homme est le centre de son propre cercle, il tombe constamment dans l'erreur de se croire aussi le centre de tous les autres cercles. Il suppose sans cesse que tout ce que disent ou font les autres n'ont que lui pour objet, et, pour beaucoup de gens, cela devient une obsession, incapables qu'ils sont de comprendre que les autres sont comme eux, tellement absorbés dans leur propre personnalité qu'ils n'ont pas la moindre idée de s'occuper d'eux. En conséquence, l'homme se forge une foule de tourments et de soucis qu'il pourrait éviter s'il voulait se donner la peine d'envisager les choses d'un point de vue plus sensé et plus rationnel. De plus, c'est parce qu'il est le centre de son cercle qu'il se sent parfois déprimé, car cela ne peut arriver qu'à celui qui ne pense qu'à lui-même. S'il faisait du Maître le centre de son cercle, et que toutes ses énergies fussent employées à le servir, il n'aurait pas le temps d'être déprimé, ni même la moindre tendance à l'être, car il n'aspire qu'à accomplir le travail dont il est capable. Son attitude devrait être celle qu'indique notre Présidente dans son *Autobiographie* et qui est la suivante : quand un homme a devant lui une tâche à remplir, il ne devrait pas dire comme le fait généralement l'homme ordinaire : "Oui, ce serait une bonne chose et quelqu'un devrait la faire, mais pourquoi serait-ce moi ?" mais plutôt : "Quelqu'un devrait le faire, pourquoi ne serait-ce pas moi ?"

À mesure qu'il évoluera, son cercle s'élargira et finalement viendra un temps où l'étendue de son cercle sera illimitée, et où, dans un certain sens, il en sera lui-même de nouveau le centre, parce qu'il se sera identifié avec le Logos, qui, Lui, est le centre de tous les cercles, puisque chaque point est le centre d'un cercle dont le rayon est infini.

NOTRE DEVOIR ENVERS LES ANIMAUX

Pendant que vous vous efforcez de faire de votre mieux pour ceux qui sont autour de vous, n'oubliez pas que vous avez des devoirs à remplir envers les formes de vie inférieure à la vie humaine. Dans le but de vous préparer à ces devoirs, essayez de comprendre la nature de vos frères inférieurs, les animaux, comme vous essayez, sur un niveau supérieur, de comprendre les enfants avec lesquels vous avez affaire. De même que lorsque vous voulez aider un enfant, vous cherchez à vous mettre à sa place, de même, lorsque vous voulez aider l'animal, devez-vous chercher à vous mettre à sa place. Dans tous les cas et avec tous les êtres, notre devoir est d'aimer et d'aider et de nous efforcer de hâter la venue de l'âge d'or où tous nous nous comprendrons, et où tous nous coopèrerons à l'œuvre glorieuse à venir.

Il n'y a aucune raison pour que les animaux domestiques ne soient pas dressés à aider l'homme et à lui rendre des services tant que le travail exigé d'eux n'est ni trop pénible ni exagéré. Mais toutes les créatures qui nous entourent devraient être, surtout dressées de façon à ce qu'elles puissent en profiter pour elles-mêmes ; nous devrions toujours nous souvenir que leur évolution est un des buts de la volonté divine. Aussi, en même temps que nous enseignons aux animaux tout ce qui peut développer leur intelligence, nous devons prendre garde de ne leur inculquer que de bonnes qualités. Des créatures de types variées ont été mises en contact avec nous : le chien, le chat, le cheval et d'autres animaux, originairement sauvages, nous ont été confiés pour que nous leur donnions aide et affection. Pourquoi cela ? Afin que nous puissions les faire sortir de leur férocité, les élever à une condition supérieure d'intelligence, et éveiller en eux l'affection, le dévouement et l'intelligence.

Mais il nous faut prendre bien garde de les aider et de ne pas les retarder, ce qui arriverait si nous fortifiions en eux les instincts féroces dont ils doivent se débarrasser au cours de l'évolution. Un homme qui dresse un chien à chasser et à tuer les autres animaux, intensifie les instincts mêmes qui doivent être éliminés pour que l'animal évolue, et, en agissant ainsi, il contribue à avilir l'animal qui lui a été confié, au lieu de l'aider dans son évolution, bien qu'il ait pu en même temps développer son intelligence ; et si, d'un côté il lui a fait un peu de bien, il lui fait, d'un autre, un mal considérable qui l'emporte sur le bien. La même chose est vraie pour l'homme qui dresse un chien pour le rendre féroce et lui faire protéger sa maison ou sa propriété.

En traitant l'animal avec dureté et cruauté, l'homme fait, peut-être, évoluer son intelligence, l'animal apprenant à chercher comment éviter les mauvais traitements. Mais, d'autre part, bien que l'animal ait pu évoluer en ce sens, il a, par cette méthode, développé en lui les mauvais sentiments de crainte et de colère. Aussi quand, plus tard, la vague de vie de cette race d'animaux entrera dans l'humanité, cette humanité commencera son évolution embarrassée d'un lourd fardeau, débutant avec ces affreux sentiments de crainte et de haine innés en elle, au lieu d'une humanité aux aspirations élevées, pleine de dévotion, d'amour et de douceur telle qu'elle aurait pu être si les hommes à qui a été confiée cette partie de l'évolution animale avaient rempli leur devoir.

Nous avons encore des devoirs envers une autre forme de vie inférieure à celle des animaux ; je veux parler de l'essence élémentale qui nous entoure de toutes parts. Cette essence élémentale progresse au moyen de notre pensée et de l'action quel nous produisons sur elle par nos pensées, nos passions, nos émotions et nos sentiments. Nous n'avons pas besoin de nous en préoccuper spécialement, car si nous sommes fidèles à nos idéals les plus élevés, et si, dans ce but, nous nous efforçons de n'avoir que des pensées et des émotions élevées, par cela même, et sans difficulté aucune, nous nous acquitterons de notre devoir envers les essences élémentales qui sont influencées par notre pensée : nous les stimulerons au lieu de les retarder ; les qualités supérieures que seuls nous pouvons atteindre seront mises en action, vivifiées et encouragées sur leurs niveaux respectifs.

Il a été prévu dans toute évolution que les êtres supérieurs doivent aider au développement des êtres inférieurs, et ce n'est pas seulement en les individualisant que l'homme a aidé les êtres appartenant au règne animal. Dans l'Atlantide, la formation même de leurs espèces lui était confiée en grande partie, et c'est parce qu'il n'a pas rempli strictement ses devoirs que les choses ont tourné un peu différemment de ce qui avait tout d'abord été prévu. Il est en grande partie responsable, par ses fautes, de l'existence des carnivores qui ne vivent que pour se détruire les uns les autres. Il n'est pas responsable de *tous* les carnivores, car il en existait parmi les reptiles gigantesques au temps des Lémuriens, et l'homme n'avait alors rien à voir dans leur évolution ; mais c'est à lui qu'incomba en partie la tâche d'aider à faire sortir de ces formes de reptiles les mammifères qui jouent, au temps présent, un rôle si prédominant. Là était pour lui l'occasion de perfectionner les races et de réprimer les mauvais instincts des créatures qui étaient sous sa domination. Et c'est parce qu'il n'a pas fait tout ce qu'il pouvait dans cette direction, qu'il est, dans une certaine mesure, responsable de ce que beaucoup de choses dans le monde ont depuis lors si mal marché. S'il avait fait tout son devoir, il est à présumer qu'il n'y aurait pas eu de mammifères carnivores.

L'humanité a été pendant si longtemps cruelle pour les animaux que, dans le règne animal tout entier, il existe un sentiment de crainte et d'inimitié envers les hommes. Il en résulte pour ceux-ci un terrible Karma qui se traduit par diverses formes de maladies et de folie. Et cependant, malgré cette cruelle attitude de la part de l'homme, il y a peu d'animaux qui cherchent à faire du mal si on ne les attaque pas. Un serpent, par exemple, ne fait de mal à un être humain que s'il est blessé ou effrayé ; et il en est de même de presque tous les animaux sauvages, à quelques rares exceptions près qui considèrent l'homme comme une pâture, et même ceux-là ne s'attaquent à l'homme que s'ils ne trouvent pas autre chose. Sauf pour se défendre ou défendre les autres, la destruction de toute forme de vie devrait être évitée en raison de ce qu'elle retarde l'œuvre de la nature. C'est pourquoi tout Théosophe, conséquent avec lui-même, se refuse à coopérer au crime de tuer les animaux en mangeant de la viande et du poisson, ou en portant des vêtements que l'on ne peut obtenir que par la destruction des animaux comme les fourrures et les plumes. La soie était autrefois obtenue par la mort d'une quantité de vers à soie, mais on m'a dit qu'il y avait maintenant, un autre moyen de l'obtenir sans détruire la chenille.

LA SYMPATHIE

Ne vous mettez jamais en travers de la loi naturelle. Dans ces derniers temps, l'homme s'est grandement écarté de la nature et le matérialisme s'est largement répandu. Beaucoup d'hommes de science qui, eux, connaissent beaucoup mieux la nature que les autres, sont beaucoup moins en sympathie avec elle que ne l'étaient leurs ancêtres moins instruits. En se livrant à l'étude utile, voire même nécessaire, des faits extérieurs, un grand nombre ont négligé l'étude des faits intérieurs ; mais les hommes traverseront ce stade intermédiaire de fausses conceptions et reviendront à la sympathie. Les anciens qui avaient avec la nature des rapports plus étroits ne poussèrent pas bien loin leurs recherches, car ils auraient craint d'être irrévérencieux. Et parce que nous sommes devenus irrévérencieux, que nous avons perdu toute sympathie, nous scrutons sans remords. Nous devons veiller à ne pas perdre ce que nous avons acquis dans ce stade intermédiaire, mais il nous faut recouvrer la sympathie. Par la sympathie on peut découvrir beaucoup de choses que la science, seule, ne pourra jamais trouver. Dans l'enseignement des enfants, il est nécessaire que ceux-ci sentent que nous les comprenons, même si nous devons par-là perdre quelques avantages scolastiques. L'enfant de moyenne intelligence considère les grandes personnes comme des entités étrangères, des êtres arbitraires et bizarres.

Tout cela est vrai aussi en ce qui concerne nos études sur la nature. Les esprits de la nature ont peur de nous si nous les étudions trop scientifiquement, nous devons nous introduire dans leur vie, et alors eux-mêmes s'intéresseront aussi à la vie humaine. D'une façon inconsciente, les fleurs et les autres choses ressentent de la joie et de l'amitié. Emerson disait que lorsqu'il rentrait chez lui après une période d'absence, il lui semblait que les arbres de son jardin paraissaient heureux de le revoir et de sentir sa présence, et c'était vrai sans aucun doute. Les arbres et les animaux connaissent bien les gens qui les aiment. Dans l'Inde, les gens parlent d'avoir "la main heureuse" à planter, ce qui signifie que les plantes, poussent pour certaines personnes et pas pour d'autres. On doit être en sympathie avec les desseins du Logos. Si nous aidons activement au progrès de tous, nous vivons dans sa volonté qui pénètre toute la nature, et cela est senti immédiatement par la nature ; mais si nous nous mettons en opposition avec l'évolution la nature s'éloigne de nous comme un enfant sensitif.

NOTRE ATTITUDE ENVERS LES ENFANTS

Quelle est votre attitude envers vos enfants ? Rappelez-vous que les enfants sont des Égos, des parcelles de la vie divine. Ils vous sont confiés, non pour que vous les dominiez et que vous les traitiez brutalement, et que vous vous serviez d'eux pour votre profit et votre avantage, mais pour que vous les aimiez et les aidiez à devenir les expressions de cette vie divine. Quels flots d'amour ne devriez-vous pas ressentir pour eux ! Combien grandes devraient être votre patience et votre compassion ! Combien profondément devriez-vous sentir l'honneur qu'on vous a fait en vous les confiant ! Rappelez-vous toujours que vous n'êtes pas les vieux, et eux les jeunes, mais que, en tant qu'âmes, vous êtes tous à peu près du même âge, et que, par conséquent, votre attitude ne doit pas être celle d'un dictateur égoïste et cruel, mais celle d'un ami bienveillant. Vous ne regardez pas différemment un ami parce qu'il met un nouvel habit ; rappelez-vous donc, lorsque vous voyez un enfant, que c'est une âme que vous voyez, une âme qui a revêtu un nouveau vêtement, et cherchez, par une bonté parfaite et un amour infini, à tirer de lui ce qu'il a de meilleur, et à l'aider à ajuster son nouveau vêtement. Rappelez-vous toujours que le vrai bien implique le bien pour tous, et que le bien n'est *jamais* acquis au prix de la souffrance des autres. Ce qui est acquis ainsi n'est pas réellement bon.

LA CRAINTE DE LA MORT

La crainte de la mort est une triste chose pour bien des gens. Le nombre de ceux qui en souffrent est beaucoup plus grand qu'on ne le suppose, mais plus nombreux encore sont ceux qui souffrent de la crainte de ce qui les attend peut-être après la mort. Naturellement cette crainte existe surtout parmi les gens qui croient à l'enfer ou à un châtiment quelconque s'ils ne croient pas à quelque chose de bien déterminée. C'est là une forme dégénérée et grossière de superstition, mais ce n'en est pas moins une cause de réelle souffrance, et ce qui est encore plus cruel, c'est la crainte que l'on éprouve sur le sort des *autres* après leur mort. Combien de mères ont leur vie attristée par le doute et la crainte au sujet de leur fils. Ce fils la quitte, il prend les habitudes ordinaires des hommes du monde, et se livre à des plaisirs que réprouvent les enseignements étroits de la religion dans laquelle elle a été élevée, aussi le croit-elle voué aux peines éternelles de l'enfer. Et, s'il n'y a pas d'enfer éternel pour lui, il y a néanmoins pour elle beaucoup de souffrances terrestres.

Mais nous connaissons la loi du Karma, nous savons que les états après la mort ne sont que la continuation de la vie que nous vivons actuellement, bien que sur un plan supérieur et sans le corps physiques et quand, de plus, nous apprenons que, ce que nous appelons communément la vie n'est qu'un seul jour d'une vie plus réelle et plus grande, alors, ces choses prennent un tout autre aspect. Nous savons alors que le progrès est absolument certain. Un homme peut tomber, faire obstacle aux forces de l'évolution, mais celle-ci l'entraînera malgré lui, malgré les meurtrissures et les peines que lui causera la résistance. On voit donc tout de suite qu'une telle connaissance éloigne toute crainte.

Ce qu'on appelle la perte d'un être cher par la mort n'est réellement qu'une absence temporaire, et ce n'est pas même cela dès que l'homme a développé la vision des plans supérieurs. Ceux que nous croyons avoir perdus sont toujours près de nous bien que nous ne puissions les voir avec nos yeux physiques ; et nous ne devrions jamais oublier que, si nous avons l'illusion de les avoir perdus, ils n'ont pas, eux, l'illusion de *nous* avoir perdus, car ils voient nos corps astrals, et dès que dans le sommeil, nous avons quitté nos véhicules physiques, nous vivons avec eux et pouvons communiquer avec eux aussi réellement que lorsqu'ils vivaient sur le plan physique.

Il ne faut pas nous préoccuper de sauver nos âmes ; mais, comme le disait un jour un écrivain théosophe, nous pouvons espérer que nos âmes nous sauveront un jour. Il n'y a pas d'âmes à sauver dans le sens donné généralement à cette locution, puisque nous sommes nous-mêmes les âmes ; et de plus, il n'y a rien dont nous puissions être sauvés si ce n'est de l'erreur et de l'ignorance. Le corps n'est qu'un vêtement que nous rejetons lorsqu'il est usé.

COOPÉRATION

D'après le plan du Logos l'humanité doit, à un certain stade de son évolution, commencer à se diriger elle-même. Aussi, tous les Bouddhas, Manous et Adeptes futurs seront-ils membres de notre humanité, les Seigneurs de Vénus étant partis pour d'autres mondes. C'est pourquoi aussi le Logos compte actuellement sur nous tous, sur vous, sur moi. Nous pouvons être affligés de quatre-vingt-dix-neuf défauts et n'avoir qu'une seule vertu, mais si cette vertu est nécessaire à l'œuvre théosophique (et quelle vertu n'est pas nécessaire?), nous aurons sûrement l'occasion de l'utiliser.

Nous devrions donc estimer nos collègues pour ce qu'ils peuvent faire et non les blâmer constamment pour ce qu'ils ne peuvent pas faire. Nombre de gens peuvent avoir mérité de faire un travail spécial bien que leurs défauts soient plus nombreux que leurs vertus. C'est tomber dans une grave erreur que de comparer ce que l'on fait soi-même avec ce que font les autres, et de désirer avoir pour soi les occasions qui leur sont données. Le fait est que chacun a ses dons et ses pouvoirs, et que l'on ne peut exiger d'un homme qu'il fasse le même travail que son voisin ; on ne peut lui demander qu'une chose, c'est qu'il fasse de son mieux, et rien de plus.

Le Maître a dit une fois qu'il n'y a en réalité que deux classes d'hommes : ceux qui savent et ceux qui ne savent pas. Les premiers sont ceux qui ont vu la lumière et se sont tournés vers elle, quelle que soit la religion par laquelle ils sont arrivés, et quelle que soit la distance à laquelle ils se trouvent encore éloignée de cette lumière. Un grand nombre d'entre eux peuvent souffrir beaucoup dans la lutte qu'ils ont entreprise pour arriver à la lumière, mais, au moins, l'espoir brille devant eux ; et tout en sympathisant profondément avec eux et en essayant de les aider, nous savons fort bien que leur cas n'est pas le plus mauvais. Ceux que l'on doit plaindre sont les hommes qui sont indifférents à toute pensée supérieure, ceux qui n'essaient même pas de lutter, parce qu'ils ne croient pas ou ne savent pas qu'il y a quelque chose à quoi il faille s'efforcer d'atteindre. Ce sont ceux-là vraiment qui constituent "la grande orpheline, l'humanité".

UN JOUR DE LA VIE

Il n'est pas sage de vouloir approfondir au-delà d'un certain point parce que nous ne pouvons jamais arriver réellement à la fin d'aucun sujet, et que cette manière de faire tend à rétrécir de plus en plus l'esprit et l'horizon, à produire un développement unilatéral et maladroit, et à faire voir les choses en dehors de leurs vrais proportions. Nous avons l'habitude d'envisager la vie comme une longue période de temps, alors qu'elle n'est réellement qu'un jour d'une vie plus vaste. On ne peut terminer une œuvre de longue haleine en un seul jour ; elle peut demander de nombreux jours, et bien souvent même, le travail d'un jour ne donne pas de résultat appréciable immédiat ; néanmoins un travail journalier est nécessaire pour achever la grande tache. Car si un homme se livre à la paresse jour après jour en raison de ce que l'achèvement de son travail lui semble trop éloigné, il n'arrivera certainement pas à le faire du tout.

Il y a beaucoup de gens à qui la Théosophie vient tard dans la vie, qui se sentent quelque peu découragés, pensant qu'ils sont maintenant trop âgés pour travailler à leur propre perfectionnement ou pour faire œuvre utile. Ils pensent donc, que ce qu'ils ont de mieux à faire est de continuer leur chemin tranquillement jusqu'à la fin de cette incarnation avec l'espoir qu'ils seront mieux partagés dans la prochaine

C'est là une grande erreur et pour diverses raisons. Vous ne savez pas quelle sorte de réincarnation le Karma vous prépare pour la prochaine fois que vous reviendrez sur terre. Vous ne savez pas si, par vos actions antérieures, vous aurez mérité de naître dans un milieu théosophique. Dans tous les cas, le meilleur moyen de vous assurer cette faveur est de saisir l'occasion qui vous est offerte à présent, car d'après tout ce que nous avons appris sur le fonctionnement de cette grande loi de cause et d'effet, un fait ressort bien clairement, c'est qu'une autre occasion plus grande est infailliblement donnée à celui qui a su saisir celle de moindre importance qui lui a été offerte. Donc, si vous négligez cette occasion, si tardive qu'elle soit, d'étudier la Théosophie, vous risquez fort qu'une autre ne vous soit plus donnée dans votre prochaine incarnation.

Si un homme se met sérieusement au travail et se pénètre profondément des idées théosophiques, celles-ci s'imprimeront sur l'Égo et produiront sur lui une attraction telle, que dans sa prochaine incarnation, même s'il ne se, souvient pas de tous les détails, il recherchera certainement et reconnaîtra instinctivement les enseignements théosophiques. Aussi, devriez-vous commencer le travail théosophique dès que vous en entendez parler, car le peu que vous en ferez sera autant de fait dans la voie du bien, et vous reprendrez demain où vous en serez resté cette fois. En essayant aussi de modifier autant que possible les véhicules que vous possédez, si obstinés et si peu réceptifs qu'ils soient par manque de souplesse, vous aurez mérité d'acquérir la prochaine fois des véhicules plus malléables.

Ainsi, aucun effort n'est perdu, et il n'est jamais trop tard, quel que soit l'âge, pour entrer sur le long, long sentier qui monte, et pour débuter dans œuvre glorieuse d'aider les autres.

Ayant devant nous toute une éternité ce serait une faute de nous tourmenter de voir le jour actuel approcher de son déclin, ou de négliger, par désespoir, le jour à venir. *La Lumière sur le sentier* dit : "Tue le désir de vivre." Ce précepte est souvent mal interprété, mais sa signification devrait être claire. Vous ne pouvez pas perdre la vie, pourquoi alors la désirer ? Elle ne peut vous être enlevée. La citation indique en même temps qu'il faut tuer le désir pour des conditions corporelles particulières.

LA MÉDITATION

Un grand nombre de nos membres se font de la méditation une conception tout à fait inexacte, et cela parce qu'ils ne comprennent pas la façon dont elle opère. Parce qu'ils n'ont pas ressenti un sentiment de bonheur intense ou de ravissement après la méditation, ou qu'ils se sont sentis sombres et déprimés et incapables de méditer, ils en concluent que la méditation est chose inutile et qu'ils ne sauraient la pratiquer. Pour eux, rien ne semble plus réel, il n'y a plus aucune certitude, et ils sentent qu'ils ne font aucun progrès. Ils croient bien qu'ils sont en quelque sorte responsables de cet état d'esprit, et se le reprochent vivement, mais ils demandent souvent ce qu'ils pourraient bien faire pour y remédier à cet état de choses, et recouvrer la joie qu'ils ressentaient autrefois.

Or, c'est un fait que ces choses arrivent à tous ceux qui cherchent à vivre de la vie spirituelle ; les mystiques chrétiens parlent fréquemment des souffrances qu'ils endurent à certaines périodes, ce qu'ils appellent "la sècheresse spirituelle" ; alors rien ne leur semble être d'aucune utilité et ils ont le sentiment d'avoir complètement perdu Dieu de vue. Supposez que je sois assis près d'une fenêtre ouverte donnant sur un magnifique paysage de montagnes, mais le ciel est sombre, couvert d'une couche de nuages dont l'épaisseur peut avoir quelques milles. Je n'ai pas vu le soleil depuis trois jours ; je ne puis sentir ses rayons, mais je sais qu'il est là et qu'un jour viendra où les nuages s'étant dissipés, comme la chose est arrivée maintes fois, de nouveau le soleil m'apparaîtra. Ce qui est nécessaire pour la vie du monde, c'est que le soleil soit *là*, et non que je le voie ; certes, il est plus agréable de le voir et de sentir sa chaleur, mais le voir n'est pas une nécessité de la vie. Je me rends très bien compte de ce que ces gens-là éprouvent et on ne nous console pas en nous disant que nos sentiments importent peu, bien que la chose soit très réelle dans un certain sens.

Je crois qu'il serait bon de se rappeler que notre méditation a plusieurs buts :

1. Nous obliger, malgré les choses matérielles dans lesquelles nous sommes plongés, à consacrer tous les jours au moins un instant à élever notre pensée vers un idéal supérieur.
2. Nous amener plus près du Maître et du Logos de façon à ce qu'Ils puissent déverser Leurs forces sur nous et, par nous, sur le monde.
3. Entraîner nos corps supérieurs, par une pratique constante, à répondre aux vibrations de l'ordre le plus élevé, et faire pour eux ce que nous faisons pour le corps physique, par des exercices réguliers ou un système spécial de gymnastique.

Or, vous remarquerez que ces buts sont atteints que vous vous sentiez joyeux ou non. Une erreur commune à bien des personnes c'est de croire que la méditation a été sans effet du moment qu'elle ne leur a pas donné satisfaction. Ils ressemblent en cela à une enfant qui étudie journellement son piano pendant une heure. Cette étude l'amuse parfois, mais le plus souvent c'est pour elle un ennui et sa seule préoccupation est d'en avoir terminaux plus tôt. Elle ne sait pas, ce que nous savons, nous, que chacune des heures ainsi passées donnent à ses doigts l'habitude de l'instrument, et la rapprochent de plus en plus du moment où elle tirera de sa musique une jouissance dont, pour le moment, elle ne se fait pas la moindre idée. Observez que ce but aura été atteint aussi bien par les heures d'études désagréables qu'elle y a consacrées que par celles qui lui ont fait plaisir. Il en est de même pour notre méditation ; quelquefois elle nous rend joyeux et nous transporte, et d'autres fois, nous ne ressentons rien ; mais, dans les deux cas, elle a agi sur nos corps supérieurs, comme le font les exercices de gymnastique sur nos corps physiques. Il est plus agréable d'avoir ce que l'on appelle une "bonne" méditation, mais la seule différence entre ce qui nous semble une bonne méditation et une mauvaise réside dans les effets que chacune produit sur notre opinion et non dans l'œuvre réelle qui en résulte pour notre évolution.

La raison de cette tristesse ne vient pas toujours de nous, ou plutôt, on ne peut pas toujours dire raisonnablement qu'il y ait de notre faute. Cette raison est purement physique et résulte souvent soit d'une trop grande fatigue ou d'une dépression nerveuse, ou bien encore des influences astrales et mentales de l'ambiance. Naturellement c'est notre Karma qui nous attire tout cela, et nous en sommes par conséquent responsables dans cette mesure ; mais nous devons en tirer le meilleur parti possible, et ne pas désespérer ni perdre notre temps à nous faire des reproches.

Une autre raison peut être qu'à certains moments les influences planétaires sont plus favorables qu'à d'autres.

Je n'ai jamais éprouvé cela pour moi-même, étant toujours arrivé, bon gré, mal gré, à suivre la direction que j'avais en vue sans tenir compte des influences planétaires ; mais un de mes amis m'a raconté qu'un astrologue lui avait dit qu'à certains moments, quand Jupiter et la Lune occupent certaines positions relatives, il s'en suit une expansion de l'atmosphère éthérique qui facilite la méditation et semble tout au moins la rendre plus efficace. L'astrologue lui donna une liste qu'il consulta après avoir pris des notes sur sa méditation journalière pendant trois ou quatre semaines, et il put constater que les résultats concordaient avec les influences en question. D'un autre côté, certains aspects de Saturne, lui avait encore dit l'astrologue, alourdissent l'atmosphère éthérique, et rendent alors la méditation difficile ; et cela aussi, il put le vérifier.

La pensée la plus élevée que nous puissions avoir est celle du Seigneur Suprême, mais il ne faut pas nous imaginer que notre pensée puisse en quoi que ce soit changer l'attitude du Suprême envers nous. Nous autres étudiants, devons depuis longtemps déjà avoir dépassé le stade auquel l'homme croit encore, pouvoir produire un changement dans l'attitude du Suprême ; cette idée ne peut subsister que chez le Chrétien ignorant dépourvu de l'esprit philosophique. Mais nous sommes sûrement influencés en nous ouvrant à Lui. Si vous ouvrez au soleil la fenêtre de votre chambre, la condition de celle-ci en sera changée, mais le soleil, lui, ne subit aucun changement pour avoir pénétré dans votre chambre. Ouvrez donc les fenêtres de votre âme à Dieu.

Pendant la méditation, on peut essayer de porter sa pensée sur le Soi Suprême comme étant en toutes choses et toutes choses en Lui. Essayez aussi de comprendre comment le Soi s'efforce de s'exprimer à travers les formes. Une bonne méthode pour cela est d'identifier sa conscience avec celle d'êtres divers tels qu'une mouche, une fourmi ou un arbre. Tâchez de voir les choses et de les sentir comme ils les voient et les sentent eux-mêmes jusqu'à ce que, en pénétrant plus intérieurement, la conscience de l'arbre et de l'insecte disparaissent pour laisser apparaître la vie du Logos. Nous sommes bien au-dessus de l'arbre et de la fourmi, il n'y a donc aucun danger à ce que nous devenions incapables de retirer notre conscience une fois l'expérience terminée. En somme, nous ne l'emprisonnons pas dans la forme de l'arbre ou de la fourmi ; mais nous l'élargissons pour y faire entrer la vie sous toutes ses formes. L'homme qui procède ainsi pour la première fois éprouve généralement un sentiment de surprise en réalisant les limitations auxquelles les animaux sont voués. Il croyait que l'animal agissait d'une certaine façon, poussé par des raisons paraissant absolument évidentes ; mais quand il entre réellement dans l'animal il constate que les intentions et les motifs de celui-ci sont complètement différents.

Le disciple doit procéder de même avec les classes inférieures des êtres humains, autrement il ne peut les aider efficacement.

Cela nous rend capables de pénétrer jusqu'au fond de tout, et d'y trouver le Soi, ce qui dissipe le sentiment d'isolement et d'obscurité qui s'empare souvent de nous à une certaine phase de notre développement spirituel. Une fois que nous avons acquis la certitude que nous faisons partie d'un tout, la place qu'occupe ce fragment spécial nous importe bien moins, comme aussi les expériences par lesquelles il passe actuellement. Quel que soit le sentiment de solitude que nous éprouvions, nous sentons, nous savons que nous ne sommes jamais seuls; le Maître est toujours là, prêt à aider quand l'aide est possible. Il faut cesser de nous attacher à des formes particulières et n'avoir plus qu'un seul but, celui de faire la volonté du Logos. Il ne faut pas que le sentiment de solitude nous fasse oublier le Maître et perdre notre confiance en Lui, car aucun progrès n'est possible que si nous avons pleine confiance dans le Maître que nous avons choisi pour le servir. Une confiance hésitante en lui nous empêche de progresser. Nous ne sommes pas forcés de choisir un Maître, mais une fois ce choix fait, nous *devons* mettre toute notre confiance dans l'Instructeur et le message qu'il nous apporte.

Pour contrôler le mental il faut d'abord détourner les sens des sons et des visions extérieurs, et devenir insensibles aux vagues d'émotions et de pensées venant des autres. Cela est comparativement facile, mais le stade qui suit est très difficile car, alors, surgit un trouble intérieur provenant de l'activité non contrôlée du mental. La méditation de la plupart des débutants consiste principalement à lutter pour ramener le mental au point voulu. C'est à ce stade que s'applique le conseil donné dans *La voix du silence:* "Le mental est le destructeur du réel, que le disciple tue le destructeur". Naturellement, il ne faut pas détruire le mental sans lequel on ne peut rien faire, mais il faut le dominer; il est à *vous,* mais il n'est pas *vous.* Le meilleur moyen de l'empêcher de divaguer, c'est d'employer la volonté. On a souvent suggéré que le disciple devrait s'aider en formant une coque autour de lui, mais, après tout, les coques ne sont que des béquilles. Développez la volonté, et vous pourrez vous en dispenser. Le corps astral aussi essaie bien de s'imposer à vous et de vous faire croire que ses désirs sont les vôtres ; mais il faut procéder avec lui de la même manière.

S'il y a des limites à l'accroissement des forces du corps physique, il ne semble pas qu'il y en ait au développement de la volonté. Heureusement celle-ci peut s'exercer dans tous les petits faits ordinaires de la vie quotidienne et durant toute la journée, et il n'y a pas de meilleur exercice. Il est plus facile à un homme de rassembler tout son courage pour affronter un martyre tragique devant une foule assemblée, que de se livrer jour après jour, année après année, aux devoirs ennuyeux de la vie, avec des gens ennuyeux. Ce dernier cas nécessite des efforts de volonté plus puissants que le premier. Mais il ne faut pas que les autres souffrent de vos efforts à développer la volonté. Il y a des gens qui, sous le prétexte de travailler pour la Théosophie, et montrer leur force de volonté, quittent leur famille et leurs amis pour se livrer à toutes espèces de pratiques d'ascétisme. Cela est bien si l'on a toute liberté de le faire. Mais un homme qui, dans ce but, abandonne sa femme et ses enfants, ou encore un fils unique qui laisse des parents n'ayant que lui pour soutien, manque à tous ses devoirs, ce qui n'est permis à personne même avec les mobiles les plus élevés.

Le résultat d'une méditation suivie est de faire entrer dans nos corps les espèces de matière les plus fines. À ce stade nous ressentons souvent des émotions élevées provenant du niveau bouddhique et reflétées dans le corps astral, et, sous leur influence nous pouvons accomplir de belles actions et montrer une grande abnégation. Dans ce cas, le développement des corps mental et causal est nécessaire pour nous maintenir ferme et en équilibre ; autrement, les splendides émotions qui se sont emparées de nous pourraient se dénaturer facilement, et nous entraîner dans des lignes d'action moins belles. Le sentiment seul ne peut nous maintenir fermes et en équilibre. Il est bon que les sentiments élevés s'emparent de nous, et plus ils seront puissants, mieux cela vaudra, mais ce n'est pas, assez ; la sagesse, et le calme doivent être aussi acquis, car nous avons besoin d'un pouvoir directeur aussi bien que d'une force motrice. Le sens même de *bouddhi* est sagesse, et quand celle-ci se manifeste, elle englobe tout le reste.

L'illumination peut impliquer trois choses tout à fait différentes. Premièrement, l'homme qui médite profondément et avec soin sur un sujet, arrive à en tirer une conclusion. Deuxièmement, il peut espérer obtenir une certaine illumination de son Soi supérieur, c'est-à-dire se rendre compte de ce que l'Égo, sur son propre plan, pense du sujet en question. Troisièmement, celui qui est hautement développé peut entrer en rapports avec des Maîtres ou des dévas. Ce n'est que dans le premier cas que ses conclusions ont chance d'être influencées par ses propres formes-pensées. Le Soi supérieur, de même qu'un Maître ou un déva sont au-dessus.

Ceux-ci n'ont aucune difficulté à nous présenter les choses telles qu'elles sont ; mais rappelons-nous que nous devons non seulement absorber les informations, mais les faire descendre dans le cerveau physique où elles commencent immédiatement à se colorer des préjugés que nous pouvons avoir. Ce que nous obtenons dans la méditation dépend de ce que nous faisons tous les jours. Si, dans la vie ordinaire, nous nous sommes créé des préjugés, nous ne pouvons éviter d'être dominés par ceux-ci pendant notre méditation ; mais si nous nous efforçons avec patience de les déraciner et d'apprendre que le mode d'agir des autres est aussi bon que le nôtre, nous nous préparons tout au moins à avoir une attitude douce et tolérante qui s'étendra assurément au temps spécialement consacré à la méditation. Il nous est facile de voir les mauvais côtés de toute idée ou suggestion nouvelle ; ils sautent aux yeux. Mais il faut aussi chercher le bien qui, lui, ne se trouve pas toujours aussi facilement.

Pendant la méditation, l'Égo considère la personnalité, comme en tout autre temps ; en général, son attitude est assez méprisante.

Rappelez-vous que la méditation physique n'est pas faite pour l'Égo, mais pour entraîner ses divers véhicules à lui servir de canal. Si l'Égo est quelque peu développé, il méditera aussi sur son propre plan, mais il ne s'en suit pas que sa méditation se fera en même temps que celle de la personnalité. La force qui descend émane toujours de l'Égo, mais ce n'est qu'une partie seulement, ne donnant qu'une vue limitée des choses. Le Yoga d'un Égo assez bien développé est d'essayer d'élever sa conscience d'abord sur le plan bouddhique, puis sur les différents degrés de ce plan, et cela sans s'inquiéter de ce que fait la personnalité pendant ce temps. Cet Égo pourrait probablement envoyer un peu de lui-même à la méditation personnelle, bien que sa méditation soit tout à fait différente.

Pour le développement des pouvoirs de l'âme, le contrôle de la pensée est une condition essentielle. Quand la pensée est gouvernée et que la volonté est puissante, on peut obtenir de sérieux résultats dans diverses directions. Une aide très grande peut être donnée aux vivants et aux morts, aux malades et aux affligés qui peuvent être ainsi grandement fortifiés. Il est bon que chaque membre se fasse un principe de consacrer tous les jours un certain temps à envoyer de bonnes pensées aux personnes de sa connaissance, outre la méditation qu'il a faite en vue de son propre développement. On peut faire de même pendant la méditation dans les groupes ; les pensées de tous peuvent être concentrées quelques instants sur quelqu'un que l'on sait être dans le chagrin ou malade, et on peut essayer de le fortifier, l'encourager ou le consoler. Le même pouvoir utilisé d'une manière différente peut souvent guérir les maux physiques.

Quant au développement de la clairvoyance et de la clairaudience, on ne peut le considérer comme une fin, mais plutôt comme un moyen. Il semble plus rationnel d'utiliser au mieux tous les pouvoirs que nous possédons déjà, et d'attendre que les autres se développent d'eux-mêmes comme résultat de nos études et de notre travail altruiste. Ces pouvoirs sont certainement une aide, bien qu'ils offrent un certain danger s'ils sont éveillés avant que le caractère ne soit complètement développé. À ceux qui désirent hâter le développement de ces pouvoirs, je conseille le procédé que j'ai décrit dans le dernier chapitre de L'*autre côté de la mort*.

Là où le logement est suffisamment spacieux pour le permettre, je conseille de consacrer une pièce spéciale à la méditation. Je ne vois pas d'inconvénients à s'y réunir en groupe, si les personnes qui le composent sont sincères et en harmonie, mais dans ce cas seulement ; il ne faut pas y penser s'il y a le moindre dissentiment ou la plus petite mésintelligence. Si vous voulez faire des expériences de spiritisme avec des médiums, de quelque nature qu'ils soient je vous conseille de choisir une autre pièce. Vous me demandez si vous pouvez entrer dans cette pièce lorsque vous vous sentez déprimé ; mais il ne faut pas être déprimé, ni même avoir l'idée que vous puissiez l'être. Je vous conseille de ne pas générer de forme pensée à ce sujet en disant : "Je suis déprimé, je ne dois donc pas entrer dans cette pièce" mais de vous dire plutôt : "Je vais entrer dans cette pièce par conséquent, je ne suis plus déprimé". Et vous verrez que cela sera bien plus efficace.

QUATRIÈME SECTION

NIRVANA

NIRVANA

On a souvent dit qu'à la consommation finale toutes les âmes individuelles s'anéantissaient dans la Grande Âme, et nos étudiants trouvent souvent difficile de concilier cette théorie avec d'autres affirmations qui semblent impliquer que l'individualité perdure sous une forme ou sous une autre, même jusqu'aux sommets les plus élevés. Le fait est qu'aucune de nos expériences, aucune des idées que nous puissions formuler dans notre cerveau physique ne peut exprimer les réalités glorieuses du Nirvana et des plans au-dessus. Nous savons si peu de cette gloire transcendante et ce peu ne peut être décrit par des mots. Dans un certain sens, cependant, c'est peut être une erreur de parler des âmes individuelles comme s'anéantissant dans la Grande Âme. Chaque monade est, fondamentalement une étincelle de la triade divine. Elle ne peut donc s'anéantir dans ce dont elle est déjà une partie. Il serait assurément plus juste de dire qu'en évoluant, l'étincelle se développe à l'état de flamme ; et que devenant de plus en plus consciente de son unité avec le divin, le Logos peut ainsi se manifester de plus en plus par elle.

Je puis tout au moins dire que jusqu'au plan de conscience le plus élevé que nos étudiants aient atteint, même jusqu'à celui que nous appelons communément le Nirvana, l'individualité ne se perd pas, et que le pouvoir de penser, d'élaborer des plans et d'agir subsiste toujours. Bien longtemps avant cela, le sentiment de *séparativité* a complètement disparu, mais c'est là une chose tout à fait différente. Sir Edwin Arnold a décrit ainsi cet état de béatitude : "la goutte de rosée se jette dans l'océan resplendissant". Ceux qui ont passé par cette merveilleuse expérience savent, si paradoxal que cela puisse sembler, que la sensation est exactement le contraire et que la description serait plus juste si l'on disait que l'océan s'est déversé dans la goutte de rosée.

Cette conscience, aussi grande que l'océan avec "son centre partout et sa circonférence nulle part" est un fait grandiose et glorieux, mais quand l'homme l'atteint, il lui semble que sa conscience s'est élargie au point d'embrasser ce tout, et non qu'il s'est anéanti dans autre chose. Et il a raison, car ce qu'il avait, par ignorance, supposé être *sa* conscience n'a jamais été sa conscience, mais seulement le rayonnement par lui du pouvoir, de la sagesse et de l'amour divins, et il arrive alors à vivre ce fait merveilleux. En réalité, ce que l'on entend généralement par individualité, n'est qu'une illusion et n'a jamais existé ; mais tout ce qu'il y a de meilleur et de plus noble dans cette conception subsiste jusqu'à l'adeptat et bien au-delà, même dans le royaume des grands Esprits planétaires qui sont assurément encore des individualités bien que jouissant d'une puissance supérieure à tout ce que nous, pouvons concevoir.

Bien que la tentative même soit vouée à un échec, laissez-moi essayer de vous donner une faible idée d'une expérience sur ce plan élevé dont quelques-uns d'entre nous ont eu le privilège. Avant que nous ne fussions capables de l'atteindre par nos propres efforts, un Maître, dans un but particulier, nous enveloppa dans son aura et nous permit, par son intermédiaire, d'entrevoir quelque chose des gloires du Nirvana.

Essayez de vous représenter l'univers tout entier comme un immense torrent de lumière vivante, et dans laquelle existent une intensité de vie et une béatitude au-delà de toute description, cent mille fois supérieure à la félicité la plus grande du ciel. On ne ressent tout d'abord que cette félicité ; on ne voit rien que l'intensité de la lumière ; mais graduellement, on commence à comprendre que, même dans cette clarté éblouissante, se trouvent des points plus brillants — des noyaux, pour ainsi dire, qui sont faits de lumière, puisque rien n'existe en dehors de cette lumière, et à travers eux cependant, d'une façon ou d'une autre, la lumière jette une clarté plus brillante, acquiert une qualité qui lui permet d'être perceptible sur les plans inférieurs, qui sans cela, ne pourraient absolument pas ressentir son éclat. Et peu à peu, on commence à se rendre compte que ces soleils subsidiaires sont les Grands Êtres, que ceux-ci sont les Esprits Planétaires, les Grands Anges, les Divinités Karmiques, les Bouddhas, les Christs et les Maîtres, et qu'à travers Eux la lumière et la vie se répandent sur les plans inférieurs. Graduellement, peu à peu, à mesure que nous nous accoutumons à cette glorieuse réalité, nous commençons à voir que, d'une façon bien inférieure, nous aussi sommes des foyers de ce plan cosmique, et qu'à travers nous aussi, à un niveau beaucoup plus bas, la lumière et la vie se répandent sur ceux qui sont plus éloignés encore — non pas de cette lumière puisque tous nous en faisons partie et qu'il n'y a rien d'autre nulle part — mais plus éloignés de la réaliser, de la comprendre et d'en faire l'expérience.

Si nous pouvons voir et saisir un peu de ce qu'est cette gloire, nous pouvons dans une certaine mesure la refléter pour ceux qui sont moins heureux. Cette lumière brille pour tous, elle est l'unique réalité ; et cependant, par leur ignorance et leurs sottises, les hommes se rendent aveugles à cette lumière, comme des gens qui s'enfermeraient dans des caves où ils ne pourraient recevoir la lumière et la vie que le soleil répand sur le monde entier. De même qu'un miroir placé convenablement à l'entrée de cette cave, permet à ceux qui y sont enfermés de voir clair, au moins un peu, de même pouvons-nous, lorsque nous voyons la lumière, la réfléchir pour ceux qui se sont placés de façon telle qu'ils ne peuvent la recevoir directement.

Aucun des termes que nous avons à notre disposition ne peut donner fa moindre idée d'une telle expérience, car tout ce que nous connaissons intellectuellement a disparu bien longtemps avant que ce niveau ait été atteint. Naturellement, il existe sur ce plan une certaine enveloppe pour l'esprit, mais il est impossible de la décrire. En un sens, il semble que ce soit un atome, et cependant dans un autre sens, cela parait être, le plan entier. Chaque homme est un centre de conscience et comme tel doit occuper une place ce foyer dans le courant de la vie du Logos doit donc, pourrait-on dire, occuper une place ou une autre. Cependant, il lui semble être le plan tout entier et pouvoir se centraliser n'importe où, et partout où s'arrête, pour le moment, le déversement de cette force, une enveloppe se constitue pour lui. L'homme se sent toujours comme étant bien lui-même, devenu plus que cela, quoiqu'il soit, et il peut distinguer les autres. Il est capable de reconnaître avec certitude les Grands Êtres qu'il connaît, mais plutôt par un sentiment instinctif que grâce à aucune ressemblance avec ce qu'il a pu voir auparavant; mais s'il centre sa conscience sur l'un d'Eux, il obtient l'effet de la forme de l'homme, telle qu'il la connaît dans les deux plans plus bas.

L'ESPRIT TRIPLE

Les Monades sont évidemment toutes des centres de force dans le Logos, et cependant chaque monade possède en propre une individualité bien distincte. Dans l'homme ordinaire, la monade n'a qu'un faible contact avec l'Égo et la personnalité inférieure, qui sont cependant, dans un certain sens, des expressions d'elle-même. Elle connaît dès le commencement le but de son évolution et en saisit la direction générale ; mais jusqu'à ce que cette partie d'elle-même, qui s'exprime dans l'Égo, ait atteint un stade assez élevé, elle a à peine conscience des détails de la vie d'ici-bas, ou, en tout cas, y prend peu d'intérêt. Il semble, qu'à ce stade, elle ne connaisse pas les autres monades, mais, se tienne dans un état de béatitude indescriptible, inconsciente de tout ce qui l'entoure. Cependant, à mesure que l'évolution avance, elle finit par mieux comprendre les choses du plan inférieur et finalement les prend entièrement sous sa direction. À ce stade, elle arrive à se connaître et à connaître les autres, et sa voix en nous devient pour nous *la Voix du Silence*. Cette voix change avec les différents stades. Pour nous, maintenant, dans la conscience inférieure, c'est la voix de l'Égo ; quand nous nous identifions avec l'Égo, c'est la voix de l'esprit ; quand nous atteignons l'esprit, c'est la voix de la monade, et quand, dans un avenir très éloigné, nous nous identifierons complètement avec la monade, ce sera alors la voix du Logos ; mais dans chaque cas, nous devons subjuguer l'inférieur et nous élever au-dessus de lui, avant que la voix du supérieur puisse se faire entendre.

Cette monade réside, d'une façon permanente, sur le second de nos plans, et quand elle descend sur le troisième, le plan du Nirvâna, elle se manifeste comme esprit triple, et ce triple esprit est une réflexion ou (plus véritablement) une expression du Logos tel qu'Il se manifeste dans notre série de plans. Sa première manifestation sur notre plan le plus élevé est triple aussi. Dans le premier de ces trois aspects, Il ne se manifeste sur aucun plan inférieur au plan le plus élevé; mais dans le second, Il descend sur le second plan et s'enrobe de la matière de ce plan, réalisant ainsi une expression de Lui-même tout à fait séparée. Sous le troisième aspect, Il descend sur la partie la plus élevée du troisième plan, et s'enrobe de la matière de ce plan, effectuant ainsi une troisième manifestation. C'est ce qui constitue "les trois personnes en un seul Dieu" que le Christianisme enseigne en nous disant, dans le Crédo d'Athanase, que nous devons adorer "Un seul Dieu dans la Trinité et la Trinité dans l'Unité, sans confondre les personnes ni diviser leur substance", c'est-à-dire sans jamais confondre dans notre esprit le travail et la fonction de ces trois manifestations distinctes sur leurs plans respectifs, et sans jamais perdre de vue l'éternelle unité de "substance" qui est au fond de toutes les Manifestations, comme elle l'est sur le plan le plus élevé, au niveau où les trois manifestations n'en font qu'une.

Or, ce processus se répète exactement pour l'homme qui est, en réalité, fait à l'image de Dieu. L'esprit est triple sur le troisième plan, et la première de ses trais manifestations ne descend pas au-dessous de ce plan. La seconde manifestation descend d'un degré, sur le quatrième plan et s'enrobe de la matière de ce plan, et alors nous l'appelons *bouddhi*. Comme auparavant, le troisième aspect descend de deux plans et s'enrobe de la matière du niveau le plus élevé du plan mental, et nous l'appelons *manas;* et c'est cette trinité *atma-bouddhi-manas* se manifestant dans le corps causal, que nous appelons l'Égo.

N'oubliez jamais que l'Égo n'est pas le manas seulement, mais la triade spirituelle; à notre degré actuel de l'évolution, il repose dans son corps causal sur les niveaux supérieurs du plan mental; mais quand il s'élève, sa conscience se centre sur le plan bouddhique, et ensuite quand il arrive à l'adeptat elle se centre sur le plan nirvanique. Mais il ne faut pas supposer que, lorsque ce développement supérieur s'est effectué, le manas soit perdu. Quand l'Égo s'élève au plan bouddhique, il entraîne avec lui le *manas* qui a existé de tout temps sur le plan bouddhique mais qui n'a pas été jusqu'ici complètement vivifié. De la même façon quand il s'élève sur le plan nirvanique, le *manas* et le bouddhi subsistent en lui aussi complètement que jamais, si bien qu'alors le triple esprit est en manifestation totale sur son propre plan et sous ses trois aspects. En conséquence, l'esprit est véritablement septuple, puisqu'il est triple sur son propre plan, double sur le plan bouddhique, et unique sur le plan mental ; et l'unité qui est sa synthèse fait sept. Quand il se retire sur un plan supérieur, il garde le caractère bien net qu'il avait sur le plan inférieur.

C'est probablement ce que voulait dire Mme Blavatsky quand elle parlait de l'œuf aurique, mais elle entourait cette idée d'un grand mystère, et nous pouvons présumer qu'elle était tenue par un serment de ne pas s'étendre explicitement sur ce sujet. Elle n'a jamais expliqué nettement le triple esprit, mais a essayé d'en suggérer l'idée sans l'expliquer clairement, car elle insiste beaucoup sur le fait que, de même que le plan astral peut être considéré comme une réflexion du plan bouddhique, de même le plan physique peut être considéré comme la réflexion du plan nirvanique, et, en outre, elle insiste sur le fait qu'il y a sur le plan physique trois corps ou véhicules de l'homme — s'écartant probablement de sa théorie pour mettre le tout d'accord, et divisant, dans ce but, le corps physique de l'homme en deux parties, le corps dense et le corps éthérique, auxquels elle ajoute comme troisième principe la vitalité qui circule à travers ces deux corps. Or, comme cette vitalité existe sur tous les plans et peut tout aussi bien être ajoutée comme principe supplémentaire sur les plans astral et mental que sur le plan physique, ou peut supposer qu'elle a eu une raison pour parler de cet arrangement particulier, et cette raison peut sans doute être trouvée dans son désir d'indiquer le triple esprit sans le mentionner positivement. Je crois que notre présidente dit que, lorsque Mme Blavatsky parle de l'œuf aurique sacré, elle veut désigner les quatre atomes permanents dans une enveloppe faite de la matière du plan nirvanique.

LA CONSCIENCE BOUDDHIQUE

Un homme égoïste ne pourrait fonctionner sur le plan bouddhique, car l'essence même de ce plan est la sympathie et la compréhension parfaite qui exclut l'égoïsme. Un homme ne peut se construire un corps bouddhique que lorsqu'il a conquis les plans inférieurs. Il y a des rapports très étroits entre l'astral et le plan bouddhique, le premier étant en quelque sorte une réflexion du second, mais il ne faut pas en conclure qu'un homme puisse élever sa conscience du plan astral au plan bouddhique sans avoir développé les véhicules intermédiaires.

Il est certain que sur les niveaux supérieurs du plan bouddhique, l'homme devient un avec les autres, mais nous ne pouvons pas croire pour cela qu'il éprouve les mêmes sentiments envers tous. Il n'y a aucune raison de croire que nous n'éprouverons jamais les mêmes sentiments envers tous ; pourquoi en serait-il ainsi ? Le seigneur Bouddha avait bien son disciple favori, Ananda ; le Christ distinguait Jean son disciple bien-aimé des autres. Ce qui *est* vrai c'est que nous arriverons à aimer tous les hommes autant que ceux qui, maintenant, nous sont les plus proches et les plus chers ; mais à ce moment, nous aurons développé pour ces derniers un amour dont nous ne pouvons actuellement nous faire la moindre idée. La conscience bouddhique embrassant un grand nombre de consciences, on peut entrer dans celle d'un autre homme et penser identiquement comme lui, en le considérant de l'intérieur et non pas de l'extérieur. En ce cas, on ne cherche pas à s'écarter même du méchant, car on le reconnaît comme partie de soi-même — une partie plus faible. On cherche à l'aider en déversant de la force dans cette partie plus faible. C'est cette attitude qui est exigée de nous, nous devons travailler dans ce sens et ne pas nous contenter d'en parler et d'y penser vaguement ; or cela n'est pas chose facile à acquérir.

DE L'EXPÉRIENCE

Il n'est pas nécessaire pour chaque Égo de passer à travers toutes les expériences puisqu'en s'élevant sur le plan bouddhique on peut acquérir les expériences d'autrui, même de ceux qui ont fait opposition au progrès. Nous sentirons par sympathie. On pourrait rentrer en soi-même pour ne pas ressentir les souffrances des autres, mais on veut sentir pour pouvoir aider. Sur le plan bouddhique, nous enveloppons l'homme dans notre propre conscience, et bien que lui-même n'en sache rien cet enveloppement amoindrit ses souffrances jusqu'à un certain point. Selon toute probabilité, tous nous sommes passés par les expériences des stades du sauvage et de l'homme à demi-civilisé. Un adepte aurait sûrement le désir de faire disparaître la souffrance ou de l'atténuer, mais il est facile de prévoir un cas où, voyant que le bien qui résultera de cette souffrance dépasse tellement la douleur actuelle, il lui semble qu'il serait plutôt cruel pour celui qui souffre d'intervenir en écartant sa souffrance. Il verrait le tout, et non pas seulement une partie. Sa sympathie serait plus profonde que la nôtre, mais il ne la manifesterait par des actes, que si cela était utile.

LES SPHÈRES

Dans tout diagramme représentant les différents plans, on les figure généralement comme étant superposés les uns aux autres ainsi que des rayons de bibliothèque. Mais, en expliquant ce diagramme nous avons soin de dire que ce dessin ne doit pas être pris au sens littéral, puisque tous les plans s'interpénètrent et qu'ils sont tous en permanence autour de nous. Cependant, dans un certain sens, la disposition en rayons correspond aussi à la réalité. Considérons, comme terme de comparaison, ce qui se passe sur la surface de la terre. Nous pouvons pour la commodité du raisonnement considérer que la matière solide n'existe que sous nos pieds, qu'elle est la couche la plus grossière de matière physique, bien qu'en réalité des particules innombrables de matière solide, flottent dans l'air au-dessus de nos têtes.

On peut dire, grosso modo que la matière liquide sur la terre (l'eau principalement) s'étend à la surface de la matière solide, bien qu'en réalité une grande masse d'eau pénètre aussi la terre qui est au-dessous de nous, et aussi que des millions de tonnes d'eau s'élèvent au-dessus de la surface de la terre sous forme de nuages. Toutefois, la plus grande partie de la matière liquide de la terre s'étend à la surface de sa matière solide sous la forme d'océans, de lacs et de rivières. Enfin, la matière gazeuse de notre terre (principalement l'atmosphère) repose sur la surface de l'eau et de la terre solide, et s'étend bien plus loin dans l'espace que les matières liquide et solide.

Ces trois conditions de matière existent sur la surface de la terre où nous vivons, mais l'eau, sous forme de nuages, s'étend bien au-delà de cette surface, bien plus loin que ne peut le faire la poussière commune ; et l'air, bien qu'interpénétrant les deux autres éléments, s'étend bien plus loin encore. C'est là une assez juste comparaison qui peut nous permettre de comprendre la répartition de la matière des plans supérieurs.

Ce que nous appelons plan astral, peut aussi être considéré comme étant le corps astral de la terre. Ce plan existe certainement tout autour de nous, et interpénètre la terre solide sous nos pieds, mais il s'étend aussi bien loin au-dessus de nous, de sorte que nous pouvons nous le figurer comme une immense boule de matière astrale au centre de laquelle se trouve la terre, exactement comme le corps physique de l'homme se trouve au centre de la forme ovoïde remplie de matière astrale ; mais dans le cas de la terre, la partie du corps astral dépassant le corps physique est infiniment plus considérable que chez l'homme. Mais, de même que pour l'homme, l'agrégation la plus grossière de matière astrale est celle qui est en dedans de la périphérie du corps physique, de même pour la terre, la plus grande partie de sa matière astrale est rassemblée dans les limites de la sphère physique.

Néanmoins, la partie de la sphère astrale qui est extérieure à la sphère physique, s'étend à peu près à la distance moyenne de l'orbite de la lune, de sorte que les plans astrals des deux mondes se touchent quand la lune est à son périgée, mais non quand elle est à son apogée. Il s'en suit qu'à certaines périodes du mois seulement, des communications astrales avec la Lune sont possibles.

Le plan mental de la terre est au plan astral ce que ce dernier est au plan physique. C'est lui aussi un immense globe, concentrique aux deux autres et les interpénétrant, mais beaucoup plus grand que le globe astral. Il résulte donc, que, alors que la matière de tous ces plans existe simultanément ici-bas, il y a une certaine part de vérité dans l'image qui représente les plans comme superposés, car au-dessus de la limite de l'atmosphère physique il y a une coque considérable consistant seulement en matières astrale et mentale, et extérieurement à la coque astrale, une autre coque analogue constituée seulement de matière mentale.

Lorsque nous atteignons le plan bouddhique l'extension devient si considérable que ce que nous pourrions appeler les corps bouddhiques des différentes planètes de notre chaîne, se rencontrent et constituent ainsi un seul corps bouddhique pour la chaîne entière, ce qui signifie qu'il est possible, dans le véhicule bouddhique, de passer d'une de ces planètes dans une autre. Je présume que, lorsque les investigations s'étendront de la même façon jusqu'au plan nirvanique, on trouvera que cette matière s'étend tellement plus loin, que d'autres chaînes s'y trouvent comprises — peut-être le système solaire tout entier.

Tout cela est vrai dans une certaine mesure mais ne nous offre qu'une idée très approximative de l'état véritable des choses, et parce que notre esprit ne peut saisir que trois dimensions, alors qu'en réalité, il y en a beaucoup plus, et qu'au fur et à mesure que nous élevons notre conscience d'un plan à un autre, chaque pas en avant ouvre devant nous la possibilité d'embrasser une nouvelle dimension. C'est pourquoi il est difficile de décrire la condition de ceux qui ont quitté la vie physique pour passer sur d'autres plans. Les uns ont une tendance à se tenir autour de leurs demeures terrestres, afin de rester en contact avec leurs amis et les lieux qui leur sont familiers; d'autres, au contraire, tendent à s'en aller bien loin, et à chercher pour eux-mêmes, en raison de leur poids spécifique pour ainsi dire, un niveau beaucoup plus éloigné de la surface de la terre.

Une personne moyenne passant au ciel, par exemple, tend à flotter à une distance considérable au-dessus de la surface de la terre, bien que d'un autre côté, quelques-unes de ces personnes soient attirées vers notre plan. Toutefois pour parler à un point de vue général, les habitants du monde céleste peuvent être considérés comme habitant une sphère, un anneau ou une zone s'étendant autour de la terre. Ce que les spirites appellent la summerland [19] s'étend à plusieurs milles au-dessus de nos têtes, et comme les gens de même race et de même religion cherchent à se rassembler après la mort comme ils le faisaient pendant la vie, nous avons ce que l'on peut appeler une sorte de réseau de summerlands au-dessus des pays de ceux qui les ont créés.

Les gens trouvent leur propre niveau sur le plan astral d'une manière analogue à celle des objets qui flottent sur l'Océan. Cela ne veut pas dire qu'on ne puisse s'élever ni descendre à volonté, mais que, si on ne fait pas d'effort spécial, on trouve son niveau et on y reste. La matière astrale gravite vers le centre de la terre tout comme la matière physique, toutes les deux obéissant aux mêmes lois générales. Nous pouvons dire que le sixième sous-plan du plan astral coïncide en partie avec la surface de la terre, tandis que le sous-plan inférieur, le septième pénètre intérieurement à une certaine distance.

Les conditions de l'intérieur de notre terre ne sont pas faciles à décrire. On y trouve de vastes cavités habitées par certaines *races* qui n'appartiennent pas à notre évolution. Une de ces évolutions qui est à un niveau bien inférieur à n'importe qu'elle race existant actuellement sur la terre, est décrite en partie dans la dix-septième vie d'Alcyone publiée récemment dans *Le Theosophist;* l'autre se rapproche davantage, de notre niveau, quoique différant totalement, de tout ce que nous pouvons connaître.

Quand on approche du centre de la terre on y trouve la matière à un état qu'il est difficile à celui qui ne l'a pas vu, de concevoir, elle est beaucoup plus dense que le métal le plus dense qui nous soit connu, et elle peut cependant couler aussi facilement que de l'eau. Mais, il y a encore autre chose. Cette matière est beaucoup trop dense pour les formes de vie que nous connaissons, mais néanmoins elle est cependant rattachée à une évolution spéciale.

---

19   Mot qui signifie un pays où règne un été perpétuel.

Les pressions formidables qui existent dans cette partie de la terre sont utilisées par le Troisième Logos pour la fabrication de nouveaux éléments ; en fait, les parties centrales de la terre peuvent être véritablement considérées comme étant Son laboratoire, car les températures et les pressions qui peuvent y être obtenues ne ressemblent en rien à ce que l'on voit à la surface. C'est là que, sous sa direction, des troupes de dévas et d'esprits de la nature, d'un type particulier, combinent et divisent, arrangent et réarrangent les atomes physiques ultimes, travaillant le long de la merveilleuse double spirale symbolisée dans les lemniscates de William Crookes. De ce point aussi, si incroyable que cela puisse nous paraître, il y a une communication avec le cœur du soleil, grâce à quoi les éléments qui prennent naissance dans le soleil apparaissent dans le centre de la terre sans être obligés de traverser ce que nous appelons la surface ; mais il est inutile de parler de cela tant que les dimensions supérieures de l'espace ne seront pas plus généralement comprises. Comme pour la matière physique la matière astrale la plus dense est beaucoup trop dense pour les formes ordinaires de la vie astrale, mais cette matière a d'autres formes spéciales de vie, qui sont totalement inconnues aux étudiants de la surface de la terre.

En poussant nos investigations dans l'intérieur de la terre, nous n'avons pas trouvé de ligne centrale se dirigeant d'un pôle à l'autre, ligne dont quelques médiums ont affirmé l'existence ; nous n'y avons pas vu non plus de sphères concentriques reposant sur des coussins de vapeur. Comme il y a cependant des forces qui agissent à travers des couches concentriques, il n'est pas difficile de voir quels furent les phénomènes naturels qui induisirent en erreur ceux qui, dans une parfaite bonne foi, avancèrent ces assertions.

Il y a incontestablement une force ou pression éthérique comme il y a une pression atmosphérique, et cette force peut être utilisée par l'homme dès qu'il pourra découvrir quelque procédé pour isoler l'éther. La même pression existe dans le monde astral. Ce qui se produit quand un homme quitte son corps, soit pour s'endormir, soit pour mourir, en est l'exemple le plus ordinaire.

Quand le corps astral se retire du corps physique, il ne faut pas supposer que celui-ci soit laissé sans contrepartie astrale. La pression de la matière astrale environnante — et cela signifie réellement l'action de la force de la gravitation sur le plan astral — fait immédiatement s'introduire d'autre matière astrale dans cet espace vide (de l'astral) tout comme si nous créions un tourbillon et que nous chassions l'air contenu dans une chambre, de l'air nouveau venant de l'atmosphère, environnante s'y introduira de suite. Mais cette matière astrale correspondra avec une curieuse exactitude à la matière physique qu'elle interpénètre. Chaque variété de matière physique attire la matière astrale de densité correspondante, en sorte que la matière physique solide est interpénétrée par ce que nous pouvons appeler de la matière astrale solide, c'est-à-dire de la matière du sous-plan le plus inférieur du plan astral ; tandis que le liquide physique est interpénétré par de la matière du sous-plan astral immédiatement au-dessus, c'est-à-dire par du liquide astral ; alors que le gaz physique à son tour, attire ce qui lui correspond en propre, à savoir la matière du troisième sous-plan astral à partir d'en bas, et que nous pourrions appeler le gaz astral.

Considérez, par exemple, un verre d'eau ; le verre (étant de la matière solide) est interpénétré par la matière astrale du sous-plan inférieur ; l'eau qui est dans le verre (étant de la matière liquide) est interpénétrée par la matière astrale du second sous-plan à partir d'en bas ; alors que l'air qui entoure à la fois le verre et l'eau (étant de la matière gazeuse) est interpénétré par la matière astrale du troisième sous-plan, à partir d'en bas.

Nous devons aussi nous rendre compte que de même que toutes ces choses, le verre, l'eau et l'air, sont interpénétrés par l'éther physique, de même leurs correspondants astrals sont aussi interpénétrés par la variété de matière astrale qui correspond aux différents types d'éther. Ainsi quand un homme retire son corps astral de son corps physique, un influx des trois variétés de matière astrale se produit, le corps physique de l'homme étant composé de trois parties constituantes, solide, liquide et gazeuse. Naturellement, comme le corps physique contient aussi de l'éther, il faut qu'il y ait de la matière astrale du sous-plan supérieur pour lui correspondre.

La contrepartie astrale temporaire, formée pendant l'absence du véritable corps astral à la forme d'un moulage exact de ce dernier, en ce qui concerne la disposition, mais elle ne peut avoir aucune relation réelle avec le corps physique et ne pourrait jamais être utilisée comme véhicule. Elle est construite de la matière astrale de la variété requise qui se trouve être à portée ; c'est simplement une agglomération fortuite d'atomes, et quand le corps astral reprend sa place, il a tôt fait de rejeter cette autre matière astrale sans rencontrer la moindre opposition. C'est là une raison de veiller à être bien entouré pendant notre sommeil, car si notre entourage est mauvais, la matière astrale la moins bonne peut remplir notre corps physique pendant que nous le quittons, le laissant ainsi en proie à une influence qui peut réagir d'une façon néfaste sur l'homme véritable quand celui-ci le réintègre. L'influx immédiat qui se produit dès que le corps est abandonné suffit à démontrer l'existence d'une pression astrale.

De même, quand l'homme, à sa mort, abandonne définitivement son corps physique, celui-ci n'est plus un véhicule, mais un cadavre ; ce n'est même plus un corps dans le m'ai sens du mot, mais simplement une masse de matière en désagrégation ayant la forme d'un corps. Tout comme nous ne pouvons plus réellement appeler cela un corps, de même nous ne pouvons plus appeler la matière astrale qui l'interpénètre, une contrepartie réelle dans le sens ordinaire du mot. Prenons une analogie qui, toute imparfaite qu'elle soit, pourra peut-être nous aider à comprendre cela. Quand le cylindre d'une locomotive est plein de vapeur, nous pouvons considérer celle-ci comme étant, dans le cylindre, la force active qui fait mouvoir la locomotive. Mais quand cette dernière est refroidie et au repos, le cylindre n'est pas nécessairement vide, il peut être rempli d'air ; toutefois, cet air n'est pas la force active appropriée, bien qu'il occupe la place de la vapeur.

La matière astrale n'est jamais *réellement* solide elle ne l'est que relativement. Vous savez que les alchimistes du Moyen Âge représentaient symboliquement la matière astrale par l'eau, et cela à cause de sa fluidité et de sa pénétrabilité. Il est vrai que la contrepartie de tout objet physique est toujours faite de la matière du sous-plan inférieur du plan astral, que, par commodité, nous appelons souvent la matière astrale solide ; mais nous ne devons pas lui attribuer les qualités qui nous sont familières chez les solides du plan physique. Les particules de cette variété la plus dense de matière astrale sont, relativement à leur dimension, bien plus séparées que les particules gazeuses ; aussi serait-il plus facile à deux corps faits de la matière astrale la plus dense de passer l'un à travers l'autre, qu'au gaz physique le plus léger de se diffuser dans l'air.

On n'a pas sur le plan astral, la sensation de sauter au-dessus d'un précipice, mais simplement de flotter au-dessus. Quand vous vous tenez sur le sol, une partie de votre corps astral interpénètre le soi qui se trouve sous vos pieds ; mais à travers votre corps astral vous ne pourriez être conscient de ce fait, n'ayant aucune résistance et la faculté de vous mouvoir n'en étant nullement modifiée. Rappelez-vous qu'il n'y a pas sur le plan astral de sens du toucher pouvant correspondre à celui que nous avons sur le plan physique. Là, on ne touche pas la surface des choses de façon à sentir si elles sont dures ou molles, rugueuses ou polies, froides ou chaudes ; mais, en prenant contact avec la substance interpénétrante on est conscient d'un mode différent de vibrations, qui peut être agréable ou désagréable, stimulant ou déprimant. Si en nous éveillant le matin, nous rapportons dans notre souvenir quelque fait correspondant à notre sens du toucher ordinaire, c'est que le cerveau physique à travers lequel ce souvenir a passé, a adopté les modes d'expression auxquels nous sommes accoutumés.

Bien que la lumière qui éclaire tous les plans, vienne du soleil, l'effet qu'elle produit sur le plan astral est totalement différent de celui qu'elle produit sur le plan physique. Dans la vie astrale, la lumière est diffuse et n'a pas l'air de venir d'une direction spéciale. Toute la matière astrale est lumineuse par elle-même ; un corps astral n'est pas comme une sphère peinte, mais plutôt comme une sphère de feu vivant. Il est transparent et n'a pas d'ombres. Il n'y a jamais d'obscurité dans le monde astral. Le passage d'un nuage physique entre nous et le soleil ne fait aucune différence sur le plan astral, pas plus que l'ombre de la terre que nous appelons la nuit.

L'aide invisible ne passerait pas à travers une montagne s'il la considérait comme un obstacle ; apprendre qu'une montagne n'est pas un obstacle est précisément le but d'une partie de ce que l'on appelle "l'épreuve de la terre". Il ne peut y avoir d'accidents sur le plan astral, au sens que nous donnons à ce mot ; car le corps astral étant fluidique ne peut, comme le corps physique, être détruit, ou endommagé d'une façon permanente. Une explosion sur le plan astral pourrait être temporairement aussi désastreuse qu'une explosion de poudre à canon sur le plan physique, mais les fragments astrals auraient tôt fait de se rassembler.

Les habitants de l'astral peuvent passer et passent continuellement les uns à travers les autres, et à travers les objets astrals fixes. Rappelez-vous que sur le plan astral, la matière est beaucoup plus fluidique et bien moins compacte. Il ne peut y avoir ce qu'on appelle une collision, et dans des circonstances ordinaires, deux corps qui s'interpénètrent n'en sont même pas sensiblement affectés. Cependant, si l'interpénétration dure assez longtemps, comme cela se produit, par exemple, quand deux personnes sont assises côte à côte soit à l'office dans une église, soit dans un théâtre, un effet considérable peut en résulter.

Il y a des quantités de courants pouvant entraîner ceux qui manquent de volonté, et même ceux qui en ont mais ne savent pas s'en servir. Pendant la vie physique, la matière de notre corps astral est constamment en mouvement, tandis qu'après la mort, à moins que la volonté n'ait été employée à le prévenir, cette matière est disposée en coques concentriques dont l'extérieur est une croûte faite de matière grossière. Si un homme veut *servir* sur le plan astral, il doit éviter la formation de cette coque, car ceux dont les corps astrals ont été ainsi organisés se trouvent confinés à un seul niveau. Si la réorganisation a déjà eu lieu, la première chose que l'on fait, lorsqu'on s'occupe d'une personne, est de mettre fin à cet état, et de la rendre libre d'aller sur le plan astral tout entier. Pour ceux qui agissent comme aides invisibles sur le plan astral, il n'y a pas de niveaux séparés ; tout est pareil pour eux.

Dans l'Inde, l'idée de servir sur le plan astral n'est pas aussi répandue que dans l'Occident ; l'idée de servir Dieu pour atteindre la libération domine plus que celle de servir ses frères en humanité. Les différentes conditions atmosphériques et climatiques n'ont aucune importance pour le travail sur les plans astral et mental. Ce qui peut produire une différence, c'est de vivre dans une grande cité à cause des masses de formes-pensées qui y sont générées. Certains psychiques ont besoin d'avoir une température d'environ quatre-vingts degrés [20] pour effectuer leur meilleur travail, alors que d'autres ne font quelque chose de bien que lorsqu'ils jouissent d'une température plus basse.

Si la chose est nécessaire, le travail occulte peut s'effectuer n'importe où, cependant, quelques endroits offrent de plus grandes facilités que d'autres. La Californie, par exemple, dont le climat est sec et l'atmosphère chargée d'électricité, est favorable au développement de la clairvoyance. Ici, à Adyar, il n'y a, du fait de l'ambiance, aucune résistance à nos formes-pensées, notre mental suivant plus ou moins les mêmes directions. Mais, nous devons nous rappeler qu'il peut toujours y avoir une certaine résistance de la part de ceux à qui nous envoyons des pensées, car il y a des gens qui ont passé toute leur vie à se construire par leur égoïsme des coques si, épaisses, qu'il est impossible de les pénétrer, même pour leur faire du bien.

---

20   Fahrenheit, c'est-à-dire environ 26 degrés centigrades.

CINQUIÈME SECTION

L'ÉGO ET LA PERSONNALITÉ

L'ÉGO ET LA PERSONNALITÉ

Il y a encore un grand nombre de nos membres qui ne comprennent pas nettement le problème du soi inférieur et du soi supérieur. Et cela n'a rien d'étonnant, car on nous répète sans cesse qu'il n'y a qu'une seule conscience, et pourtant nous en sentons souvent deux; aussi n'est-il pas étrange que les étudiants ne connaissent pas bien les rapports réels qui existent entre ces deux, et se demandent si l'Égo est entièrement dissocié de son corps physique et s'il n'a pas une existence propre au milieu des autres Égos sur son propre plan.

Ce problème du soi supérieur et du soi inférieur est bien ancien, et il est certainement difficile de comprendre qu'il n'y a en somme qu'une seule conscience et que la différence apparente qui existe n'est due qu'aux limitations de nos divers véhicules. La conscience totale fonctionne sur son propre plan, le plan mental supérieur, mais seulement en partie et bien vaguement encore pour l'homme ordinaire. Quand elle peut agir, elle agit toujours dans le sens du bien ne désirant que ce qui peut être favorable à son évolution comme âme. Elle met une portion d'elle-même dans de la matière inférieure, et cette portion acquiert alors dans cette matière une conscience tellement plus vive et plus pénétrante, qu'elle pense et agit comme si elle était un être séparé, oubliant sa relation avec cette soi-conscience supérieure moins développée et cependant beaucoup plus large. Il semble alors quelquefois que ce fragment travaille en opposition avec la conscience totale; mais l'homme instruit se refuse à se laisser tromper, et retourne, à travers la conscience vive et pénétrante du fragment, à la vraie conscience qui se trouve derrière lui, et qui est encore si peu développée.

L'Égo, sans aucun doute, ne s'exprime que très partiellement par son corps physique, mais malgré cela, il ne serait pas exact de le considérer comme dissocié de ce corps. Si nous nous représentons l'Égo comme un corps solide et le plan physique comme une surface, le corps solide étant posé sur cette surface ne pourrait se manifester que comme une figure plane, ce qui évidemment ne serait qu'une expression très partielle. Nous pouvons voir aussi que si les diverses faces du solide étaient posées successivement sur la surface, nous obtiendrions des expressions totalement différentes, et toutes imparfaites, car, dans tous les cas, le solide aurait une extension dans une direction toute différente qui ne pourrait être exprimées sous les deux dimensions des superficies. Nous pourrons obtenir un symbole assez exact des faits, en ce qui concerne l'homme ordinaire, en supposant que le solide n'est conscient qu'autant qu'il est en contact avec la surface, bien que les résultats acquis par la manifestation de cette conscience s'attachent en bloc au solide, et soient présents dans toute expression ultérieure de celle-ci, quand bien même ces expressions différeraient considérablement des expressions précédentes.

Ce n'est que pour ceux qui sont déjà assez avancés que nous pouvons dire que l'Égo peut vivre consciemment parmi les autres Égos sur son propre plan. Du moment où il se sépare de son âme-groupe et commence à vivre séparément, l'Égo devient une entité consciente, mais sa conscience est encore bien vague. La seule sensation physique à laquelle on puisse la comparer, est celle que ressentent parfois certaines personnes le matin au moment de se réveiller. C'est un état intermédiaire entre le sommeil et la veille, où l'homme éprouve un sentiment de félicité à avoir conscience de son existence mais nullement des objets qui l'entourent et où il ne peut, faire aucun mouvement. En fait, il sait parfois que tout mouvement aurait vite fait de rompre le charme qu'il éprouve pour le faire retomber dans la vie ordinaire, aussi s'efforce-t-il de rester tranquille aussi longtemps que possible.

Cet état — dans lequel l'homme a conscience de l'existence et d'une béatitude intense — ressemble assez à celui dans lequel se trouve l'Égo de l'homme ordinaire sur le plan mental supérieur. Il n'y est entièrement centré que pour le laps de temps très court qui s'écoule entre la fin d'une vie dans le monde céleste et le commencement de sa prochaine descente en incarnation ; et c'est pendant cette courte période de temps que se présentent à lui comme un éclair une vue rétrospective et la perspective de l'avenir — c'est-à-dire une lueur de ce que sa vie passée a fait pour lui, et de ce que sa vie prochaine doit être. Pendant bien des siècles, ces lueurs seront pour lui les seuls moments de réveil complet ; et c'est son désir de se manifester d'une façon plus, parfaite, son désir de se sentir plus profondément vivant et actif, qui l'amène à faire des efforts pour s'incarner. Ce n'est pas tant le désir de la vie au sens ordinaire de ce mot qui le pousse, mais plutôt le désir de posséder cette conscience plus complète qui lui donnera le pouvoir de répondre à toutes les vibrations possibles provenant de tous les plans et lui permettra d'atteindre la sympathie parfaite.

Alors que l'Égo n'est pas encore développé, les forces du plan mental supérieur passent en réalité à travers lui sans l'affecter puisqu'il ne peut répondre qu'à un très petit nombre de ces vibrations si subtiles. Il faut d'abord des vibrations fortes et relativement grossières pour qu'il puisse être affecté, et comme celles-ci n'existent pas sur le plan qui lui est propre, il lui faut descendre sur des niveaux inférieurs pour les trouver. C'est pourquoi la pleine conscience ne se manifeste tout d'abord que dans son véhicule le plus bas et le plus dense, son attention étant pendant bien longtemps, centrée sur le plan physique ; aussi, bien que ce plan soit de beaucoup inférieur au sien, et ne lui permette pas de donner libre essor à son activité, il se sent, dans ces premiers stades, bien plus vivant quand il y travaille. À mesure que la conscience augmente et élargit son champ d'action, il commence graduellement à travailler de plus en plus dans la matière du degré supérieur, c'est-à-dire dans la matière astrale.

À un stade beaucoup plus éloigné, quand l'Égo commence à travailler consciemment dans la matière astrale, il commence aussi à pouvoir s'exprimer à travers la matière de son corps mental, et le but de ses efforts actuels est atteint quand il arrive à fonctionner dans la matière du corps causal, sur le plan supérieur du plan mental, aussi complètement et aussi nettement que sur le plan physique.

Il ne faut pas confondre ces stades du plein développement de la conscience avec le simple fait de savoir comment employer, dans une certaine mesure, les véhicules respectifs. Un homme fait usage de son corps astral chaque fois qu'il exprime une émotion ; il fait usage de son corps mental chaque fois qu'il pense. Mais cela ne veut pas dire qu'il soit capable de les utiliser comme des véhicules indépendants au moyen desquels la conscience s'exprime pleinement.

Celui qui est pleinement conscient dans son corps astral a déjà fait un progrès immense, et quand l'homme a pu franchir l'abîme qui sépare la conscience astrale de la conscience physique, le jour et la nuit n'existent plus pour lui, puisque sa vie n'a plus de solution de continuité. La mort même n'existe plus, puisqu'il garde avec lui cette conscience ininterrompue non seulement lorsqu'il passe du jour à la nuit, mais aussi lorsqu'il franchit les portes de la mort et cela jusqu'à la fin de sa vie sur le plan astral.

Un nouveau degré de développement lui ouvre la conscience du monde céleste ; et alors sa vie et sa mémoire se continuent durant toute sa descente en incarnation. Un degré encore plus élevé met la pleine conscience au niveau de l'Égo sur le plan mental supérieur, et alors l'homme a toujours présente à l'esprit la mémoire de toutes ses vies passées il a acquis le pouvoir de diriger consciemment les diverses manifestations inférieures de lui-même à toutes les périodes de son développement.

Il ne faut pas croire que le développement de chacun de ces états de conscience puisse se faire d'une façon soudaine. Le déchirement même du voile qui sépare deux stades est généralement le résultat d'un processus assez rapide, et quelquefois même instantané. Un homme qui, normalement, ne conserve pas la mémoire des faits du plan astral pourra, sans le vouloir, par un accident ou une maladie, ou avec intention, par des pratiques déterminées, établir le pont et établir la liaison, de sorte qu'à partir de ce moment sa conscience astrale sera continue; la mémoire des faits survenus pendant son sommeil sera par conséquent parfaite. Mais bien longtemps avant que cet effort ou cet accident ne soit possible il faut qu'il ait travaillé en pleine conscience dans son corps astral, même si dans la vie physique il n'en a pas eu connaissance.

Exactement de la même manière, l'homme doit avoir été pendant bien longtemps exercé à utiliser son corps mental comme véhicule, avant qu'il puisse avoir l'espoir de briser la barrière qui sépare l'astral du mental, et d'acquérir ainsi un souvenir continu. Par analogie, nous sommes ainsi amenés à penser que l'Égo doit avoir été pendant longtemps pleinement conscient et actif sur son propre plan, avant que la connaissance de cette existence puisse venir jusqu'à nous dans la vie physique.

Nombreux sont ceux dont l'Égo est déjà sorti, jusqu'à un certain point, de l'état de simple béatitude décrit ci-dessus, et chez qui il se trouve, du moins en partie, conscient de ce qui l'entoure, et, par conséquent des autres Égos. À partir de ce moment., il vit, il est actif sur son propre plan, il y a ses préoccupations; mais nous devons nous rappeler que, même alors, il ne met dans la personnalité qu'une très petite partie de lui-même, et que cette partie se trouve constamment engagée dans des préoccupations qui, par suite de leur caractère particulier, se trouvent en désaccord avec les activités générales de l'Égo lui-même; celui-ci, ne prête par conséquent, aucune attention spéciale à la vie inférieure de la personnalité, à moins que quelque chose d'anormal ne survienne.

Quand ce degré est atteint, l'Égo se trouve généralement placé sous l'influence d'un Maître; en fait, on peut dire bien souvent que la première chose dont il a conscience en dehors de lui c'est son contact avec le Maître.

Le pouvoir immense de l'influence du Maître le magnétise et met ses vibrations en harmonie avec celles du Maître, activant ainsi beaucoup son développement. Ce pouvoir rayonne sur lui comme le soleil sur une fleur, et sous son influence il évolue rapidement. C'est pourquoi, alors que les premiers stades de progrès sont si lents qu'ils sont presque insensibles, lorsque le Maître dirige son attention vers l'homme, le développe et lui fait désirer de participer à son œuvre, la rapidité de l'avancement de celui-ci augmente suivant une progression géométrique.

Une partie de ce courant d'influence divine déversée sur l'Égo par le Maître peut être transmise à la personnalité, mais cette partie sera plus ou moins grande selon le lien qui rattache l'Égo et la personnalité, lien qui varie à chaque cas. La variété est infinie dans la vie humaine. La force spirituelle rayonne sur l'Égo, et un peu de cette force pénètre certainement jusqu'à la personnalité, parce que, bien que l'Égo ait projeté une partie de lui-même, il ne s'en est pas séparé complètement, bien que dans le cas de gens ordinaires l'Égo et la personnalité soient deux choses très différentes.

Chez les hommes ordinaires l'Égo n'a que très peu de prise sur la personnalité, ni une conception bien nette de son but lorsqu'il la projette ; de plus, la petite partie de la conscience qui s'est unie à la personnalité arrive à avoir une manière d'agir et des opinions à elle. Elle se développe par l'expérience qu'elle acquiert, et qu'elle transmet à l'Égo ; mais à côté de ce développement réel, elle fait une quantité d'acquisitions à peine dignes de ce nom. Elle acquiert des connaissances, mais aussi des préjugés, qui ne sont pas vraiment des connaissances. Elle ne se libère complètement de ces préjugés — préjugés non pas seulement de savoir (ou plutôt absence de savoir) mais aussi préjugés de sentiments et d'action — que lorsque l'homme a atteint l'adeptat. Elle découvre graduellement que ces choses sont des préjugés et s'en débarrasse peu à peu ; mais elle est soumise à un grand nombre de limitations dont lui, l'Égo, est entièrement exempt.

Quant à la somme de force spirituelle qui est transmise à la personnalité, on ne peut l'évaluer, dans un cas particulier, qu'au moyen de la clairvoyance. Une certaine quantité de cette force doit toujours être communiquée à la personnalité puisque l'inférieur est attaché au supérieur, de même que la main est attachée au corps par le bras. Il est certain que la personnalité doit recevoir quelque chose, mais elle ne peut recueillir que ce qu'elle s'est rendue capable de recevoir. C'est aussi une question de qualité. Le Maître agit aussi, dans l'Égo, sur des qualités qui, sont bien obscurcies dans la personnalité, et, dans ce cas, naturellement, il descend bien peu de chose.

Comme seules peuvent être transmises à l'Égo spirituel ou permanent les expériences de la personnalité qui soient compatibles avec sa nature et ses intérêts, seules aussi les impulsions auxquelles la personnalité est susceptible de répondre peuvent s'exprimer à travers elle. Rappelez-vous toutefois que l'Égo tend à exclure le mal ; la personnalité, tend, elle, à exclure le bien ; le bien — nous devrions plutôt employer les mots : matériel et spirituel, car le mal n'existe pas.

On peut quelquefois, par la clairvoyance, voir ces influences à l'œuvre. Quelquefois, par exemple, on peut voir une des caractéristiques de la personnalité intensifiée fortement sans raison extérieure. La cause en est souvent trouvée dans ce qui se passe sur un niveau supérieur : cette qualité a été stimulée dans l'Égo. Un homme se sent quelquefois débordant d'affection ou de dévotion et il est incapable, sur le plan physique, de comprendre pourquoi. La cause en est encore, généralement, en ce que l'Égo a été stimulé ou bien en ce qu'il prend pour le moment un intérêt tout spécial à la personnalité.

Pendant la méditation, nous attirons quelquefois l'attention de l'Égo, mais il faut nous rappeler qu'il vaut mieux essayer de nous joindre à son activité supérieure plutôt que de l'interrompre et d'attirer son attention vers l'inférieur. L'influence d'en haut est certainement attirée par une bonne méditation, laquelle est *toujours* effective, même si les choses, sur le plan physique, paraissent ternes et sans saveur. Les efforts que fait l'Égo lui-même pour s'élever, font qu'il néglige d'envoyer de l'énergie à la personnalité, et ce qui, naturellement, cause à celle-ci un sentiment de tristesse et d'abandon.

La mesure dans laquelle la personnalité se trouve influencée par les efforts du Maître dépend principalement de deux choses : d'abord de la force des liens rattachant à ce moment, l'Égo à la personnalité ; et ensuite du travail particulier effectué par le Maître sur l'Égo, c'est-à-dire les qualités particulières sur lesquelles il agit.

La méditation et l'étude sur des sujets spirituels, dans cette vie terrestre, provoquent une grande différence dans la vie de l'Égo. Chez la personne ordinaire qui ne se préoccupe pas sérieusement des questions spirituelles, la connexion entre le soi supérieur et le soi inférieur est très faible.

Dans ce cas, la personnalité semble être tout, et l'Égo, bien qu'il existe, sans aucun doute, sur son propre plan, n'y est probablement pas actif. Il ressemble beaucoup à un poussin qui croît dans l'intérieur de son œuf. Mais pour ceux d'entre nous qui ont fait des efforts dans la bonne direction, il est à espérer que l'Égo est en train de devenir activement conscient. Il a brisé sa coquille et mène une vie très active et très puissante. À mesure que nous avancerons, nous serons en mesure d'unifier notre conscience personnelle avec la vie de l'Égo autant que cela est possible, et alors nous n'aurons qu'une seule conscience ; ici-bas même nous possèderons la conscience de l'Égo, qui saura tout ce qui se passe. Mais, au temps présent, une très grande opposition existe chez la plupart des gens entre la personnalité et l'Égo.

D'autres choses doivent être prises en considération. Il n'est pas toujours exact de juger l'Égo d'après sa manifestation dans la personnalité. Un Égo d'un type extrêmement pratique peut, sur le plan physique, ressortir bien davantage qu'un autre dont le développement est de beaucoup supérieur, mais presque exclusivement concentré sur les plans causal et bouddhique. Aussi les gens qui ne voient que le plan physique sont-ils bien souvent injustes dans leurs jugements sur le degré de développement des autres.

Si vous avez affaire à un Égo assez avancé, vous trouverez bien souvent qu'il s'intéresse relativement peu à son corps. Et cela se comprend, car ce qu'il a mis dans la personnalité est autant de perdu pour lui. J'ai vu maintes et maintes fois des cas où l'Égo se montrait impatient dans une certaine mesure et se retirait quelque peu en lui-même; mais, d'un autre côté, dans ces cas-là, il y a toujours communication entre l'Égo et la personnalité, ce qui n'est pas possible chez l'homme ordinaire. Chez celui-ci, la partie projetée est, pour ainsi dire, abandonnée, sans être cependant complètement détachée; mais à ce stade plus avancé, il y a entre les deux une communication constante par ce canal. En conséquence, l'Égo peut retirer une grande partie de lui-même lorsqu'il le désire et ne laisser qu'une très petite partie de lui-même pour représenter l'homme réel. C'est pourquoi les rapports entre le soi supérieur et le soi inférieur diffèrent beaucoup suivant les gens et les différents degrés de développement.

Quant à l'Égo, il peut apprendre sur son propre plan, ou il peut aider les autres Égos ; il y a bien des sortes de travail pour lesquelles il peut avoir besoin d'un accroissement de forces. Et alors, il peut, pour un moment, oublier de prêter l'attention qu'il convient à sa personnalité, de même qu'un homme, pourtant plein de bonté, peut, sous l'empire de préoccupations spéciales, oublier son cheval ou son chien. Toutefois, lorsque cela se présente, la personnalité lui rappelle qu'elle existe en commettant quelque bévue qui lui cause de sérieuses souffrances ! Vous avez peut-être remarqué que parfois, lorsque vous avez terminé un travail spécial ayant nécessité, dans une large mesure, la coopération de l'Égo — comme par exemple, une conférence donnée devant un nombreux auditoire — l'Égo s'empare de toute l'énergie disponible, ne laissant à la personnalité que juste assez pour ressentir un profond abattement. Pendant un moment, étant admis que le travail comportait une assez grande importance, il a donné un peu plus de lui-même; puis l'œuvre achevée, il a laissé la pauvre personnalité tant soit peu déprimée.

Il est évident que la dépression est bien plus souvent provoquée par d'autres raisons, telles que la présence d'une entité astrale profondément abattue ou d'un être non humain. Et la joie non plus n'est pas toujours due à l'influence de l'Égo, car le fait est que l'homme ne se préoccupe pas beaucoup de ses sentiments quand il est dans de bonnes conditions pour recevoir un influx de forces. La joie peut être déterminée par la proximité d'esprits de la nature en sympathie avec l'homme ou par une quantité d'autres causes. Le canal entre la personnalité et l'Égo n'est pas toujours ouvert. Il a quelquefois l'air presque obstrué, ce qui, dans bien des cas, n'a rien d'impossible étant donné son étroitesse. Dans ce cas, la force peut de nouveau se frayer un chemin dans quelque occasion spéciale, comme celle d'une conversion. Mais, pour la plupart d'entre nous, la communication existe toujours dans une certaine mesure. La méditation, faite consciencieusement, ouvre le canal et le maintient ouvert. Rappelez-vous toujours cependant qu'il vaut mieux essayer de s'élever vers l'Égo que de le faire descendre dans la personnalité.

Chaque Égo a un certain savoir qui lui est propre. Il obtient, entre deux vies, une lueur de son passé et de son avenir ; chez l'homme non développé, cette lueur éveille pour un moment l'Égo, qui retombe ensuite dans sa torpeur. Pendant la vie physique, l'Égo ordinaire est susceptible de montrer un peu de vigilance et de faire un léger effort, mais il est encore dans un état de somnolence. Chez l'homme développé, l'Égo est pleinement éveillé. Ensuite, l'Égo s'aperçoit qu'il peut faire beaucoup de choses, et quand cela arrive, il peut s'élever à une condition telle qu'il a sa vie bien définie sur son propre plan, quoique, dans bien des cas, cette vie ressemble encore au rêve. Le but poursuivi par l'Égo est d'apprendre à être actif sur tous les plans, même sur le plan physique.

Supposez que vous ayez un Égo qui se manifeste principalement par l'amour. Cette qualité est celle qu'il désire manifester par l'intermédiaire de sa personnalité, et si vous essayez ici-bas de ressentir un amour puissant et d'en faire la caractéristique de votre vie, l'Égo projettera promptement beaucoup plus de lui-même dans la personnalité, celle-ci agissant selon ses désirs. Veillez à le pourvoir de ce dont il a besoin, et il le mettra bien vite à profit. Les Égos, quand ils sont suffisamment développés, peuvent, sur leur propre plan, aider les autres Égos. L'Égo d'une personne ordinaire a une conscience ou une vie plutôt végétative, elle semble à peine avoir connaissance des autres Égos. La personnalité ne peut savoir ce que fait l'Égo que lorsqu'elle s'est unifiée avec lui. L'Égo peut connaître le Maître alors que la personnalité ne le connaît pas. L'étude des choses intérieures et la vie intérieure éveillent l'Égo. Une dévotion purement désintéressée appartient aux plans supérieurs et concerne l'Égo.

Je ne crois pas que les expériences de la personnalité puissent être transmises à l'Égo, mais seulement leur essence. Les détails lui importent peu, c'est l'essence dont il a besoin. Aucune des pensées que nous considérons comme mauvaises ne peuvent être imputées à l'Égo. Pour se délimiter, pour préciser, il doit descendre dans le corps physique. Il se consacre spécialement, pendant la vie céleste, à l'assimilation des expériences de la personnalité, et c'est là son occupation constante. Quand vous vous mettez à l'étude de la Théosophie et que vous vivez la vie théosophique, vous commencez à attirer l'attention de l'Égo en lui envoyant des vibrations auxquelles il peut répondre, L'homme ordinaire a bien peu de chose dans sa vie qui puisse intéresser l'Égo.

L'amour désintéressé et la dévotion élevée appartiennent au sous-plan le plus élevé de l'astral et ces qualités se reflètent dans la matière correspondante du plan mental, étant ainsi en contact avec le plan causal et non le mental inférieur. Aussi, seules, les pensées désintéressées peuvent-elles affecter l'Égo. Toutes les pensées inférieures affectent les atomes permanents, mais non l'Égo ; ce que l'on trouve dans le corps causal en relation avec ces pensées, ce sont des lacunes et non de laides couleurs. L'égoïsme, ici-bas, se manifeste dans le corps causal par l'absence d'amour et de sympathie, et quand cette qualité se développe la lacune se remplit. On peut donc voir, dans le corps causal, si un homme est dépourvu de telle ou telle qualité. Essayez de développer les qualités que l'Égo désire et il descendra vous aider.

Ainsi qu'il est dit dans *La Lumière sur le Sentier*, guettez l'Égo et laissez-le combattre par vous ; en même temps n'oubliez jamais que vous êtes l'Égo. Identifiez-vous donc avec lui, et faites en sorte que l'inférieur soit dominé par vous qui êtes le supérieur. Cependant, ne vous découragez pas si vous échouez, fût-ce même bien souvent, car l'échec lui-même est un succès, dans un certain sens puisque, par lui, nous apprenons la sagesse qui nous permettra de résoudre le prochain problème. Nous ne pouvons pas maintenant toujours réussir sur tous les points, mais nous y arriverons sûrement plus tard. D'ailleurs n'oubliez jamais qu'il ne nous est pas demandé de réussir toujours, mais seulement de faire de notre mieux.

DES CONTREPARTIES

Quand l'Égo descend en incarnation, il s'entoure d'une masse de matière astrale qui n'est pas encore définitivement façonnée en corps astral ; celle-ci prend d'abord la forme d'un ovoïde, c'est-à-dire ce qui nous représente le mieux la vraie forme du corps causal. Mais quand l'Égo fait un pas de plus vers l'extérieur et descend dans le plan physique et qu'un petit corps physique se forme au milieu de la matière astrale, ce corps physique commence immédiatement à exercer sur celle-ci une attraction très forte, de sorte que la plus grande partie de la matière astrale (qui auparavant était répartie à peu près également sur toute la surface de l'ovoïde) se concentre maintenant à la périphérie de ce corps physique.

À mesure que le corps physique croit, la matière astrale suit ses divers changements, et l'homme présente alors l'aspect d'un corps astral dont les quatre-vingt-dix-neuf centièmes sont comprimés à la périphérie de son corps physique, le dernier centième remplissant le reste de la forme ovoïde. Sur les planches de *L'Homme visible et invisible*, nous avons esquissé au crayon les contours du corps physique de façon à ce qu'il ne soit pas trop apparent, ayant voulu spécialement, dans ce livre, insister sur les couleurs de l'ovoïde et sur la façon dont elles illustrent le développement de l'homme par le transfert des vibrations des corps inférieurs au corps supérieur ; mais, en réalité, cette contrepartie astrale du corps physique est très compacte, bien nette et facile à distinguer de l'ovoïde qui l'entoure.

Donc, remarquez que la matière astrale prend la forme exacte de la matière physique, simplement par suite de l'attraction exercée par celle-ci sur la matière astrale. De plus, bien que nous puissions considérer le sous-plan inférieur de l'astral comme correspondant à la matière solide du plan physique, il faut bien comprendre que ce sous-plan est cependant, très différent dans sa texture, car toute matière astrale présente, avec la matière physique qui y correspond, le genre de ressemblance qui existe entre les liquides et les solides. C'est pourquoi les particules du corps astral, aussi bien ses parties les plus subtiles que les plus grossières, sont constamment agitées comme les particules d'une eau en mouvement ; on voit donc, qu'il est tout à fait impossible au corps astral de posséder des organes spécialisés comme ceux du corps physique.

Il existe, sans aucun doute, dans la matière astrale, une contrepartie des organes qui constituent la rétine de l'oeil physique ; mais les particules qui, à un moment donné, occupent cette situation particulière dans un corps astral, peuvent, au bout d'une ou deux secondes, se trouver dans la main ou dans le pied. On ne voit donc pas, sur le plan astral au moyen de la contrepartie astrale des yeux physiques, on n'entend pas avec la contrepartie des oreilles physiques ; en fait, il n'est peut-être pas très correct d'appliquer les termes "voir" et "entendre" aux modes astrals de perception, ces termes étant communément considérés comme impliquant des organes, des sens spécialisés, tandis qu'en réalité chaque particule du corps astral est capable de recevoir et de transmettre des vibrations provenant d'une particule semblable, mais d'elle seulement. Lorsqu'on obtient une lueur de conscience astrale, on est surpris de se trouver capable de voir à la fois de tous les côtés, au lieu de ne voir que devant soi comme sur le plan physique. La correspondance exacte du corps astral et du corps physique ne s'applique donc simplement qu'à la forme extérieure et n'implique aucune similitude de fonctions dans les divers organes.

La seule attraction maintenue pendant toute la vie crée une sorte d'habitude, de cohésion, dans la matière astrale qui fait qu'elle garde la même forme, même alors qu'elle se trouve soustraite momentanément, pendant la nuit ou d'une façon permanente après la mort à l'attraction du corps physique ; de sorte que même pendant toute la longue vie astrale, les traits du corps physique abandonné au moment de la mort restent presque intacts. Je dis presque, car nous ne devons pas oublier que la pensée a une influence très puissante sur la matière astrale et peut facilement la modeler, si bien qu'un homme qui, habituellement, pense être, après la mort, plus jeune qu'il ne l'était quand il a quitté la terre, finira par avoir l'air plus jeune.

Quelqu'un me demande : "si le bras d'un homme, la branche d'un arbre, ou le pied d'une chaise étaient coupés, la contrepartie astrale de ces objets serait-elle aussi supprimée ? Et pouvons-nous, en brisant la contrepartie astrale d'un objet physique produire une fracture dans celui-ci ? C'est à dire, si, avec la main de mon corps astral je brise la contrepartie astrale d'une chaise, la chaise physique sera-t-elle aussi brisée ?"

Les trois cas donnés ici ne sont pas tout à fait analogues. L'arbre et l'homme ont en eux la vie qui dans chaque cas, fait du corps astral un tout cohérent. Cette vie est fortement attirée par les particules du corps physique et s'adapte en conséquence à sa forme ; mais si une partie de ce corps physique est enlevée, la cohérence de la matière astrale vivante est plus forte que l'attraction vers cette partie séparée du corps physique. En conséquence, la contrepartie astrale du bras et de la branche ne sera pas emportée avec le fragment séparé du corps physique. Du moment qu'elle a contracté l'habitude de garder cette forme particulière, elle gardera pendant un certain temps encore la forme originelle, mais bientôt elle se contractera dans les limites de la forme mutilée.

Dans le cas d'un corps inanimé, tel qu'une chaise ou un vase, il n'y a pas cette sorte de vie individuelle pour maintenir la cohésion. Par conséquent, quand l'objet physique est brisé, la contrepartie astrale se trouve aussi divisée ; par contre il n'est pas possible de briser une contrepartie astrale et d'affecter ainsi l'objet physique. En d'autres mots, l'acte de briser doit commencer sur le plan physique.

On pourrait sans doute, si on le désirait, déplacer un objet purement astral, avec une main astrale, mais non la contrepartie astrale d'un objet physique. Pour effectuer cet acte il serait nécessaire de matérialiser une main et de déplacer l'objet physique, et alors naturellement, la contrepartie astrale l'accompagnerait. La contrepartie astrale n'est quelque part, que parce que l'objet physique y est aussi, de même que l'odeur d'une rose remplit une chambre parce que la rose s'y trouve. Suggérer qu'en déplaçant la contrepartie astrale on peut aussi déplacer l'objet physique, c'est comme si l'on disait qu'en déplaçant l'odeur d'une rose on peut déplacer la rose qui produit cette odeur.

Le corps astral change de particules tout comme le corps physique, mais heureusement le procédé grossier et fastidieux de faire la cuisine, de manger et de digérer n'est pas une nécessité sur le plan astral. Les particules qui dépérissent sont remplacées par d'autres provenant de l'atmosphère environnante. Les désirs purement physiques de la faim et de la soif n'existent plus sur le plan astral, mais le désir du gourmand de satisfaire le sens du goût, et le désir, chez l'ivrogne, de boire de l'alcool pour l'excitation qui en résulte, sont du domaine astral, et persistent au-delà de la mort provoquant de grandes souffrances par suite de l'absence du corps physique au moyen duquel, seul, ces désirs peuvent être satisfaits.

Il ne nous semble pas jusqu'à présent, que le corps astral soit susceptible d'éprouver de la fatigue.

Alors qu'il est dans son corps physique, l'homme ordinaire n'a jamais l'occasion de travailler sans interruption pendant un certain laps de temps sur le plan astral car son travail de nuit sur le plan astral alterne avec son travail de jour sur le plan physique. J'ai cependant eu connaissance d'un homme qui, ayant le droit de se réincarner rapidement, fut obligé d'attendre vingt-cinq ans sur le plan astral pour trouver les conditions spéciales dont il avait besoin. Il passa tout ce temps à travailler à venir en aide aux autres, sans aucune interruption que celles nécessitées par l'assistance aux cours faits par quelques disciples de nos Maîtres ; et il m'assura qu'il n'avait jamais ressenti la moindre fatigue et qu'il avait même oublié ce que l'on entendait par ce mot.

Nous savons tous qu'une émotion excessive ou de longue durée nous fatigue bien vite dans la vie ordinaire, et puisque les émotions sont du domaine de l'astral, on pourrait en conclure que le corps astral est susceptible d'éprouver de la fatigue. Je crois cependant que ce qui se fatigue c'est simplement l'organisme physique à travers lequel doit passer tout ce qui se manifeste de nous sur le plan physique. Ce que nous appelons fatigue mentale est un cas analogue. Il ne peut y avoir de fatigue pour l'intellect ; ce que nous appelons de ce nom n'est que la fatigue du cerveau physique par lequel l'intellect doit se manifester.

L'homme qui n'a pas réussi à élever sa vision au-delà du niveau astral, ne verra que la matière astrale quand il regardera l'aura de ses semblables. Il verra que cette matière astrale non seulement entoure le corps physique mais aussi l'interpénètre, et qu'à l'intérieur de ce corps elle est plus dense que dans la partie de l'aura s'étendant à l'extérieur. Cela est dû à l'attraction de la masse énorme de matière astrale très dense qui y est rassemblée comme contrepartie des cellules du corps physique.

Quand, pendant le sommeil, le corps astral s'est dégagé du corps physique, cet arrangement subsiste encore, et alors quiconque a le don de la clairvoyance verra, comme auparavant, une forme ressemblant au corps physique entourée d'une aura. Cette forme, dans ce cas, ne serait composée que de matière astrale, mais, cependant, la grande différence de densité qui existe entre elle et le nuage environnant serait tout à fait suffisant pour la rendre nettement perceptible bien qu'elle ne soit elle-même qu'une forme nuageuse plus dense.

Il y a une différence considérable d'aspect entre l'homme évolué et l'homme non évolué. Même dans le cas de ce dernier, les traits et les contours de la forme intérieure sont toujours reconnaissables, bien qu'ils soient brouillés et indistincts ; mais l'œuf environnant mérite à peine ce nom, car il n'est en réalité qu'une masse de brouillard informe, n'ayant ni régularité ni permanence dans ses contours.

Chez l'homme plus développé, le changement est plus marqué dans l'aura et dans la forme qui se trouve au centre. Cette dernière est beaucoup plus distincte et plus définie, c'est une reproduction plus parfaite de l'apparence physique de l'homme ; au lieu d'une masse nuageuse flottante, on peut voir une forme ovoïde nettement caractérisée gardant son contour intact au milieu de tous les courants qui tourbillonnent constamment autour d'elle sur le plan astral. Bien que l'organisation du corps astral soit grandement modifiée après la mort par suite de l'action de l'élémental du désir, ce changement n'empêche nullement de reconnaître la forme à l'intérieur de l'œuf. Toutefois les changements naturels qui surviennent tendent en somme, avec le temps, à rendre la forme plus vague et plus subtile d'aspect.

DES COULEURS DANS LE CORPS ASTRAL

Toute couleur comparativement permanente dans le corps astral comporte une vibration persistante qui avec le temps, produit son effet sur le corps mental et aussi sur le corps causal ; en sorte que les qualités supérieures développées par la vie sur les plans inférieur entrent graduellement dans le corps causal permanent et deviennent ainsi les qualités de l'âme elle-même. Les couleurs peuvent être entremêlées de toutes les manières ; par exemple, l'amour (rose) mélangée avec la dévotion religieuse (bleu) donnera un violet d'une nuance exquise. Ce ne sont que *les bonnes* pensées ou les bons sentiments qui peuvent produire un effet sur le corps causal, être ainsi emmagasinés d'une façon permanente, et devenir parties de l'homme. Les autres sortes de sentiments et de pensées restent dans les véhicules inférieurs et sont relativement transitoires. Les dimensions d'une forme-pensée indiquent la force de l'émotion.

LE CORPS CAUSAL

Un nombre quelconque de corps physiques ne pourrait entièrement contenir le corps causal, pas plus qu'un nombre quelconque de lignes ne peuvent faire une surface, ni un nombre quelconque de surfaces un volume. L'Égo se projette dans ses divers véhicules dans l'espoir d'acquérir deux choses ; rendre le corps causal capable de répondre à plus de vibrations, et aussi d'augmenter ses dimensions. La plupart des gens ne sont que tout juste conscients dans le corps causal. Les cordes de ces Égos ne peuvent être touchées directement, elles sont affectées d'en bas au moyen des harmoniques. La plupart des hommes ne peuvent actuellement travailler que sur la matière du troisième sous-plan du plan mental (ce qui représente la partie inférieure de leur corps causal) ; et, en réalité, ce n'est même que la matière la plus dense de ce sous-plan qui est généralement en activité. Quand ils sont sur le Sentier, le second sous-plan s'ouvre à eux. L'adepte peut se servir de tout son corps causal même lorsque sa conscience est sur le plan physique. Il y a un moyen facile, mais approximatif de se rendre compte à quel degré de développement est arrivé un homme, c'est de regarder son corps causal.

Ce corps montre aussi comment l'homme y est parvenu. Les hommes se développent d'une façon inégale, et nous sommes tous incomplets, à certains égards. L'animal a un embryon de corps causal dès qu'il est individualisé, il faut ensuite que ce corps se développe en dimensions et en couleurs.

L'ÉLÉMENTAL DU DÉSIR [21]

La plus grande partie de la matière du corps astral est vivifiée par l'essence élémentale qui, pour un moment, se sépare de la masse appartenant à ce plan et devient l'expression de l'homme sur ce plan. Cette essence est vivante mais non intelligente. Elle a une sorte d'instinct que M. Sinnett appelle "l'aube de l'intelligence" qui lui permet de se procurer ce dont elle a besoin. Aveuglément et sans raison, mais instinctivement, elle cherche à parvenir à son but, et montre une grande ingéniosité pour obtenir ce qu'elle désire et avancer son évolution.

Son évolution consiste à descendre dans la matière, son but est d'arriver à devenir une monade minérale. Aussi son objectif dans la vie est-il de se rapprocher autant que possible du plan physique afin de prendre contact avec le plus grand nombre possible de vibrations de l'espèce la plus grossière. Elle ne vous connaît pas ; elle ne pourrait pas vous connaître ni vous imaginer ; mais elle comprend cependant qu'elle est à part de la masse générale, et que c'est une bonne chose pour elle d'en être séparée. Ce n'est pas un démon et il ne faut même pas s'imaginer qu'elle est haïssable.

Elle constitue comme vous une partie de la vie Divine, mais ses intérêts sont diamétralement opposés aux vôtres. Elle veut involuer et descendre tandis que vous voulez évoluer et remonter. Elle désire préserver sa vie séparée, et elle sent qu'elle ne peut y arriver qu'en se

---

21   Voir aussi *L'Autre côté de la mort* par C. W. Leadbeater. (NDT)

mettant en relation avec vous. Elle est consciente d'un quelque chose qui est votre mental inférieur, et comprend que si elle peut englober, pour ainsi dire, ce mental, et vous persuader que vos intérêts et les siens sont un, vous lui fournirez de plus en plus les sensations qu'elle désire. Quand, elle réussit à capter suffisamment cette matière pour l'utiliser à ses desseins, vous ne pouvez plus reprendre, celle-ci, et il en résulte qu'une certaine partie de cette matière du mental inférieur est perdue pour vous dans la vie d'outre-tombe.

Voici donc l'élémental du désir cherchant à arriver à ses fins, ne sachant pas qu'il vous est nuisible en essayant, de s'emparer de votre mental; inférieur. Plus, il en peut prendre, mieux cela vaut pour lui car plus il a de matière mentale à lui, plus longue sera sa vie astrale, cette vie subsistant encore même après que vous aurez passé dans le monde céleste. C'est ce que dans notre, langage théosophique, on appelle une ombre. Vous n'avez qu'à ne pas permettre qu'il vous trompe; il ne comprend rien de votre évolution et n'en est pas responsable; il ne veut qu'une chose, se servir de vous pour arriver à son but. Vous devriez, le comprendre et vous, refuser à être attiré par lui. Comprenons bien ceci; c'est que cet élémental n'est pas nous-mêmes. Ce n'est jamais vous qui désirez ces choses inférieures, c'est cette créature.

Ce n'est pas tant que nous ayons à lutter fortement contre lui, mais nous devrions secouer son, joug et dire : "Ceci n'est pas moi, je ne veux pas de cette chose si basse." Quelqu'un en a besoin. Oui, c'est cet élémental; et vous êtes responsable de ce qu'il aime et de ce qu'il déteste, car c'est vous qui, dans; votre vies passée, l'avez, fait ce qu'il est maintenant. Non pas que cet assemblage particulier de matière astrale et d'essence élémentale existât alors; car cet agrégat fut formé à nouveau lors de votre dernière naissance. Mais il est la reproduction exacte de la matière de votre corps astral tel qu'il était à la fin de votre dernière vie, astrale. Néanmoins ce n'est pas vous, et vous devez avoir cela bien présent à l'esprit durant toute votre vie, et plus encore pendant la vie après la mort, car alors, son pouvoir de vous tromper sera plus grand encore.

Vous pensez peut-être qu'en essayant de vous soustraire à son influence, vous le retarderez dans son évolution. Pas du tout. En contrôlant vos passions inférieures, et en cherchant à tenir bon, vous agissez, au mieux des intérêts de l'élémental. Il est vrai que vous ne développez pas en lui une partie très basse, mais vous pouvez négliger l'inférieur et faire évoluer le supérieur. Un animal peut lui, fournir mieux que vous les vibrations grossières, dont il a besoin, tandis que l'homme seul peut faire évoluer le type le plus, élevé d'essence élémentale.

Après la mort du corps physique, l'homme ordinaire qui n'a jamais entendu parler de toutes ces théories, se trouve, quand il s'éveille de l'autre côté de la mort, dans une situation tout à fait inattendue et en est généralement plus ou moins troublé. Finalement, il accepte ces conditions qu'il ne comprend pas, croyant qu'elles sont nécessaires et inévitables. Quelques-unes le sont certainement, mais les autres ne le sont pas, et ces dernières, peuvent être maîtrisées par la connaissance.

L'élémental a peur parce qu'il sait que la mort du corps physique a pour lui une indication que le terme de sa vie séparée est limité; il sait que la mort astrale de l'homme suivra plus ou moins rapidement, et avec elle la perte pour lui de sensations vives et intenses. En conséquence, il adopte le meilleur plan qu'il puisse concevoir pour préserver le corps astral de l'homme. Il connaît suffisamment la physique astrale pour savoir que la matière la plus grossière est celle qui reste agrégée le plus longtemps et qui résiste le mieux au frottement. Aussi combine-t-il la matière en couches, mettant la matière la plus grossière à l'extérieur. Et ce faisant, il a raison à son propre point de vue. Pendant la vie physique, le corps astral est comme de l'eau bouillante et tourbillonnante, mais après la mort, il dispose la matière en une série d'enveloppes de densités décroissantes de façon à rendre impossible une libre circulation.

Or, il n'y a pas d'organes des sens dans le corps astral. Celui-ci ne comprend que des organes correspondant aux organes des sens physiques, mais avec lesquels vous ne pouvez ni voir, ni entendre, ni sentir. Vous voyez et vous entendez par toute la surface du corps. Chaque sous-plan a sa matière propre, et c'est au moyen de la matière de ce sous-plan dans votre corps que vous pouvez répondre à ses vibrations. Quelle que soit la matière qui se trouve à l'extérieur (ou surface) de votre corps, elle répond à ses vibrations et vous ne pouvez voir et entendre que par elle. Par conséquent voici ce qui se passe : par cette disposition de la matière de votre corps, l'élémental vous a, pour ainsi dire, enfermé dans une boite de matière astrale, qui fait que vous ne pouvez voir et entendre que les choses du plan le plus inférieur et le plus grossier. Si vous vous opposez à être ainsi renfermé, il cherche à vous faire croire que si vous ne vous enracinez pas ainsi dans la matière grossière, vous flotterez à l'aventure et vous vous égarerez dans une nébuleuse imprécision.

Mais si, au contraire, vous lui opposez une volonté ferme, alors les choses changeront bien vite de face. Les particules du corps astral se maintiendront entremêlées comme pendant la vie, et, en conséquence, vous pourrez avoir conscience sur tous les sous-plans.

La lutte finale contre l'élémental a lieu au terme de la vie astrale ; l'Égo cherche alors à retirer en lui-même tout ce qu'il a projeté au dehors pour l'incarner au commencement de la vie qui vient de se terminer ; il cherche à recouvrer, pour ainsi dire, le capital qu'il a placé, plus les intérêts représentés par les expériences acquises et les qualités qui ont été développées pendant la vie. Mais à ce moment, il rencontre une opposition bien déterminée de la part de cet élémental du désir qu'il a lui-même créé et alimenté.

Bien que l'élémental ne puisse être considéré comme intelligent, il possède cependant à un haut degré, l'instinct de la conservation, et cela le pousse à résister de toutes ses forces à la destruction qui le menace. Dans le cas de tous les mortels ordinaires, il obtient un certain succès dans ses efforts, leurs facultés mentales ayant été en grande partie gouvernées par les désirs inférieurs et asservies par eux ; en d'autres termes, le mental inférieur a été si fortement uni au désir qu'il lui est impossible de s'en libérer complètement. Il s'ensuit donc qu'une partie de la matière mentale, et même de la matière causale, est retenue dans le corps astral après que l'Égo s'en est dégagé définitivement. Quand un homme a, pendant sa vie, conquis les désirs inférieurs, et qu'il a réussi à libérer de tout désir le mental inférieur, il n'y a pratiquement aucune lutte, et l'Égo reprend entièrement le principal et les intérêts ; mais il y a malheureusement l'autre cas extrême dans lequel il ne peut reprendre ni l'un ni l'autre.

Nous devons donc, pendant la vie et après la mort, maîtriser cet élémental du désir et ne pas nous laisser dominer, par *lui*. N'oubliez pas que vous êtes un Dieu en potentialité. Toutes les puissances et toutes, les forces de l'univers sont de votre côté. Le résultat est donc certain. Mettez-vous du côté de la Loi, et tout sera simplifié.

La maîtrise absolue des passions est, éminemment désirable, mais bien peu l'obtiennent. Il faut garder sur le plan astral une grande sérénité, car on y voit des choses terribles, et si tous les sentiments ne sont pas, maîtrisés, il est facile de se laisser entraîner à commettre quelque action que l'on regrettera ensuite. Ici-bas, les gens se laissent souvent aller à des mouvements de brutalité et n'y pensent plus ensuite ; un Maître d'école endurci, par exemple, frappe un enfant sans se rendre compte de la méchanceté de son acte. Mais sur le plan astral, l'atrocité d'un tel crime est de suite évidente, et les terribles conséquences karmiques qu'entraîne un tel acte peuvent même souvent être visibles. On voit sur le plan astral les pleins effets d'une parole désagréable. Les colères terribles, et violentes peuvent attirer des entités de basse nature qui, entrent dans les formes-pensées et se complaisent à ces vibrations. Ces pensées animées peuvent subsister plusieurs années et même produire ces phénomènes attribués aux esprits frappeurs.

LES ÂMES PERDUES

C'est avec un soulagement inexprimable que l'on se sent délivré, grâce aux enseignements rationnels de la Théosophie, de l'effroyable cauchemar de la croyance à la damnation éternelle, que les chrétiens ignorants, conservent encore, parce qu'ils ne comprennent pas la réelle signification de certaines phrases, attribuées dans leurs Évangiles au Fondateur de leur religion. Cependant quelques-uns de nos étudiants, remplis d'un joyeux enthousiasme par la splendide découverte que chaque être doit finalement atteindre à la perfection, voient leur joie quelque peu atténuée par cette sinistre indication, qu'après tout existe des conditions dans lesquelles une âme peut être perdue, et ils commencent à se demander si réellement le règne de la loi divine est universel, où s'il n'existe pas quelque moyen pour l'homme d'échapper à la domination du Logos et de se détruire. Que ceux qui le craignent se rassurent : la volonté du Logos est infiniment plus puissante que n'importe quelle volonté humaine, et les plus grands efforts d'une ingéniosité : perverse ne peuvent rien centre Lui. Il est vrai que le Logos permet à l'homme d'employer son libre arbitre, mais seulement, dans certaines limites bien définies. Si l'homme fait un bon usage de cette volonté, ces limites s'élargissent rapidement, et il lui est accordé un pouvoir plus grand sur sa destinée ; mais s'il use de cette volonté pour le mal, il augmente par cela même ses limitations, de sorte que si son pouvoir pour le bien est pratiquement sans limite, puisqu'il a en lui la potentialité d'une croissance infinie, son pouvoir pour le mal est rigoureusement limité. Et ceci, non point parce qu'il y a inégalité en ce qui concerne la loi, mais parce que, dans un cas, l'homme exerce sa volonté de concert avec celle du Logos et suit le courant de l'évolution, tandis que dans l'autre cas il essaie de s'y opposer.

Le terme *Âmes perdues* n'est pas bien choisi, car il y a bien des chances pour qu'on le comprenne mal et qu'on lui fasse dire plus qu'il ne signifie en réalité. Dans la conversation journalière le mot "âme" est usité dans un sens des plus vagues, mais on admet en général que, somme toute, ce mot désigne la partie subtile et permanente de l'homme, de sorte que, pour le vulgaire, perdre son âme c'est se perdre absolument. Or c'est là précisément ce qui ne peut jamais arriver : le terme est donc impropre, et il peut être utile aux étudiants que nous en précisions le sens. Le terme s'applique en réalité à trois catégories distinctes de faits que nous allons examiner l'un après l'autre.

Première classe. — Elle comprend ceux qui sortiront de l'évolution actuelle au milieu de la *cinquième* Ronde. C'est là précisément la Condamnation *éonienne* (et non éternelle), dont le Christ a parlé comme d'un très réel danger pour quelques-uns de ses auditeurs non encore éveillés. Cette condamnation signifie simplement que ces individus-là sont incapables pour l'instant de progrès supérieurs, mais n'implique aucun blâme, si ce n'est, dans le cas où les occasions offertes ont été négligées. La Théosophie nous enseigne que les hommes sont tous frères, mais non point qu'ils sont tous égaux. Il existe entre eux des différences considérables ; ils sont entrés dans l'évolution humaine à des époques différentes ; les uns sont des âmes beaucoup plus âgées que les autres, et ils se trouvent ainsi à des degrés très divers sur l'échelle du développement. Les âmes plus âgées apprennent naturellement avec bien plus de rapidité que les plus jeunes, par conséquent la distance entre les unes et les autres s'accroît constamment, et, il arrive un moment où les conditions nécessaires aux premières ne sont absolument plus applicables aux secondes.

Nous pouvons nous faire une idée de la chose en pensant aux enfants à l'école. Le Maître a une année devant lui pour préparer les élèves à passer un examen. Il divise la besogne : tant pour le premier mois, tant pour le deuxième et ainsi de suite, en commençant par les choses les plus simples et arrivant graduellement aux difficultés. Mais les élèves sont d'âge et de capacité variés, les uns apprennent avec facilité et sont en avance sur la moyenne, d'autres restent en arrière ; de plus, de nouveaux élèves arrivent constamment dans la classe, parmi lesquels quelques-uns sont à peine capables de suivre. Lorsque la moitié de l'année s'est écoulée, le Maître clôt définitivement la liste d'admission, et refuse de recevoir de nouveaux élèves.

C'est ce qui a eu lieu pour l'humanité au milieu de notre quatrième Ronde ; après quoi, la porte par laquelle on passait du règne animal au règne humain a été close, sauf pour quelques exceptions. En effet, de même que quelques hommes qui atteignent l'adeptat sont en avance sur le reste de l'humanité, et ne sont nullement des retardataires parmi les aspirants à l'adeptat dans l'évolution lunaire, de même quelques animaux ont atteint le niveau de l'individualisation, niveau que la masse m'atteindra qu'à la fin de la 7e Ronde. Sur la planète suivante, des dispositions seront prises pour permettre à ces exceptions de trouver des corps humains primitifs.

Un peu plus tard, le Maître peut prévoir avec certitude que certains élèves réussiront à l'examen, que d'autres ont seulement quelques chances, que d'autres enfin échoueront sûrement. Il pourrait raisonnablement dire à ces derniers : — Nous avons maintenant atteint un point où le travail de cette classe est inutile pour vous. Il est absolument impossible, malgré tous vos efforts, d'arriver à temps au niveau requis pour l'examen. L'enseignement plus avancé qui doit être donné aux autres est absolument au-dessus de votre portée, et comme vous n'y pourrez rien comprendre non seulement vous perdriez votre temps, mais encore vous retarderiez vos camarades. Il est donc préférable que vous redescendiez dès maintenant dans la classe inférieure, que vous vous perfectionniez dans l'enseignement préliminaire que vous n'avez pas approfondi suffisamment, que vous reveniez ici l'année prochaine et alors vous serez surs de passer honorablement.

C'est exactement ce qui sera fait au milieu de la cinquième Ronde. Ceux qui n'auront pu, malgré leurs efforts, atteindre le but prescrit dans le temps donné, seront renvoyés dans une classe inférieure, et, si les portes de la classe ne sont pas encore ouvertes, ils attendront dans la paix et le bonheur jusqu'au temps fixé. On peut dire d'eux qu'ils sont "perdus, *pour nous*" perdus pour cette petite vague spéciale d'évolution à laquelle nous appartenons ; ils ne sont plus des hommes "de notre classe", comme on dit au collège. Mais ce seront certainement des "hommes de la classe suivante", et ils occuperont même le premier rang, à cause du travail déjà accompli et de l'expérience déjà acquise : Un grand nombre de ces hommes échouent, parce qu'ils sont trop jeunes pour la classe, bien qu'au début ils aient été trop âgés pour être mis dans la classe inférieure. Ils ont eu l'avantage d'assister à la première moitié des cours de l'année actuelle, et par conséquent ils les reprendront très volontiers et très facilement l'année suivante, et pourront alors venir en aide aux camarades en retard qui n'aurons pas eu les mêmes avantages. Quant à ceux qui sont trop jeunes pour la classe, on ne peut les blâmer s'ils échouent.

Mais il existe une autre grande catégorie d'êtres qui auraient pu réussir grâce un effort persévérant, mais qui échouent parce qu'ils n'ont pas fait cet effort. Ceux-là sont comme l'écolier qui reste en arrière de ses camarades, non parce qu'il est trop jeune, mais parce qu'il est trop paresseux pour travailler. Son sort est le même que celui des autres, mais il est évident qu'alors qu'ils sont exempts de tout blâme parce qu'ils ont fait de leur mieux, il mérite, lui, d'être blâmé précisément parce que lui n'a pas fait de son mieux ; ainsi il portera le poids d'un mauvais Karma dont les autres sont exempts. C'est aux hommes de cette classe que s'adressaient les exhortations du Christ, aux hommes qui avaient l'occasion et la possibilité de réussir, mais qui ne faisaient point l'effort nécessaire. C'est de ceux-là aussi que Mme Blavatsky parle en termes si énergiques, les qualifiant "d'inutiles bourdons qui refusent de coopérer à l'œuvre de la nature et qui sont détruits par millions durant tel cycle de vie du Manvantara" [22]. Mais notez que cette destruction n'est que pour ce cycle de vie manvantarique et ne signifie pour eux qu'*un retard* et non point une extinction totale. Le retard est ce qui peut arriver de pire dans le cours ordinaire de l'évolution. Un tel retard est certainement très grave, mais c'est encore ce qui peut arriver de mieux vu les circonstances. Si ces gens-là ont échoué, soit à cause de leur jeunesse ou de leur paresse ou leur perversité, il est clair qu'ils ont besoin de plus d'instruction et que, cette instruction, ils devront la recevoir. Évidemment c'est ce qui vaut le mieux pour eux, quoique cela puisse nécessiter de nombreuses existences, dont un grand nombre peuvent être mornes ou contenir de grandes souffrances. Il leur faudra pourtant aller jusqu'au bout, puisque c'est le seul moyen qui leur permettra d'atteindre le niveau où sont arrivées les races plus avancées grâce à une évolution aussi lente que la leur.

C'est dans le but de préserver de cette souffrance supplémentaire, le plus grand nombre possible d'êtres, que le Christ disait à ses disciples: "*Allez par le monde* et prêchez l'évangile à toute créature ; celui qui croira et sera baptisé sera sauvé, mais celui qui ne croira point sera damné", car le "baptême", et, dans les autres religions, les rites qui y correspondent, sont le signe de la consécration de la vie au service de la Fraternité. L'homme qui est capable de saisir la vérité et par conséquent de prendre la bonne direction, sera certainement au nombre des "sauvés" qui échapperont à la condamnation de la cinquième Ronde ; tandis que ceux qui ne veulent pas prendre la peine de voir la vérité et de la suivre subiront sûrement cette condamnation. Mais qu'on se souvienne bien que la damnation signi-

---

22   *Doctrine secrète*, Vol. VI, page 218.

fie seulement le renvoi de cet "æon", ou chaîne de mondes, le renvoi à la prochaine vague de vie. Ces âmes sont donc "perdues", si vous voulez, perdues pour nous, peut-être mais non pas pour le Logos. Il vaudrait donc mieux dire qu'elles sont temporairement mises à part. Naturellement, il ne faudrait pas supposer que la "croyance" qui les sauve soit la connaissance de la Théosophie ; peu importe leur religion, aussi longtemps qu'elles tendent à une vie spirituelle, aussi longtemps qu'elles se rangent définitivement du côté du bien contre le mal, et qu'elles travaillent, sans égoïsme, à progresser et à s'élever.

Deuxième classe. — Voyons maintenant le cas de ceux chez lesquels la personnalité a été tellement accentuée que l'Égo en est presque exclu. Ils sont de deux sortes : les hommes qui ne vivent que par leurs passions et ceux qui ne vivent que par leur mental ; comme ces deux types ne sont rares ni l'un ni l'autre, il est utile d'essayer de comprendre leur sort.

Nous disons souvent que l'Égo se projette dans la matière des plans inférieurs, et pourtant beaucoup d'étudiants ne se représentent pas que ce n'est point là une simple figure de langage, mais que cela correspond à quelque chose de très défini et de très réel. *L'Égo réside dans un corps causal,* et, quand il revêt, en outre, un corps mental et un corps astral, cela implique le mélange d'une portion de la matière de son corps causal avec la matière de ces corps inférieurs. Nous pouvons considérer cette projection comme une sorte de placement fait par l'Égo, et il se passe alors ce qui a lieu pour tous les placements. L'Égo espère généralement en retirer plus qu'il n'a placé ; naturellement il risque d'être déçu, il peut perdre une partie de ce qu'il a placé, et même, dans des circonstances exceptionnelles, il peut essuyer une perte totale, qui le laisse non point absolument ruiné, niais du moins sans capital disponible.

Poursuivons cette comparaison. L'Égo possède dans son corps causal, de la matière à trois degrés, à savoir des 1er, 2e et 3e sous-plans du plan mental, mais, pour une énorme majorité du genre humain, l'activité ne dépasse pas le plus bas de ces trois sous-plans, et encore n'est-elle que très incomplète. C'est donc seulement une partie de la matière causale du type le plus grossier qui peut être projeté sur les plans inférieurs, et encore n'y a t-il qu'une faible portion de cette matière qui puisse s'unir à la matière mentale et astrale. Le contrôle de l'Égo sur ce qu'il *place* ainsi est faible et imparfait, parce que lui-même est encore à moitié endormi. Mais à mesure que son corps physique croit, ses corps astral et mental se développent aussi, et la matière causale qui leur est unie, est éveillée par les énergiques vibrations qui lui arrivent à travers ces corps-là. Cette fraction du corps causal qui est entièrement unie aux corps inférieurs leur donne la vie, la vigueur et un sentiment d'individualité ; et ces véhicules, à leur tour, réagissent fortement sur elle, éveillent en elle un sentiment de vie intense. Ce sentiment est absolument ce que cherche la matière causale, le but même pour lequel elle s'est projetée, et c'est le désir de cette vie intense non encore réalisé, qui a été nommé *trishna* (la soif de la vie manifestée, le désir de se sentir réellement et fortement en vie), c'est la force qui fait descendre l'Égo vers une nouvelle réincarnation.

Mais, précisément parce que cette petite fraction a eu ces expériences et est par conséquent beaucoup plus éveillée que le reste de l'Égo, elle finit parfois par croire qu'elle est le tout et oublier pour l'instant sa relation avec son "*père qui est aux cieux*". Elle peut s'identifier temporairement avec la matière dans laquelle elle devrait travailler, elle peut résister à l'influence de cette autre portion qui est descendue, mais qui n'est point fusionnée et qui forme le lien avec la grande masse de l'Égo sur son propre plan.

Afin de bien comprendre tout cela il nous faut penser que cette portion de l'Égo qui est éveillée sur le 3e sous-plan mental et qui n'est qu'une faible partie du tout, il nous faut penser, dis-je, que cette portion est elle-même divisée en 3 parties : *(a)* celle qui demeure sur son propre plan, *(b)* celle qui descend mais ne fusionne pas avec la matière inférieure, et *(c)* celle qui est complètement unie à la matière inférieure et en reçoit les vibrations. Ces parties sont arrangées en échelle descendante ; car, de même que *(a)* n'est qu'une très faible partie du véritable Égo, *(b)* n'est qu'une faible partie de *(a)*, et *(c)*, à son tour, n'est qu'une faible partie de *(b)*. La seconde sert de lien entre la première et la troisième. Nous pourrions dire que *(a)* est le corps, *(b)* le bras étendu et *(c)* la main qui saisit, ou plutôt le bout des doigts plongeant dans la matière.

Nous avons ici un équilibre très délicat qui peut être affecté de diverses manières. Le but est que la main *(c)* s'empare fermement de la matière avec, laquelle elle a fusionné et la dirige, en se laissant elle-même guider tout le temps par le corps *(a)* au moyen du bras *(b)*. Dans des circonstances favorables, de la force et même de la matière causale supplémentaires peuvent être déversées par *(a)* à travers *(b)* jusqu'à *(c)*, de façon que le contrôle puisse devenir de plus en plus parfait. La partie *(c)* peut croître en stature aussi bien qu'en force, et plus il en est ainsi, mieux cela vaut, aussi longtemps que la communication à travers *(b)* demeure libre et que *(a)* conserve le contrôle. Car la fusion même de la matière causale qui constitue *(c)*, l'éveille à une activité intense et lui donne la possibilité de répondre à de subtiles vibrations, ce qu'elle ne pourrait acquérir d'aucune autre façon, et l'acquisition *(c)* transmise à la partie *(a)*, par le moyen de *(b)*, constitue le développement de l'Égo lui-même.

Malheureusement le cours des évènements ne suit pas toujours le plan idéal ci-dessus indiqué. Lorsque le contrôle de *(a)* est faible, il arrive parfois que *(c)* devient si intimement unie à la matière inférieure que, ainsi que je l'ai déjà dit, elle s'identifie avec elle, oublie pour un temps sa situation élevée, et se considère comme étant l'Égo tout entier. Si la matière qui entoure *(c)* est du sous-plan mental inférieur, nous aurons alors sur le plan physique, un être entièrement matérialiste. Il pourra être très intellectuel, mais non spirituel ; il sera très probablement intolérant en matière de spiritualité, et tout à fait incapable de la comprendre et de l'apprécier. Il se dira pratique, positif, dépourvu de toute sentimentalité, tandis qu'en réalité il est dur comme la pierre, et, à cause de cette dureté, sa vie est un insuccès et il ne fait aucun progrès. Si la matière à laquelle la partie *(c)* se trouve si déplorablement mêlée est astrale, l'individu considéré sera (sur le plan physique) quelqu'un qui ne pense qu'à sa propre satisfaction, qui n'a absolument aucun scrupule lorsqu'il s'agit d'atteindre son but, un être sans principes et d'un égoïsme brutal. Un tel homme a une vie toute de passion, tout comme un homme prisonnier de la matière mentale vit dans son intellect. Ces différentes catégories d'êtres sont appelées, dans notre littérature théosophique des *Âmes perdues* mais non pas irrévocablement perdues. Mᵐᵉ Blavatsky dit à ce sujet :

> "Lorsqu'une personne a, par ses vices, perdu son âme supérieure, il y a cependant encore de l'espoir tant qu'elle est dans son corps. Elle peut se racheter et se détourner de sa nature matérielle. Car, soit par un profond repentir soit par un seul appel sincère de l'Égo qui s'est enfui, ou mieux encore par un effort énergique pour devenir meilleure, elle peut ramener l'Égo supérieur. Le fil d'union n'est point totalement rompu [23]."

Il est des cas où *(c)* s'est révolté contre *(b)* et l'a repoussé vers *(a)*; le bras s'est atrophié et presque paralysé. Sa force et sa substance sont retournées au corps, tandis *que* la main a travaillé pour son propre compte et fait des efforts saccadés et spasmodiques non contrôlés par le cerveau. Si la séparation pouvait être absolue, elle correspondrait à l'amputation de la main, mais ce cas est excessivement rare durant l'existence physique, bien qu'il ne reste que juste ce qu'il faut de communication pour maintenir en vie la personnalité. Ainsi que le dit Mᵐᵉ Blavatsky, un tel cas n'est pas entièrement dé-

---

[23] *Doctrine secrète*, VI, p. 237.

sespéré, car, même au dernier moment, une vie nouvelle peut être déversée dans le bras paralysé; si un effort assez puissant est tenté l'Égo pourra recouvrer une partie de *(c)*, comme il a déjà recouvré la majeure partie de *(b)*. Néanmoins, cette existence-là est perdue, car, même si l'homme parvient à éviter une perte sérieuse, il n'a absolument rien acquis et a ainsi perdu beaucoup de temps.

Il est difficile de croire que de tels êtres puissent en réalité n'avoir pas subi de perte sérieuse ; mais, heureusement, pour nos chances de progrès, les lois sous lesquelles nous vivons sont telles qu'il n'est pas du tout facile de subir des pertes sérieuses ; les considérations suivantes pourront peut-être en expliquer la raison.

Toutes les activités que nous appelons malfaisantes, soit qu'elles s'exercent sur le plan mental sous la forme de pensées égoïstes, ou sur le plan astral comme émotions égoïstes, se montrent invariablement sous la forme de vibrations de la matière la plus grossière de ces plans, celle qui appartient aux niveaux inférieurs. D'un autre côté, chaque pensée bonne ou généreuse, et chaque émotion noble, mettent en vibrations quelques-uns des types les plus élevés de la matière de ce plan ; et comme la matière plus subtile est beaucoup plus facile à mettre en mouvement, une quantité de force donnée, dépensée en *bonne pensée* ou en sentiment élevé, *produit* environ cent fois *plus d'effet* que la même quantité de force projetée dans la matière plus grossière. S'il n'en était pas ainsi, il est évident que l'homme ordinaire ne pourrait jamais faire aucun progrès.

Nous ne ferons sans doute pas tort à l'homme du monde non évolué en supposant que 90 % de ses pensées et de ses sentiments se rapportent à lui, si elles ne sont pas absolument égoïstes. Si 10 % de ses pensées sont *spirituelles* et généreuses, il s'élève déjà un peu au-dessus de la moyenne. Certes, si ces proportions produisaient des résultats correspondants, la majeure partie du genre humain ferait 9 pas en arrière pour chaque pas en avant, et nous aurions une régression si rapide que quelques incarnations nous ramèneraient au règne animal duquel nous provenons. Heureusement pour nous l'effet de ces 10 % de forces dirigées vers le bien l'emporte de beaucoup sur les 90 % vouées à des buts égoïstes ; donc, en somme, un tel individu fait des progrès appréciables de vie en vie. Un homme qui n'a que 1 % de bon fait même un léger progrès, aussi est-il facile de concevoir que celui dont le compte se balance et qui n'a ni avancé ni reculé, doit avoir mené une existence absolument mauvaise, tandis que pour descendre vraiment dans l'évolution il faut qu'un être soit le plus invétéré des scélérats.

Grâce à cette loi bienfaisante, le monde, s'il évolue lentement, évolue constamment, bien que nous voyions autour de nous tant de choses regrettables, et, après tout, les êtres dont j'ai parlé en dernier lieu, ne peuvent retomber bien loin. Ils ont perdu du temps et des occasions plutôt que leur rang dans l'évolution ; et cela implique toujours un surcroît de souffrances.

Afin de voir ce qu'ils ont perdu et ce qu'ils ont négligé de faire, revenons un instant sur la comparaison du placement. L'Égo s'attend, avons-nous dit, à recouvrer ce qu'il a placé à intérêts dans la matière inférieure, c'est-à-dire ce que nous avons appelé *(c)*, il s'attend à ce qu'il soit amélioré en *qualité* comme en quantité. Sa *qualité* est devenue meilleure, car *(c)* s'est éveillée et elle est capable de répondre instantanément et avec précision, à une gamme de vibrations bien plus variées que jadis. Cette capacité, *(c)* la communique nécessairement à *(a)* quand celui-ci la réabsorbe, bien que la quantité d'énergie qui a produit, en *(c)*, une vague si puissante, ne produise plus que quelques légères ondulations lorsqu'elle est répartie dans toute la substance de *(a)*.

Il faut observer ici que, bien que les véhicules contenant également la matière la plus grossière et la matière la plus fine de leurs plans respectifs, puissent répondre à de mauvaises pensées ou de mauvaises émotions et en exprimer, et que l'agitation causée en eux par de telles vibrations puissent produire des perturbations dans la matière causale fusionnée *(c)*, il est absolument impossible à cette matière *(c)* de *reproduire* ces vibrations ou de les communiquer à *(a)* ou à *(b)*, simplement pour cette raison que la matière des trois sous-plans supérieurs du mental ne peut pas plus vibrer au diapason du plan inférieur, qu'il n'est possible à une corde de violon d'être accordée à une certaine note et de donner une note inférieure. D'un autre côté, la partie *(c)* devrait également augmenter en *quantité*, car le corps causal, comme tous les autres véhicules, change constamment, et lorsqu'un exercice spécial est imposé à une de ses parties, cette partie s'accroît et se fortifie absolument comme le muscle physique dont on se sert. Chacune des vies terrestres est une occasion soigneusement calculée pour qu'il en résulte le développement en qualité et en quantité dont l'Égo a le plus besoin. Si l'occasion est négligée, l'Égo sera retardé, car il lui faudra subir une incarnation du même genre, et il souffrira à cause du mauvais Karma supplémentaire ainsi encouru.

De l'accroissement que l'Égo est en droit d'attendre de chaque incarnation, il faut déduire une certaine perte qui est presque inévitable aux débuts de l'évolution. Afin d'être effective, la fusion avec la matière inférieure doit être très complète, et, dans ce cas, il est à peu près impossible que l'Égo recouvre toutes les particules ainsi fusionnées, surtout celles qui sont liées au véhicule astral. Lorsqu'arrive le moment de cette séparation, c'est presque toujours une ombre qui reste sur le plan astral et non point seulement une coque [24], et cela même prouve que quelque chose de la matière causale a été perdue. Sauf pourtant dans le cas d'une vie exceptionnellement mauvaise, la perte doit être plus faible que le gain, et, en somme, l'opération doit être finalement profitable.

Pour des hommes tels que ceux dont j'ai parlé, vivant d'une vie absolument passionnelle ou intellectuelle, il n'y aurait de gain ni en quantité ni en qualité, puisque les vibrations produites ne seraient pas de nature à être absorbées par le corps causal qui est d'un autre ordre. D'un autre côté, comme la fusion a, en pareil cas, été très in-

---

24 Voir dans le livre sur *le Plan astral*, par C. W. LEADBEATER, la différence entre l'ombre et la coque. (NDT)

time avec les corps inférieurs, il y aurait une perte considérable lors de la séparation.

Il ne faudrait pas que la comparaison avec le bras et la main nous induise à croire que *(b)* et *(c)* sont des dépendances permanentes de l'Égo. Durant chaque période de vie on peut les considérer comme séparés, mais au terme de chacune de ces périodes ils se retirent en *(a)*, et le résultat de leurs expériences est pour ainsi dire réparti dans toute sa substance, de sorte que, lorsque le temps vient pour cet Égo de projeter une partie de lui-même, dans une nouvelle incarnation, il ne peut projeter l'ancien *(b)* ni l'ancien *(c)*, parce que ceux-ci ont été absorbés en lui et font partie de lui-même, tout comme une tasse d'eau versée dans un baquet devient une partie de l'eau de ce baquet et ne peut plus en être séparée. Si quelque matière colorante se trouvait dans cette même tasse d'eau elle serait répartie en une teinte plus pâle dans toute l'eau du baquet, et l'on pourrait prendre cette matière colorante comme représentant des qualités développées par l'expérience. De même qu'il serait impossible de retirer du baquet exactement la même tasse d'eau qu'auparavant, ainsi l'Égo ne peut plus projeter les mêmes *(b)* et *(c)*. Le processus est un de ceux auxquels il était accoutumé avant de devenir un Égo séparé, car il est identique à celui suivi par l'âme groupe, sauf qu'elle projette simultanément plusieurs tentacules, alors que l'Égo n'en projette qu'un seul à la fois ; par conséquent la personnalité est différente à chaque incarnation bien que l'Égo qui l'anime demeure le même.

Troisième classe. — Voyons maintenant les cas dans lesquels la personnalité capture la partie de l'Égo qui est projetée et se détache. Ces cas sont heureusement excessivement rares, mais ils se présentent et ils constituent cependant la catastrophe la plus terrifiante qui puisse arriver à l'Égo en cause. Cette fois-ci, la partie *(c)* au lieu de repousser *(b)* et de la repousser graduellement en *(a)*, absorbe, au contraire, petit à petit *(b)* et le détache de *(a)*. Ce résultat ne peut être atteint que par une persistance déterminée et résolue dans le mal, par la magie noire, en un mot. Revenant à nos précédentes comparaisons, cela équivaudrait à l'amputation du bras, ou à la perte pour l'Égo de presque tout son capital disponible. Heureusement pour lui, il ne peut pas perdre tout, parce que *(b)* et *(c)* ensemble ne sont qu'une faible partie de *(a)*, et que derrière *(a)* se trouve encore la grande partie de l'Égo non développée sur les premier et second sous-plans mentaux. Heureusement pour lui, quelles que soient la folie et la méchanceté d'un être, il lui est impossible de se détruire totalement, car il ne peut mettre en activité cette partie supérieure du corps causal, tant qu'il n'a pas lui-même atteint un niveau auquel il devient absolument impossible de songer à une action aussi épouvantable.

Maintenant que nous avons dépassé le point tournant de notre immersion dans la matière, toute l'énergie de l'univers nous pousse vers l'unité et l'homme qui consent à faire de sa vie une coopération intelligente avec la nature, reçoit en récompense une perception toujours croissante de la réalité de cette unité. Mais d'un autre côté, il est évident que les hommes peuvent agir en opposition avec la nature ; et au lieu de travailler généreusement au bien de tous, ils peuvent avilir toutes les facultés qu'ils possèdent, en les faisant servir à des fins égoïstes.

À ceux-là comme aux autres s'appliquent les paroles de l'Écriture : "en vérité, je vous le dis, ils ont leur récompense." Ils passent leur vie à s'efforcer d'arriver à la séparativité, et ils s'y tiennent pendant très longtemps, et l'on dit que cette sensation de complète solitude dans l'espace est la plus terrible destinée qui ne puisse jamais échoir aux fils des hommes.

Ce développement extraordinaire de l'égoïsme est la caractéristique des magiciens noirs, c'est dans leurs rangs seulement qu'on trouve des hommes exposés à ce terrible destin. Leurs variétés sont nombreuses et repoussantes, mais elles peuvent toutes être classées en deux grandes divisions, car les unes et les autres exploitent leurs pouvoirs occultes dans un but purement égoïste, mais ce but diffère.

Le type le plus répandu et le moins redoutable cherche simplement à satisfaire quelques désirs sensuels, et naturellement, le résultat d'une vie orientée exclusivement dans ce sens, est de centrer l'énergie de l'homme dans le corps du désir. Par suite, si l'homme qui agit ainsi, réussit à détruire en lui tout sentiment désintéressé ou affectueux, d'impulsion élevée, il devient un monstre de luxure, sans pitié, sans remords, qui, après la mort, ne se trouve ni capable, ni désireux de s'élever au-dessus de la subdivision la plus basse du plan astral. Tout ce qu'il a de mental est absolument prisonnier du désir, et quand se produit la lutte, l'Égo n'en peut rien recouvrer, et s'en trouve en conséquence, sérieusement affaibli...

En permettant cela par sa négligence, il s'est éloigné du courant de l'évolution de la puissante vague de la Vie du Logos, et, ainsi, jusqu'à ce qu'il puisse entrer de nouveau en incarnation, il demeure, du moins il le lui semble, en dehors de cette vie, dans la condition d'Avitchi, (privé de la vague). Même lorsqu'il revient en incarnation, ce ne peut être parmi ceux qu'il a connus auparavant car il ne lui reste pas assez de capital disponible pour animer un mental et un corps semblables à ceux de son niveau précédent. Il *doit* dès lors se contenter d'occuper des véhicules appartenant à un type *beaucoup moins évolué*, appartenant à quelque race primitive, il s'est donc ainsi rejeté bien en arrière dans l'évolution, et devra gravir de nouveau les nombreux degrés de l'échelle.

Il naîtra probablement parmi les sauvages, mais il sera vraisemblablement un de leurs chefs, car il aura encore quelque intelligence. On a dit qu'il pouvait même rétrograder à tel point qu'il lui soit impossible de trouver sur la terre, telle qu'elle existe actuellement, un type de corps humain suffisamment grossier pour les qualités qu'il a maintenant à manifester. Il pourra même ne plus trouver de place dans le plan de l'évolution actuelle, et il lui faudra peut-être attendre le commencement de l'autre dans un état de vie ralentie.

Et qu'est devenue pendant ce temps la personnalité amputée? Ce n'est plus une entité permanente en voie d'évolution, mais, elle demeure pleine d'une vie intense et toute vouée au mal absolument sans remords ni responsabilité. Comme le sort qui l'attend est de *se désintégrer* au sein du milieu repoussant de ce qu'on nomme la "huitième sphère", elle s'efforce naturellement de maintenir le plus longtemps possible une existence d'une espèce ou d'une autre sur le plan physique. Elle ne parvient à prolonger son existence maudite que par quelque sorte de vampirisme et, lorsque cela lui fait défaut, il lui arrive de s'emparer de n'importe quel corps dont elle chasse le propriétaire légitime. Le corps choisi est en général celui d'un enfant, d'abord parce qu'il doit durer davantage, et ensuite parce que l'Égo n'en ayant pas encore pris une entière possession, il est plus facile de l'en déposséder. Mais, en dépit de ses efforts désespérés, son énergie s'épuise bientôt, et je ne crois pas qu'on ait rapporté d'exemple d'un le vol d'un second corps une fois que le premier était usé.

Cet être est un démon du type le plus horrible, un monstre pour lequel il n'y a pas de place permanente dans le plan de l'évolution à laquelle nous appartenons. Par suite, sa tendance naturelle est de quitter l'évolution et d'être attiré par la force irrésistible de la loi, dans le marais astral, que les premiers écrits théosophiques appellent la *huitième sphère*, parce que ce qui y pénètre est en dehors du cercle des sept mondes, et ne peut revenir à leur évolution. Là, entouré des restes repoussants de toute la vilénie accumulée des âges écoulés, consumé de désirs qu'il ne peut satisfaire, ce monstre dépérit lentement. La matière mentale et causale qui lui appartenait, se trouve libérée, non pour rejoindre l'Égo dont elle a été arrachée, mais pour être dispersée dans la matière de ce plan, entrer graduellement dans de nouvelles combinaisons, et être ainsi employée à de meilleurs usages. Il est consolant de savoir que de pareilles entités sont si rares, qu'on n'en connaît presque aucun exemple, et qu'elles ne peuvent s'emparer que de ceux qui avaient en eux, des défauts accentués du même genre.

Mais il existe un autre type de magicien noir, en apparence plus respectable, cependant en réalité, encore plus dangereux, parce qu'il est plus puissant. C'est l'homme qui, au lieu de s'adonner complètement à la sensualité, vise un égoïsme plus raffiné sinon plus scrupuleux. Il cherche à acquérir un pouvoir occulte plus étendu et supérieur, en vérité, mais destiné aussi à sa satisfaction, à son succès personnel, qui favorisera son ambition et lui permettra d'accomplir sa vengeance.

Pour arriver à ce résultat il pratique l'ascétisme le plus rigoureux vis-à-vis des désirs de la chair, et expulse les particules grossières de son corps astral avec autant de persévérance que l'élève de la Grande Fraternité Blanche. Mais bien qu'il unisse son mental à une forme de désir moins grossière, le centre de son énergie n'en est pas moins sa personnalité seule, et lorsqu'à la fin de la vie astrale, vient le temps de la séparation, l'Égo est incapable de recouvrer la moindre parcelle de son placement. Par suite, le résultat est à peu près le même que dans le premier cas, si ce n'est que l'Égo restera plus longtemps en contact avec la personnalité, et, dans une certaine mesure, partagera ses expériences, du moins autant qu'il est possible à un Égo de les partager.

Cependant le sort de cette personnalité est très différent. L'enveloppe astrale relativement ténue, n'a pas assez de force pour retenir longtemps la personnalité sur le plan astral ; cependant elle a rompu tout lien avec le monde céleste qui aurait dû être sa demeure, puisque tout l'effort de sa vie terrestre a été de détruire les pensées qui auraient naturellement porté fruit dans ces régions. Son seul effort a consisté à s'opposer à l'évolution naturelle, à se séparer du grand Tout, et à lutter contre Lui. En ce qui concerne la personnalité, l'effort a réussi ; celle-ci est maintenant en dehors de la vie et de la lumière du système solaire, tout ce qui lui reste c'est le sentiment d'un isolement absolu au sein de l'univers.

Nous voyons donc que, dans ce cas plus rare, la personnalité perdue partage le sort de l'Égo dont elle est en train de se détacher.

Mais pour l'Égo une telle expérience est seulement temporaire, bien qu'elle puisse durer ce qui nous paraîtrait un temps très long, et elle se terminera pour lui par la réincarnation et de nouvelles occasions. La personnalité, elle, finira par la désintégration qui est la fin invariable de ce qui s'est isolé de sa source. Cependant rappelons-nous qu'aucun de ces états n'est éternel, qu'aucun d'eux ne peut, dans aucun cas, être atteint, si ce n'est par une vie entièrement et volontairement consacrée au mal.

J'ai entendu notre Présidente faire mention d'un cas encore plus rare dont moi-même je ne connais pas d'exemple. Il est dit que, tout comme *(c)* peut absorber *(b)* et, se révoltant contre *(a)*, s'établir à son propre compte et rompre avec *(a)* toutes relations, il est possible, (ou du moins cela est arrivé dans le passé), que la maladie mortelle de l'égoïsme et de la séparativité, infectant aussi *(a)*, l'entraîne dans le monstrueux courant du mal, et l'arrache de la partie non développée de l'Égo, de telle façon que le corps causal lui-même se trouve endurci et emporté, au lieu de la personnalité seule. S'il en est ainsi, ce serait un quatrième groupe qui correspondrait non à une amputation, mais à une destruction complète du corps. Un tel Égo ne pourrait alors se réincarner dans la race humaine ; tout Égo qu'il soit, il tomberait dans les abîmes du règne animal, et une période de la durée d'une chaîne tout entière lui serait nécessaire pour reconquérir la situation perdue. Mais ce cas, quoique possible théoriquement, est pratiquement presque inconcevable ; cependant, notons que, même alors, la partie non développée de l'Égo demeure comme véhicule de la Monade.

En somme, nous apprenons donc que des millions d'Égos retardataires, incapables pour le moment de supporter la tension de l'évolution supérieure, s'arrêteront vers le milieu de la cinquième Ronde, et reviendront au sommet de la vague suivante. Nous voyons que ceux qui vivent en égoïstes, d'une vie passionnelle ou intellectuelle, le font à leur propre péril, et au risque de grandes souffrances et de dommages considérables, et que ceux qui sont assez insensés pour se plonger dans la Magie Noire, attirent sur eux des horreurs devant lesquelles l'imagination recule terrifiée. Mais nous apprenons aussi que le terme "âme perdue" est, après tout, une appellation erronée, puisque chaque homme est lui-même une étincelle du Feu Divin, et qu'en aucune circonstance il ne peut ni se perdre ni s'éteindre.

Le Logos veut l'évolution de l'homme. Nous pouvons, dans notre aveuglement, lui résister pour un temps ; mais pour Lui le temps n'existe pas, et si nous sommes aveugles aujourd'hui, Il attendra patiemment jusqu'à demain, mais à la fin Sa volonté sera toujours accomplie.

LE FOYER DE LA CONSCIENCE

La conscience dans l'homme ne peut être centrée que dans un véhicule à la fois, bien qu'elle puisse être simultanément consciente dans tous les autres, mais seulement d'une manière plus vague. Si vous élevez un de vos doigts devant votre visage, vous pouvez fixer vos yeux de façon à le voir parfaitement ; vous verrez en même temps la muraille et l'ameublement de la chambre où vous vous trouvez, mais d'une façon imprécise, celles-ci n'étant pas au point. En un instant, vous pouvez modifier la mise au point de vos yeux de façon à voir parfaitement la muraille et l'ameublement, mais alors le doigt n'étant à son tour plus au point, ne sera perçu qu'imparfaitement.

Il en est de même pour l'homme qui a développé la conscience astrale et mentale s'il centre sa conscience dans le cerveau physique comme c'est le cas dans la vie ordinaire, il verra parfaitement les corps physiques de ses amis : il verra en même temps, leurs corps astrals et mentals mais seulement d'une manière un peu vague. Mais en un instant, il peut centrer sa conscience de façon à voir le corps astral parfaitement ; et, dans ce cas, il verra encore les corps physique et mental, mais non plus dans tous leurs détails. La même chose se présente pour la vision mentale et celle des plans supérieurs.

Vous me demandez comment il est possible pour une entité, fonctionnant sur le plan astral, d'avoir connaissance d'un évènement physique, ou d'entendre un cri physique. Ce n'est pas le cri physique qu'elle entend ; les sons physiques peuvent assurément produire de l'effet sur le plan astral, mais je ne crois pas qu'il soit exact d'appeler ce résultat un son. Tout cri exprimant un sentiment violent ou une émotion profonde, produit, sur le plan astral, un effet intense, et y transmet exactement la même idée. Dans le cas d'un accident, le flot d'émotion causée par la douleur ou la peur, se traduit par une sorte de flamme qui ne peut manquer d'attirer l'attention d'un voyant s'il se trouve à proximité. Un cas de ce genre est raconté dans *Les aides Invisibles:* un jeune garçon, étant tombé d'une falaise, fut aidé et réconforté par Cyril jusqu'au moment ou un secours physique put lui être apporté.

LES CENTRES DE FORCE ET LE SERPENT DE FEU

LES CENTRES ÉTHÉRIQUES

Dans chacun de nos corps se trouvent certains centres de forces ; ils portent en sanscrit le nom de *chakrams*, mot qui signifie roue ou disque tournant. Ce sont des points de communication où la force s'épanche d'un véhicule à l'autre. On les voit aisément dans le double éthérique, à la surface duquel ils se présentent comme des dépressions en forme de coupes, des espèces de tourbillons. On a dit souvent qu'ils correspondent à certains organes physiques, mais il faut se rappeler que le centre éthérique de force n'est pas à l'intérieur du corps, mais à la surface du double éthérique, qui dépasse d'un quart de pouce le contour du Corps physique.

Les centres dont on fait généralement usage dans le développement occulte sont au nombre de sept, et sont situés dans les parties suivantes du corps :

1. La base de la colonne vertébrale ;
2. L'ombilic ;
3. La rate ;
4. Le cœur ;
5. La gorge ;
6. L'espace entre les sourcils ;
7. Le sommet de la tête.

Il y a d'autres centres de forces en dehors de ceux-ci, mais ils ne sont point utilisés par les étudiants de la Magie Blanche. On se rappelle que Mme Blavatsky parle de trois autres centres qu'elle appelle les centres inférieurs ; certaines écoles en font usage, mais les dangers qui s'y rattachent sont si sérieux que nous considèrerions leur mise en activité comme le plus grand malheur.

On fait souvent correspondre ces sept centres aux sept couleurs et aux sept notes de la gamme musicale, et dans les livres indous, on mentionne certaines lettres de l'alphabet et certaines formes de vitalité qui leur sont rattachées. On les compare aussi poétiquement à des fleurs, et l'on assigne à chacun un certain nombre de pétales.

Il faut se souvenir que ce sont des tourbillons de matière éthérique, tous animés d'un mouvement rapide. Dans chacune de ces bouches ouvertes, perpendiculairement au plan du disque ou coupe en rotation, s'élance une force provenant du monde astral (que nous appellerons la force primaire), l'une des forces du Logos. Cette force est septuple, mais elle se trouve sous toutes ses formes dans tous les centres, bien que dans chaque centre, une des formes dans sa nature prédomine sur les autres.

Cet afflux de force apporte la Vie Divine dans le corps physique ; sans elle ce corps ne pourrait exister. Ces centres par où la force peut pénétrer sont donc absolument nécessaires à l'existence du véhicule, et se trouvent par conséquent dans chacun, mais leur rotation peut présenter des degrés très divers de rapidité. Leurs particules peuvent être animées d'un mouvement comparativement lent, et constituer un tourbillon juste suffisant pour la manifestation de la force, rien de plus ; ou bien elles peuvent resplendir et palpiter d'une vivante lumière, et laisser passer une plus grande quantité de force, en sorte que diverses facultés et possibilités nouvelles s'offrent à l'Égo lorsqu'il fonctionne sur ce plan.

Or, ces forces, qui, de l'extérieur, pénètrent dans ces centres, mettent en mouvement perpendiculairement à elles-mêmes (c'est-à-dire à la surface du double éthérique) des forces secondaires, animées d'un mouvement ondulatoire circulaire, de la même façon qu'un barreau aimanté, introduit dans une bobine d'induction, produit un courant électrique qui suit le fil perpendiculairement à l'axe, c'est-à-dire à la direction de l'aimant.

La force primaire, étant entrée dans le tourbillon, s'en, échappe à angles droits, en lignes droites, comme si le centre du tourbillon était le moyeu d'une roue, et les lignes de force les rayons de cette roue. Le nombre des rayons diffère suivant les différents centres et détermine le nombre de pétales de chacun d'eux.

Chacune de ces forces secondaires qui parcourt circulairement la dépression en forme de coupe, possède sa longueur d'onde spéciale, comme chacune des couleurs du spectre ; mais au lieu de se mouvoir en ligne droite, comme la lumière, elle décrit des ondulations de dimensions variées, mais relativement assez grandes. Les dimensions de ces ondulations sont des multiples de la plus petite longueur d'onde mais la valeur exacte de ce multiple n'en a pas encore été calculée. Le nombre des ondulations est déterminé par le nombre des rayons de la roue, et les forces secondaires passant au-dessus et au-dessous des courants rayonnants de la force primaire, produisent une sorte d'ouvrage de vannerie analogue à celui qu'on obtiendrait en passant un jonc au-dessus et au-dessous des rayons de la roue. Ces longueurs d'onde sont infinitésimales et une seule des ondulations en comprend probablement plusieurs milliers. À mesure que les forces s'élancent dans le tourbillon, ces ondulations de longueurs différentes s'entrecroisant dans l'ouvrage de vannerie, produisent, un aspect que les livres indous assimilent assez exactement aux pétales d'une fleur ; elles ressemblent plus encore à certaines coupes ou vases peu profonds de verre ondulé et irisé que j'ai vus à Venise. Toutes ces ondulations ou pétales ont cet éclat doux et irisé, analogue à celui de la nacre, mais chacun a généralement sa couleur dominante.

Chez l'homme ordinaire où ces centres ont juste assez d'activité pour transmettre une force suffisante au maintien de la vie du corps, ces couleurs présentent un éclat comparativement terne ; mais chez ceux en qui les centres ont été éveillés et sont en pleine activité, elles brillent d'un éclat aveuglant, et les centres eux-mêmes, qui ont passé graduellement d'un diamètre d'environ deux pouces à celui d'une soucoupe ordinaire, resplendissent et flamboient comme de petits soleils.

DÉTAIL DES CENTRES

Le premier centre, situé à la base de l'épine dorsale présente une force primaire qui sort en quatre rayons, et par suite ses ondulations sont disposées de façon à le faire paraître divisé en quadrants, séparés par des dépressions. Il semble ainsi marqué d'une croix, et, pour cette raison, la croix sert souvent à le représenter symboliquement; parfois une croix flamboyante est employée pour indiquer le serpent de feu qui y réside. Lorsqu'il est en pleine activité, ce centre est d'une ardente couleur rouge orange, en étroite correspondance avec le type de vitalité qui lui est envoyé par le centre splénique. Il faut d'ailleurs remarquer que l'on trouve dans chacun de ces centres une couleur correspondante à son type de vitalité.

Le second centre situé au niveau de l'ombilic ou du plexus solaire reçoit une force primaire à dix rayons qui le fait vibrer de telle sorte qu'il se divise en dix ondulations ou pétales; il est en relation très étroite avec des sentiments et émotions de genres variés. Sa couleur dominante est un curieux mélange de diverses teintes de rouge avec cependant une quantité assez considérable de vert.

Le troisième centre, situé au niveau de la rate, est consacré à la subdivision, à la spécialisation et à la dispersion de la vitalité qui nous vient du soleil. Cette vitalité s'écoule du centre en six courants horizontaux, la septième variété de force étant aspirée par le moyeu de la roue. Ce centre a par suite six pétales ou ondulations; il a un aspect particulièrement rayonnant, et resplendit comme le soleil.

Le quatrième centre, situé au cœur, est d'une ardente couleur d'or ; chacun de ses quadrants est divisé en trois parties, ce qui lui donne douze ondulations, parce que sa force primaire forme douze rayons.

Le cinquième centre, situé à la gorge, a seize rayons et par suite seize divisions apparentes. Il y a en lui beaucoup de bleu mais son aspect général est argenté et luisant, éveillant l'image du clair de lune sur une eau ridée de très petites vagues.

Le sixième centre, situé entre les sourcils, semble partagé en deux moitiés, dont l'une a pour couleur dominante le rose avec toutefois beaucoup de jaune, et l'autre un bleu pourpre, l'une et l'autre moitié s'accordent étroitement avec les couleurs des types spéciaux de vitalité. C'est la raison peut-être qui l'a fait décrire dans les livres indous comme n'ayant que deux pétales, bien que si nous comptons les ondulations du même caractère que celles des centres précédents, nous verrons que chaque moitié est subdivisée en 48 de ces ondulations, soit en tout 96, parce que sa force primaire a ce nombre de rayons.

Le septième, situé au sommet de la tête est peut-être, lorsqu'il a été éveillé à sa pleine activité, le plus éclatant de tous, plein d'indescriptibles effets de couleurs, et vibrant avec une rapidité presque inconcevable. Les livres indous lui attribuent mille pétales, et en fait, cela n'est pas très loin de la vérité, car le nombre des radiations de sa force primaire est de 960. Ce centre offre en outre un trait que ne présentent pas les autres : une sorte de tourbillon secondaire d'un blanc brillant teinté d'or à son centre, une activité mineure possédant en propre 12 ondulations.

J'ai entendu émettre cette idée que chacun des pétales de ces centres de force représente une qualité morale, et que le développement de cette qualité met le centre en activité. Je n'ai encore rencontré aucun fait qui confirme cette assertion, et je ne puis même voir comment cela pourrait être, puisque cette disposition est produite par certaines forces bien définies et très aisément reconnaissables, et que les pétales de chaque centre sont, ou non, actifs, selon que ces forces ont, ou n'ont pas, été éveillées ; leur développement me parait donc n'avoir pas plus de rapport avec la moralité que n'en a le développement du biceps. J'ai certainement rencontré des personnes en qui ces centres étaient en pleine activité, bien que leur développement moral ne fût en aucune façon d'une élévation exceptionnelle, tandis que chez d'autres personnes d'une haute spiritualité et de la plus noble moralité, les centres n'étaient pas encore actifs, en sorte qu'il ne m'apparaît pas qu'il y ait le moindre rapport entre les deux genres de développement.

LES CENTRES ASTRAUX

Outre l'entretien de la vie du corps physique, ces centres de forces ont une autre fonction, qui n'entre en jeu que lorsqu'ils sont entièrement éveillés à l'activité. *Chacun de ces centres éthériques correspond à un centre astral.* Mais comme le centre astral est un tourbillon à quatre dimensions, il s'étend dans une direction toute différente, et par conséquent n'est pas coextensif au centre éthérique, bien qu'il coïncide avec lui en partie. Le tourbillon éthérique est toujours situé à la surface du corps éthérique, mais le centre astral est fréquemment à l'intérieur même du corps. La fonction de chacun de ces centres éthériques, une fois qu'il est éveillé à l'activité, est d'introduire dans la conscience physique la qualité, quelle qu'elle soit, inhérente au centre astral qui lui correspond. Aussi, avant de classer les résultats qu'on obtiendra par l'éveil des centres éthériques, il peut être utile de considérer l'activité de chaque centre astral, bien que ces derniers soient déjà en pleine activité chez toute personne cultivée des races actuelles. Quel effet résulte donc dans le corps astral de l'éveil de ces centres astraux ?

Le premier de ces centres, situé à la base de l'épine dorsale, est le séjour de cette force mystérieuse appelée le "serpent de feu" et dans *la Voix du Silence* la "Mère du Monde". J'en parlerai plus longuement dans la suite ; considérons pour le moment ses effets sur les centres astraux. Cette force existe sur tous les plans, c'est par son action que les autres centres sont mis en activité. Nous devons considérer le corps astral comme ayant été à l'origine une masse presque inerte, n'ayant que la plus vague conscience, sans aucune capacité définie d'action, et sans connaissance précise du monde ambiant. La première chose qui survint fut l'éveil de cette force dans l'homme sur le plan astral. Une fois éveillée, elle passa au second centre, correspondant à l'ombilic, et le vivifia, éveillant par-là dans le corps astral la faculté de sentir, d'être impressionné par toutes sortes d'influences, mais sans lui donner encore cette compréhension précise qu'apporte la vue ou l'ouïe.

Elle passa ensuite au troisième centre, correspondant à la rate physique, et par lui, vitalisa le corps astral tout entier, permettant à l'homme de se déplacer consciemment, mais avec une perception encore très vague de ce qu'il rencontrait sur son passage.

Le quatrième centre une fois éveillé, conféra à l'homme le pouvoir de comprendre les vibrations des autres entités astrales, de sympathiser avec elles, ce qui lui permit de percevoir instinctivement leurs sentiments.

L'éveil du cinquième centre, qui correspond à la gorge, lui conférera le pouvoir d'entendre sur le plan astral, ou plutôt amena le développement de ce sens qui, dans le monde astral, produit sur notre conscience l'effet que nous appelons l'ouïe, sur le plan physique.

Le développement du sixième centre, correspondant au centre placé entre les sourcils, produisit d'une façon analogue la vue astrale, le pouvoir de percevoir nettement la forme et la nature des objets astraux, au lieu d'être vaguement conscient de leur présence.

Enfin l'excitation du septième, qui correspond au sommet de la tête, acheva et compléta pour l'homme la vie astrale, et lui conféra la perfection de ses facultés.

Il faut remarquer que ce centre semble différer suivant le type particulier auquel l'homme appartient. Chez beaucoup d'entre nous, les tourbillons astraux correspondant au sixième et septième de ces centres, convergent tous deux vers le corps pituitaire, et, dans ce cas, ce centre est vraiment le seul lien direct entre le plan physique et les plans supérieurs. Mais il est un autre type d'hommes chez qui, le sixième centre demeurant attaché au corps pituitaire, le septième oblique, ou s'infléchit jusqu'à ce que son tourbillon coïncide avec l'organe atrophié nommé la glande pinéale, qui se trouve, chez ces personnes, vitalisé et transformé en un moyen de communication directe avec le plan mental inférieur, sans l'intermédiaire ordinaire du plan astral. C'est pour des personnes de ce type qu'écrivait Mme Blavatsky, lorsqu'elle attachait tant d'importance à l'éveil de la glande pinéale.

LES SENS ASTRAUX

Ces sens jusqu'à un certain point jouent ainsi le rôle d'organes sensoriels pour le corps astral, et cependant, faute d'éclaircissement, cette expression donnerait certainement lieu à un malentendu. Il ne faut pas oublier en effet que, afin de nous rendre intelligibles, nous parlons constamment de vue et d'ouïe astrales. Ce que nous voulons désigner par ces expressions, c'est seulement la faculté de répondre aux vibrations qui fournissent à la conscience de l'homme fonctionnant dans son corps astral, des informations du même caractère que celles qui lui parviennent par les yeux et les oreilles lorsqu'il est dans son corps physique. Mais dans les conditions toutes différentes du monde astral, il n'est point besoin d'organes spécialisés pour atteindre ce résultat. Il y a, dans le corps astral tout entier, de la matière capable de répondre à ces vibrations ; aussi, l'homme conscient dans ce véhicule voit-il également bien les objets placés derrière lui, au-dessus ou au-dessous de lui, sans avoir besoin de tourner la tête. On ne peut donc pas dire que les centres soient des organes, au sens ordinaire du terme, puisque ce n'est pas par eux que l'homme voit ou entend comme il le fait ici-bas au moyen de l'oeil ou de l'oreille. Cependant c'est de leur vitalisation que dépend la faculté d'exercer ces sens astraux, car chacun d'eux, au cours de son développement, confère à l'ensemble du corps astral la faculté de répondre à une nouvelle série de vibrations.

Comme toutes les particules du corps astral sont en constante circulation, et tourbillonnent comme celles de l'eau bouillante, toutes à leur tour passent par chacun des centres ou tourbillons, de sorte que chaque centre éveille successivement dans toutes les particules du corps, la faculté de répondre à une certaine série de vibrations, et ainsi tous les sens astraux sont également actifs dans toutes les parties du corps. Cependant, même lorsque ces centres astraux sont pleinement éveillés, il ne s'ensuit nullement que l'homme puisse transmettre à son corps physique la moindre conscience de leur action.

L'ÉVEIL DES CENTRES ÉTHÉRIQUES

Pendant que cet éveil des centres astraux avait lieu l'homme n'en avait aucune connaissance dans sa conscience physique, Le seul moyen de faire partager ces avantages au corps physique c'est de répéter le même processus pour l'éveil des centres éthériques. Ce résultat s'obtient précisément de la même manière que sur le plan astral, c'est-à-dire par l'éveil du serpent, de feu qui existe revêtu de matière éthérique sur le plan physique, et dort dans le centre éthérique correspondant, situé à la base de l'épine dorsale.

Dans ce cas l'éveil s'opère par un effort résolu et persévérant de la volonté: éveiller à l'activité ce premier centre, c'est précisément éveiller le serpent de feu. Une fois éveillée, sa force vraiment formidable vivifiera les autres centres. Son action sur les autres centres éthériques est d'amener dans la conscience physique les facultés qu'avait éveillées le développement des centres astraux correspondants.

Lorsque le second des centres éthériques, le centre ombilical, entre en activité, l'homme commence à être conscient dans son corps physique de toutes sortes d'influences astrales, et perçoit vaguement que certaines sont amicales, et d'autres hostiles, que certains lieux sont agréables et d'autres déplaisants sans comprendre le moins du monde pourquoi.

Quand le troisième centre qui correspond à la rate, s'éveille, l'homme peut se souvenir de ses vagues promenades astrales, bien que parfois en partie seulement. Une excitation légère et accidentelle de ce centre a souvent pour effet de produire le souvenir imprécis d'une sensation délicieuse de vol à travers l'espace.

L'excitation du quatrième centre, le centre cardiaque, avertit instinctivement l'homme des joies et des souffrances d'autrui, et parfois même reproduit en lui, par sympathie, leurs malaises et douleurs physiques.

L'éveil du cinquième centre, situé au niveau de la gorge, permet d'entendre des voix, qui parfois apportent toutes sortes d'inspirations, Parfois aussi, on entend de la musique ou d'autres sons moins agréables. Lorsque ce centre est en pleine activité, il rend l'homme clairaudient pour tout ce qui concerne les plans astral et éthérique.

Lorsque le sixième centre, le centre frontal, est vivifié, l'homme commence à voir toutes sortes de choses ; il a, à l'état de veille, des visions variées, parfois de paysages, parfois de personnes. Dans la première phase de son développement, quand ce centre commence à s'éveiller, il ne se produit rien d'autre, souvent, que des demi-visions de paysages et de nuages colorés. L'éveil complet de ce centre amène la clairvoyance.

Le centre entre les sourcils est d'une autre manière en relation avec la vue. C'est par lui que s'exerce la faculté d'amplifier les objets physiques très ténus. Un tube mince et flexible de matière éthérique surgit en son centre, comme un microscopique serpent, muni d'un oeil à son extrémité. C'est l'organe spécial à cette sorte de clairvoyance, et son oeil terminal peut se dilater ou se contracter pour modifier le grossissement, selon la grandeur de l'objet observé. C'est là ce que désignent les anciens livres qui parlent de la possibilité de se grossir ou de se diminuer à volonté. Pour examiner un atome, on développe un organe visuel de taille correspondante à celle de l'atome. Ce petit serpent se détachant du centre du front était représenté sur la coiffure du Pharaon d'Égypte, que l'on supposait, en tant que souverain pontife de ce pays, posséder cette faculté, parmi bien d'autres pouvoirs occultes.

Lorsque le septième centre est éveillé, l'homme peut, grâce à lui quitter son corps en pleine conscience, et y revenir sans l'interruption ordinaire, en sorte que sa conscience est désormais continue, nuit et jour.

Quand le feu a traversé tous ces centres, suivant un certain ordre (qui varie selon les différents types d'hommes), la conscience devient continue jusqu'au seuil du monde céleste, à la fin de la vie sur le plan astral, sans qu'il y ait aucune différence entre la séparation temporaire d'avec le corps physique pendant le sommeil, et la séparation permanente due à la mort. Avant que ce résultat soit atteint, cependant, l'homme peut avoir eu quelques aperçus du monde astral, car des vibrations exceptionnellement fortes peuvent à tout moment exciter l'un quelconque des centres à une activité temporaire ; ou bien il peut arriver que le feu, sans le moins du monde éveiller le serpent de feu, soit partiellement éveillé, et de cette façon aussi, une clairvoyance partielle peut être suscitée pour un temps. Car ce feu existe en sept stratifications ou sept degrés de force, et il arrive fréquemment qu'un homme qui met sa volonté en action pour s'efforcer de l'éveiller, réussisse à n'affecter qu'une seule de ses sept couches et, alors qu'il croit avoir mené sa tâche à bonne fin, il la trouve sans effet, et il est obligé de recommencer tout, en creusant de plus en plus profondément, jusqu'à ce que non seulement la surface soit excitée, mais que le cœur même du feu soit en pleine activité.

LE SERPENT DE FEU

Tel que nous le connaissons, ce serpent de feu (appelé en sanscrit Kundalini), est la manifestation sur le plan physique de l'une des grandes forces universelles, de l'un des pouvoirs du Logos. Vous savez que ce que nous nommons électricité est la manifestation de l'une de Ses forces, et que cette force peut prendre des formes diverses, telles que chaleur, lumière et mouvement. Une autre de Ses forces c'est la vitalité, parfois appelée Prâna, mais cette force n'est interchangeable avec aucune des forces dont nous venons de parler. Nous pouvons donc dire que la vitalité et l'électricité sont en quelque sorte les extrémités inférieures de deux de Ses courants de force.

Ce serpent de feu peut être considéré, comme l'extrémité inférieure d'un autre de Ses courants, manifestation physique d'un autre des nombreux aspects de Sa puissance. Comme la vitalité, il existe sur tous les plans dont nous savons quelque chose. Mais nous envisagerons seulement ici son expression dans la matière éthérique. Cette force n'est transformable ni en électricité, ni en vitalité, et ne semble en rien affectée par l'une ou l'autre. J'ai vu un courant électrique de 1 250 000 volts traverser un corps humain, en sorte que si l'homme étendait son bras vers le mur, d'énormes flammes s'élançaient de ses doigts ; et pourtant il n'éprouvait aucune sensation inaccoutumée ni aucune brûlure, sauf s'il touchait par hasard quelque objet extérieur ; mais cette formidable manifestation d'énergie elle-même restait sans aucune action sur le serpent de feu. Dans *la Voix du silence*, cette force est nommée : "le Pouvoir enflammé" et la "Mère du monde". Ces appellations étranges ne sont pas sans raisons, car cette force est en vérité analogue à un feu liquide, lorsqu'elle s'élance au travers du corps, et le cours qu'elle doit suivre est une spirale analogue aux anneaux d'un serpent. On la nomme "Mère du monde", car c'est par elle que nos divers corps peuvent être vivifiés et que les mondes supérieurs peuvent s'ouvrir successivement à nous.

LES CENTRES DE FORCE ET LE SERPENT DE FEU   327

Dans le corps de l'homme, le siège de cette force est, comme nous l'avons dit, à la base de la colonne vertébrale; chez l'homme ordinaire elle y reste assoupie, et sa présence est insoupçonnée pendant toute la durée de la vie; et il est infiniment préférable qu'elle reste endormie jusqu'à ce que l'homme ait atteint un très sérieux développement moral, jusqu'à ce que sa volonté soit assez forte pour la dominer, et ses pensées assez pures pour lui permettre d'affronter son éveil sans danger. *Nul ne doit tenter de l'expérimenter sans les indications précises d'un instructeur qui connaisse entièrement la question, car les dangers que comporte cet éveil sont une terrible réalité.*

Les uns sont purement physiques. L'activité du serpent de feu, quand on ne sait pas la maîtriser, cause souvent d'intolérables douleurs physiques. Elle peut facilement détruire des tissus et même le corps physique tout entier. C'est cependant le moindre des maux dont il soit capable, car il peut endommager, d'une façon permanente, des corps plus élevés que le corps physique. Un effet très fréquent de son éveil prématuré est qu'il s'élance vers les régions inférieures au lieu de s'élever vers les parties supérieures du corps, et, ainsi, excite les passions les moins désirables, les stimule et intensifie leurs effets à un tel point que l'homme ne peut leur résister, parce qu'il a éveillé une force en face de laquelle il est aussi impuissant qu'un nageur devant la gueule d'un requin. Ces hommes deviennent des satyres, des monstres de dépravation, parce qu'ils sont sous l'étreinte d'une force hors de toutes proportions avec les facultés humaines de résistance. De tels hommes acquerraient probablement certains pouvoirs supranormaux, mais ceux-ci seraient de nature à les mettre en contact avec un ordre inférieur d'évolution, qui n'est pas destiné à avoir aucun commerce avec l'humanité, et il faudra plus d'une incarnation pour échapper à son empire. Je n'exagère pas le moins du monde l'horreur de la chose, comme pourrait le faire, sans s'en douter, une personne qui ne la connaîtrait que par ouï-dire. J'ai moi-même été consulté par des gens qui sont dans cette terrible situation, et j'ai constaté de mes propres yeux, ce qui leur est arrivé. Il y a une école de magie noire qui, volontairement, utilise la force de cette manière pour qu'elle aille vivifier les centres inférieurs dont ne font jamais usage les adeptes de la Bonne Loi.

En dehors même de ce danger, le plus terrible de tous, le développement prématuré de cette force recèle bien d'autres possibilités fâcheuses. Elle intensifie tout, dans la nature de l'homme, affecte les qualités inférieures et mauvaises plus aisément que les bonnes. Dans le corps mental, par exemple, elle éveille facilement l'ambition, et, bientôt, la fait croître jusqu'à un degré incroyable. Elle apportera avec elle, sans doute, une intensification considérable de l'intelligence, mais elle produit en même temps un orgueil anormal et satanique, dont l'homme ordinaire ne saurait se faire aucune idée. Il n'est pas sage de croire qu'on soit prêt à se mesurer avec n'importe quelle force qui puisse s'éveiller dans le corps. Cette force n'est point une force *ordinaire*, mais bien une force irrésistible. Certes, un homme qui n'est pas instruit ne devrait jamais essayer de l'éveiller, et s'il constate que cette force a été éveillée en lui par accident, il doit consulter immédiatement quelqu'un qui connaisse ces questions.

On remarquera que j'ai spécialement, et intentionnellement, évité d'expliquer par quels moyens cet éveil est possible, comme aussi l'ordre suivant lequel la force une fois éveillée doit traverser les divers centres, car l'essai ne doit être tenté d'aucune façon, sauf sur le conseil exprès d'un Maître qui surveillera son élève pendant les diverses étapes de l'expérience. J'avertis très sérieusement tous les étudiants de ne tenter *aucun effort* pour éveiller ces forces colossales, sauf sous la direction qualifiée que j'ai signalée, car j'ai vu moi-même de nombreux exemples des terribles effets subis par ceux que l'ignorance et les mauvais conseils ont entraînés à jouer imprudemment avec des questions aussi sérieuses. Cette force est une terrible réalité, un des grands faits fondamentaux de la nature, et très certainement c'est une chose avec laquelle il ne faut pas jouer, et qu'il ne faut pas manier à la légère car s'en servir sans la comprendre est infiniment plus dangereux que ce ne serait pour un enfant de jouer avec la nitreglycérine. Ainsi qu'il est dit très justement dans le *Hathayogapradipika*: "elle libère les Yoguis et enchaîne les sots" (3. 107).

Dans des questions de ce genre, les étudiants semblent trop souvent croire que quelque exception spéciale aux lois naturelles interviendra en leur faveur, qu'une intervention particulière de la Providence les sauvera des conséquences de leur folie. Rien de ce genre assurément ne se produira ; l'homme qui, par son imprudence, provoque une explosion, en sera fort probablement la première victime. Les étudiants s'épargneraient une peine et un désappointement considérables s'ils pouvaient comprendre qu'en tout ce qui touche à l'occultisme, nous pensons littéralement et exactement ce que nous disons, et que nos paroles s'appliquent à tous les cas sans exception. Car il n'est point de favoritisme dans l'action des grandes lois de l'univers.

Tout le monde veut essayer toutes les expériences possibles ; chacun est persuadé qu'il est prêt pour la plus haute instruction possible et pour toutes sortes de développement, nul ne consent à travailler patiemment au développement de son caractère et à consacrer son temps et ses forces à servir utilement l'œuvre de la Société, attendant pour toutes ces choses qu'un Maître déclare qu'il est prêt. Le vieil aphorisme est toujours vrai : "Cherchez d'abord le royaume de Dieu et sa justice, et toutes ces choses vous seront données par surcroît."

Parfois le serpent de feu s'éveille spontanément : on éprouve alors une vague sensation de chaleur, et il peut même entrer en mouvement de lui-même, bien que cela soit rare. Dans ce dernier cas, il causerait probablement de vives douleurs, car les canaux n'étant pas préparés pour son passage, il lui faudrait se frayer lui-même son chemin, en consumant une masse de déchets éthériques, ce qui ne va pas sans une vive souffrance. Lorsqu'il s'éveille ainsi spontanément, ou lorsqu'il est éveillé par accident, il essaie généralement de s'élancer le long et à l'intérieur de l'épine dorsale au lieu de suivre la voie en spirale où l'occultiste apprend à le diriger. S'il est possible, la volonté devrait être mise en jeu pour arrêter son élan, mais si cela est impossible (comme il est très probable), inutile de s'effrayer. Il s'échappera vraisemblablement par la tête et se perdra dans l'atmosphère ambiante, sans autre inconvénient peut-être qu'un léger affaiblissement. Le plus sérieux dommage serait une perte temporaire de conscience. Les dangers vraiment terrifiants ne résultent point de son ascension dans la colonne vertébrale, mais du fait qu'il peut se tourner vers les régions inférieures et vers l'intérieur. Sa fonction principale à l'égard du développement occulte, est, qu'une fois dirigé dans les centres de force du corps éthérique, que nous avons décrit, il vivifie ces centres, et les rend utilisables comme portes de communication entre le corps physique et le corps astral. Il est dit dans *la Voix du Silence* que lorsque le serpent de feu atteint le centre frontal et le vivifie complètement il confère la faculté d'entendre la voix du Maître, ce qui signifie ici la voix de l'Égo, ou Soi supérieur. Cette assertion est basée sur le fait que, lorsque le corps pituitaire est organisé en un centre actif, il constitue un lien parfait avec le corps astral, et qu'il peut transmettre toutes les communications venues de l'intérieur.

Non seulement ce centre, mais tous les centres supérieurs de forces devront être éveillés en leur temps, et chacun devra être rendu sensible à une foule d'influences astrales provenant des divers sous-plans. Ce développement sera un jour l'apanage de tous, mais la majorité ne peut l'acquérir pendant l'incarnation actuelle, si c'est la première où ils commencent à s'occuper sérieusement de ces choses. Quelques indous pourraient y réussir parce que leurs corps sont, de par leur hérédité, plus facilement préparés que la plupart des autres ; mais c'est là vraiment pour la majorité la tâche d'une ronde ultérieure. La conquête, du serpent de feu doit être renouvelée à chaque incarnation puisque les corps sont chaque fois nouveaux, mais, une fois la conquête faite, ses répétitions deviennent aisées. On se souviendra que son action varie chez les différents types d'hommes ; les uns, par exemple, verront le Soi supérieur plutôt qu'ils n'entendront sa voix. D'autre part, la communication avec les plans supérieurs présente bien des sens différents ; pour la personnalité elle signifie l'influence de l'Égo, mais pour l'Égo lui-même elle désigne la force de la monade, et pour la monade à son tour, cela équivaut à dire que l'on devient une expression consciente de la vie du Logos.

Il peut être utile que je vous raconte ma propre expérience à ce sujet. Au début de mon séjour dans l'Inde il y a 25 ans, je ne fis aucun effort pour éveiller le feu, n'en ayant pas d'ailleurs une connaissance très précise, et ayant alors cette opinion que, pour tenter cette expérience, il était nécessaire d'être né avec un corps spécialement psychique, ce qui n'était pas mon cas. Mais un jour l'un des Maîtres, me suggéra une certaine sorte de méditation qui éveillerait cette force. Naturellement, je mis immédiatement cette suggestion en pratique, et, au bout d'un certain temps, je réussis. Je n'ai aucun doute, cependant, qu'il surveilla l'expérience et m'aurait arrêté si elle était devenue dangereuse. On me dit que certains ascètes indous l'enseignent à leurs élèves, les tenant naturellement sous une étroite surveillance pendant toute la durée de l'expérience. Mais je n'en connais pas moi-même, et n'aurais point confiance en eux à moins qu'ils ne me soient recommandés spécialement par quelqu'un que je sache en possession d'une connaissance véritable.

On me demande souvent ce que je conseille de faire à l'égard de l'éveil de cette force. Je conseille d'agir exactement comme je l'ai fait moi-même. Je recommande aux étudiants de se donner à l'œuvre théosophique et d'attendre, jusqu'à ce qu'ils reçoivent un ordre direct d'un Maître qui entreprendra la direction de leur développement psychique; tout en continuant tous les exercices ordinaires de méditation qui leur sont connus. Qu'ils ne se soucient aucunement de savoir si ce développement leur viendra dans cette vie ou dans la vie prochaine, et qu'ils envisagent la question du point de vue de l'Égo et non du point de vue de la personnalité; qu'ils aient l'absolue certitude que les Maîtres recherchent continuellement ceux qu'ils peuvent aider, qu'un oubli ne saurait se produire, et que leurs conseils viendront sans le moindre doute quand ils penseront que le temps est venu.

Je n'ai jamais entendu dire qu'il y ait la moindre limite d'âge pour ce développement, et je ne vois point pourquoi l'âge apporterait la moindre différence, pourvu que l'on possède une parfaite santé, mais la santé est indispensable, car seul un corps robuste peut supporter une tension beaucoup plus pénible que ne l'imaginent ceux qui ne l'ont pas essayée.

La force, une fois éveillée, doit être très sévèrement dirigée ; elle doit être envoyée dans les centres selon un ordre qui diffère chez les différents types d'hommes. Le mouvement, de plus, pour être efficace, doit être produit d'une façon particulière, que le Maître expliquera quand le temps sera venu.

LE VOILE QUI SÉPARE LES PLANS

J'ai dit que les centres astraux et éthériques se correspondent très étroitement ; mais entre eux, et les interpénétrant d'une façon qu'il serait très malaisé d'expliquer, existe une membrane, un réseau d'une texture très compacte, formée d'une seule couche d'atomes physiques très serrés les uns contre les autres, et imprégnée d'une forme spéciale de la force vitale. La Vie divine qui descend normalement du corps astral au corps physique, vibre de telle sorte qu'elle peut traverser ce réseau avec une facilité parfaite ; mais ce réseau constitue une barrière infranchissable pour toutes les autres forces, celles qui ne peuvent utiliser la matière atomique des deux plans. Ce réseau est la protection fournie par la Nature pour prévenir entre les deux plans, une communication prématurée d'où résulterait fatalement des lésions dans la membrane protectrice.

C'est ce réseau qui, dans les conditions normales, empêche le souvenir précis de ce que nous faisons pendant le sommeil ; c'est lui aussi qui cause l'inconscience momentanée qu'on observe toujours à la mort. Sans cette barrière bienfaisante, l'homme ordinaire, qui ne sait rien de toutes ces choses et qui n'est aucunement préparé à les affronter, pourrait être à chaque instant placé par quelque entité astrale sous la domination de forces contre lesquelles il ne pourrait lutter. Il serait sujet à l'obsession constante de tout être du plan astral qui désirerait s'emparer de ses corps,

Il est donc facile de comprendre que toute lésion portée à ce réseau est un véritable et grave désastre. On peut le léser de plusieurs façons, et il convient de tout tenter pour se préserver de ce danger. La lésion peut être occasionnée par un accident ou par des efforts persistants et maladroits. Un choc violent porté au corps astral, tel par exemple qu'une terrible et soudaine frayeur, peut provoquer une déchirure dans cet organe délicat et, selon l'expression courante, rendre fou. (Il y a certainement d'autres façons que la frayeur pour causer la folie, mais celle-ci en est une). Une explosion exceptionnellement violente de colère peut aussi produire le même effet. Ce résultat peut, à la vérité, suivre toute émotion excessive, d'un caractère mauvais, qui se manifeste dans le corps astral sous la forme d'une sorte d'explosion.

Les errements qui peuvent à la longue amener des lésions dans cette membrane protectrice sont de deux sortes : l'usage d'alcool ou de narcotiques, et l'effort volontaire pour ouvrir les portes que la nature tient fermées, au moyen de ce procédé que les spirites appellent : "séances de développement." Certaines drogues et breuvages, notamment l'alcool et tous les narcotiques, y compris le tabac, contiennent une matière qui ; en se désagrégeant, se volatilise, et dont une partie passe du plan physique au plan astral. Même le thé et le café renferment cette substance, mais en quantité si infinitésimale que ce n'est généralement qu'après un abus prolongé que l'effet s'en fait sentir. Lorsque cette volatilisation a lieu dans le corps de l'homme, ces éléments s'élancent au travers des centres de forces, dans la direction contraire à celle pour laquelle les centres ont été faits ; par la répétition, ils parviennent à léser très sérieusement et, finalement, à détruire la délicate membrane. Cette détérioration, ou destruction, peut être amenée de deux façons différentes, selon le type de la personne et la proportion des éléments qui constituent son corps éthérique et son corps astral. En premier lieu, l'afflux de la matière qui se volatilise brûle la membrane et, conséquemment, ouvre la porte à toutes sortes de forces irrégulières et d'influences fâcheuses.

Le second résultat est que ces éléments volatils en passant au travers du réseau atomique, provoquent un certain durcissement des atomes, qui entrave et paralyse à un degré considérable leur pulsation, en sorte qu'ils perdent la capacité d'être vitalisés par le type spécial de force qui les agrège en une membrane. Il en résulte une sorte d'ossification de la membrane, et au lieu, par conséquent, d'avoir un passage trop actif d'un plan dans l'autre, nous ne voyons plus qu'un passage très faible. Nous pouvons constater les effets de ces deux types de lésions dans le cas d'hommes s'adonnant l'ivrognerie. Quelques-uns de ceux qui provoquent en eux la première lésion, arrivent au *délirium trémens*, à l'obsession ou à la folie ; mais ce sont des cas, somme toute, assez rares. Bien plus fréquent est le second type de lésions, où nous constatons une sorte d'affaiblissement général des qualités viriles, qui entraîne un matérialisme grossier, la brutalité, la bestialité, et conduit à la perte de tous les sentiments délicats et de l'empire sur soi-même. L'homme alors n'a plus aucun sentiment de responsabilité ; il se peut qu'il conserve, à l'état de sobriété, quelque affection pour sa femme et ses enfants ; mais quand l'accès s'empare de lui, il dépense l'argent de leur pain pour satisfaire ses appétits bestiaux ; l'affection et tout sentiment de responsabilité ont apparemment disparu.

On observe fréquemment le second genre d'effets chez ceux qui sont esclaves de l'habitude de fumer. On les voit souvent persister dans leur habitude même lorsqu'ils savent très bien que cela incommode leurs voisins et les malades. Nous reconnaîtrons aussitôt la lésion si nous pensons que c'est la seule chose qu'un homme bien élevé continue à faire, tout en sachant qu'elle gêne vivement ses voisins. Il est évident que, dans ce cas, les sentiments raffinés ont été sérieusement émoussés.

Toutes les impressions qui passent d'un plan à un autre doivent ne traverser que les sous-plans atomiques, ainsi que je l'ai dit ; mais, lorsque le durcissement des atomes se produit, il envahit bientôt non seulement le reste de la matière atomique, mais également la matière des deuxième et troisième sous-plans, en sorte qu'il n'y a plus de communication possible entre les plans astral et éthérique que quand une force agissant sur les sous-plans inférieurs, (où seules peuvent être actives des influences déplaisantes et malignes) se trouve suffisamment puissante pour provoquer, de force, une réponse par la violence de ses vibrations.

Quoi qu'il en soit, bien que la nature prenne de si grandes précautions pour la préservation de ces centres, elle ne prétend nullement les conserver à jamais aussi strictement clos. Il y a une façon normale de les ouvrir. Peut-être serait-il plus exact de dire que l'intention de la nature n'est pas que les portes soient ouvertes plus largement qu'elles ne le sont actuellement, mais que l'homme se développe assez pour rendre possible une transmission beaucoup plus facile le long des voies permises.

La conscience de l'homme ordinaire ne peut encore utiliser la matière atomique, soit dans le corps physique, soit dans le corps astral ; il n'a donc normalement aucun moyen de communication Consciente et volontaire entre les deux plans. La voie normale, pour arriver à cela, est de purifier les deux corps, jusqu'à ce que la matière atomique en soit complètement vivifiée, et que toutes les communications entre eux puissent emprunter cette voie. Dans ce cas, la membrane conserve au plus haut point sa position et son activité, tout en cessant d'opposer une barrière à la communication parfaite, et en continuant d'accomplir son office qui est d'éviter entre les sous-plans inférieurs, un contact étroit qui permettrait le passage à toutes sortes d'influences peu désirables.

C'est pourquoi l'on nous adjure toujours d'attendre l'éveil des facultés psychiques jusqu'à ce qu'elles se présentent au cours naturel de l'évolution, comme conséquence du développement du caractère, ce qui arrivera certainement, comme nous pouvons le voir par l'étude de ces centres de forces. C'est là l'évolution naturelle, la seule voie vraiment sure, car l'étudiant y recueille tous les avantages et évite tous les dangers. C'est la voie que nos Maîtres ont suivie dans le passé : c'est donc aussi la voie qu'il nous faut suivre aujourd'hui.

L'OBSESSION ET LA FOLIE

Il convient de faire une distinction très nette entre l'obsession et la folie. Cette dernière est la rupture des relations qui existent entre l'Égo et ses véhicules, tandis que la première est l'éviction de l'Égo par quelque autre entité. Seul un Égo très faible peut se laisser envahir par l'obsession, un Égo, veux-je dire, qui n'a qu'un faible contrôle sur ses véhicules. En général, il n'est pas vrai que les enfants soient plus susceptibles d'être obsédés que les adultes, car, s'il est vrai que l'Égo a moins de prise sur ses corps pendant la période de l'enfance, il est vrai aussi que l'adulte a plus de chance de posséder les caractéristiques susceptibles d'attirer plus facilement les entités peu recommandables, et qui rendent l'obsession plus facile. Dans le cas d'un petit enfant, une entité quelconque qui voudrait obséder le corps devrait d'abord affronter l'élémental chargé de construire ce dernier, et il est peu probable qu'elle réussisse à le chasser. Au-dessus de sept ans, lorsque l'élémental s'est retiré, l'obsession peut se produire si l'Égo est très faible, mais heureusement, ce cas est rare.

L'obsession peut-être permanente ou temporaire, et elle peut se produire pour diverses raisons. Il arrive souvent qu'une personne décédée soit très anxieuse de reprendre contact avec le monde physique, généralement dans le but d'assouvir des passions basses et grossières, et pour satisfaire cet ardent désir, elle s'empare du premier véhicule qu'elle peut trouver. D'un autre côté, l'obsession est quelquefois un acte de vengeance défini et calculé, mais qui ne s'exerce pas toujours sur la personne obsédée. J'ai vu un cas où un homme qui en haïssait un autre, se mit à l'œuvre délibérément pour obtenir le contrôle de la fille préférée de son ennemie et l'obséder ; j'ai connu un autre cas encore pire que celui-là. Quelquefois, l'entité obsédante n'est pas une entité humaine, mais un esprit de la nature qui désire faire l'expérience de la vie humaine. Dans tous ces cas d'obsession, la victime doit opposer une grande force de résistance.

La folie est toute différente. Essayons de l'examiner au point de vue occulte. Chaque cellule, chaque particule de matière du cerveau physique est pénétrée de la matière astrale correspondante ; et derrière celle-ci (ou plutôt en dedans) se trouve de la matière plus subtile, la matière mentale. Le cerveau est naturellement un corps à trois dimensions, mais pour les besoins de notre étude, supposons qu'il puisse s'étendre sur une surface de façon à ne former qu'une seule épaisseur de cellule. Supposons de plus que la matière astrale et la matière mentale du cerveau puissent être elles aussi, étendues par couches ; la couche de matière astrale un peu au-dessus de la matière physique, et la couche de matière mentale un peu au-dessus de la couche astrale.

Nous aurions ainsi trois couches de matière à des degrés différents de densité, correspondant toutes les unes avec les autres. Supposons maintenant que chaque particule physique soit reliée à la particule astrale correspondante par un petit tube, et que chaque particule astrale soit reliée de la même manière à la particule mentale correspondante, et même (plus haut encore) que chaque particule mentale soit reliée à quelque chose qui lui corresponde dans le corps causal. Tant que ces tubes sont parfaitement alignés, il y a communication très nette entre l'Égo et son cerveau ; mais si l'un des tubes est tordu, obstrué ou rejeté partiellement de côté, il est évident que la communication sera entièrement ou partiellement interrompue.

Donc, au point de vue occulte, on divise les cas de folie en quatre grandes classes, chacune d'elles comportant de nombreuses subdivisions :

1. Ceux qui sont atteints de folie, simplement par suite d'une défectuosité du cerveau physique — soit par insuffisance de dimension, ou à la suite d'un accident comme un coup violent, ou bien encore par une excroissance formant pression sur le cerveau, ou encore par un ramollissement graduel des tissus.
2. Ceux dont la défectuosité est dans la partie éthérique du cerveau, si bien que ses particules ne peuvent plus correspondre d'une façon parfaite avec les particules physiques, et ne peuvent plus, par conséquent transmettre convenablement les vibrations émanant des véhicules supérieurs.
3. Ceux dont c'est le corps astral qui est défectueux, chez qui tous les tubes sont tordus, pour ainsi dire, si bien qu'il n'y a qu'un raccord imparfait entre ses particules et celles des autres véhicules soit supérieurs, soit inférieurs.
4. Ceux chez qui le corps mental lui-même est déséquilibré ; et par conséquent incapable de transmettre les instructions ou les désirs de l'Égo.

Selon la classe à laquelle appartiennent les aliénés, les cas présentent des différences capitales. Ceux qui appartiennent au premier et au second type, sont entièrement sensés quand ils sont hors du corps pendant le sommeil, et naturellement aussi après la mort, de sorte que l'Égo ne perd la faculté de s'exprimer, que pendant la vie à l'état de veille. Ceux du troisième type ne recouvrent leurs facultés que dans le monde céleste, et ceux de la quatrième classe que lorsqu'ils retournent dans le corps causal ; il s'ensuit donc que pour ces derniers, l'incarnation est un insuccès. Heureusement, les aliénés appartiennent, dans la proportion de quatre-vingt-dix pour cent à la première et à la deuxième classe.

Trois questions sont faites sur ce pénible sujet de l'obsession ; je vais tâcher d'y répondre : La première est : "Quelle est la meilleure manière de se débarrasser d'un être humain désincarné qui persiste à vouloir occuper notre corps ?"

Je me refuserais simplement et absolument à être ainsi obsédé. La manière la meilleure et la plus bienveillante serait d'avoir une explication avec le décédé, de lui demander ce qu'il veut, et dans quel but il fait ces tentatives persistantes. Il est plus que probable que c'est une âme ignorante qui, n'ayant aucune compréhension de son nouvel entourage, fait des efforts désespérés pour reprendre contact avec le seul monde qu'elle connaisse. Dans ce cas, si les choses lui sont expliquées, elle peut être ramenée à un meilleur état d'esprit, et induite à cesser ses efforts mal dirigés. Ou bien la pauvre créature a l'esprit préoccupé, soit de quelque devoir non accompli, soit d'un tort non réparé ; s'il en est ainsi et que les choses puissent être arrangées à sa propre satisfaction, la paix peut lui être rendue.

Cependant, si elle se montre récalcitrante, si, malgré tous les arguments et toutes les explications, elle se refuse à abandonner sa conduite répréhensible, il faudra lui résister doucement, mais fermement. Tout homme a le droit inaliénable de faire usage de ses véhicules, et un empiètement de cette nature ne doit pas être permis. Si le possesseur légal du corps affirme son droit et emploie la force de sa volonté, aucune obsession ne peut avoir lieu.

Quand ces sortes de choses se produisent, c'est presque toujours parce que la victime a tout d'abord cédé volontairement à l'influence envahissante ; son premier pas doit être d'annuler cet acte de soumission, de se décider fermement à reprendre les choses en mains, et à recouvrer le contrôle de sa propriété. C'est cette reprise de lui-même qui est la chose essentielle, et bien qu'une aide puisse être donnée par des amis sages, rien de ce qu'ils pourront faire ne pourra remplacer le développement de la volonté de la victime, ni empêcher que ce développement ne soit nécessaire. La manière exacte de procéder varie naturellement selon les détails du cas.

La seconde question est celle-ci : "Je suis depuis longtemps troublé par des entités qui me suggèrent constamment de mauvaises idées et emploient un langage violent et grossier. Elles m'engagent à boire des liqueurs fortes, et à manger de la viande en grande quantité. J'ai prié avec ferveur, mais avec peu de résultat et suis à bout de moyens. Que puis-je faire ?"

Vous avez dû réellement bien souffrir, mais maintenant, il faut prendre la résolution de ne plus souffrir. Il faut prendre courage, et soutenir fermement l'assaut. Le pouvoir des décédés sur vous ne consiste que dans la peur que vous avez d'eux. Votre volonté est plus forte que les leurs réunies si seulement vous voulez bien vous en convaincre; si vous vous retournez contre eux avec force et détermination, ils seront forcés de vous céder. Vous avez le droit inaliénable d'empêcher que vos véhicules soient troublés, et vous devez insister pour qu'on vous laisse en paix. Vous ne voudriez pas tolérer, sur le plan physique, que des êtres abjects et grossiers envahissent votre maison, pourquoi l'accepteriez-vous sous prétexte que ces entités appartiennent au plan astral? Qu'un rôdeur insolent force l'entrée d'une maison, le propriétaire ne s'agenouille pas devant lui pour le prier de se retirer, mais il le chasse à coups de pied, et vous devez faire preuve de la même énergie avec les rôdeurs de l'astral.

Vous vous dites sans doute qu'en vous donnant un tel conseil, je ne connais pas le terrible pouvoir des démons spéciaux qui vous affligent. C'est justement ce qu'ils s'efforcent de vous faire croire, mais ne soyez pas assez naïfs pour les écouter. Je connais parfaitement ce genre, ce sont de misérables, abjects, et méprisables coquins, faisant les matamores; ils tourmenteront une pauvre femme pendant des mois entiers, mais s'enfuiront pleins d'une lâche terreur, dès que vous leur ferez sentir une colère bien légitime. Je ne ferais qu'en rire, mais en même temps, je les chasserais, sans vouloir, même un instant, parlementer avec eux. Ils essayeront naturellement de se rebiffer et de lutter, parce que vous les avez laissés faire à leur idée pendant trop longtemps, et qu'ils ne veulent pas accepter d'être expulsés; mais, bravez-les avec une détermination irréductible, que votre volonté se dresse contre la leur comme un roc immuable, et vous les verrez bientôt s'enfuir. Dites-leur : "Je suis une étincelle du feu divin, et par la puissance du Dieu qui est en moi, je vous ordonne de partir! Ne pensez jamais, ne fût-ce qu'une minute, que vous pouvez faillir ou céder. Dieu est en vous et Dieu ne peut faillir."

Le fait qu'elles réclament de la viande démontre bien à quelles entités basses et grossières vous avez affaire. Vous devez éviter de manger de la viande, et de boire de l'alcool, car ces sortes de choses contribuent à favoriser ces êtres malfaisants, et vous rendent la résistance plus difficile.

La troisième question est ainsi posée : "s'il est possible à un homme d'être obsédé pendant qu'il a temporairement perdu tout empire sur son corps dans un accès de colère, l'obsession ne peut-elle pas aussi se produire quand on a quitté le corps physique pendant le sommeil ?"

Je répondrai que, dans ce cas, les circonstances sont entièrement différentes. Le sommeil est une condition naturelle ; et bien que l'Égo ait alors quitté le corps, il conserve avec celui-ci un lien étroit, de sorte que dans des circonstances ordinaires, il aurait tôt fait de le réintégrer, si une tentative était faite contre lui. Il y a des cas individuels dans lesquels l'Égo ne revient pas si facilement, et alors se produit parfois une sorte d'obsession temporaire qui peut déterminer des accès de somnambulisme, mais ces cas sont anormaux et comparativement rares. D'autre part, un accès de colère est antinaturel, c'est une infraction aux lois naturelles sous lesquelles nous vivons. Dans ce cas, c'est le corps astral qui s'est dérobé à tout contrôle ; l'élémental du désir s'est révolté contre son Maître, et a échappé au pouvoir de l'Égo exercé à l'aide du corps mental, pouvoir qui, seul, peut tenir en sûreté cette partie d'un mécanisme astral. Le possesseur légitime étant dépossédé, le corps astral se trouve dans la situation d'un vaisseau dont le gouvernail a été abandonné ; quiconque se trouve à portée peut saisir le timon et il est parfois difficile d'en reprendre possession.

LE SOMMEIL

On me demande quelle est la cause réelle du sommeil.

Je ne possède pas les connaissances physiologiques particulières nécessaires pour répondre complètement à cette question. J'ai toujours pensé cependant que la nécessité du sommeil est due au fait que les corps se fatiguent les uns des autres. Le véhicule astral qui, autant que nous pouvons le savoir, est incapable de ressentir la fatigue sur son propre plan, puisqu'il peut y travailler incessamment pendant vingt ans sans montrer le plus léger signe de lassitude, se fatigue rapidement du travail laborieux nécessaire pour faire mouvoir les particules du cerveau physique. Il lui faut donc se séparer assez longuement du corps physique pour recouvrer les forces dont il a besoin afin de reprendre sa pénible tâche.

Le corps physique, lui aussi, se fatigue de son côté, car à l'état de veille, il dépense toujours un peu plus de forces qu'il n'en reçoit. Avec chaque pensée, chaque sensation, chaque effort musculaire, un léger changement chimique semble se produire, Le mécanisme ordinaire d'un corps sain s'efforce constamment de contrebalancer ce changement et de rétablir les conditions existant précédemment, mais il n'y réussit jamais tout à fait. De sorte que chaque pensée ou chaque action, amène une déperdition très légère, presque imperceptible, et les effets accumulés laissent à la fin le corps physique trop épuisé pour penser ou travailler plus longtemps. Dans certains cas, quelques instants de sommeil suffisent pour donner aux forces réparatrices le moyen d'agir de nouveau et de regagner le terrain qu'elles avaient perdu, rétablissant ainsi un équilibre suffisant pour permettre à la machine de continuer à marcher.

Les étudiants demandent souvent quel est le moment le plus propice au sommeil. Selon les règles de la nature, le jour est évidemment fait pour travailler, et la nuit pour se reposer, et une infraction aux règles de la nature n'est jamais une bonne chose. Un des méfaits les plus graves de notre vie moderne antinaturelle, est que l'heure de midi n'est plus, comme il le faudrait, le milieu du jour. Si l'homme vivait isolé et pouvait régler sa vie selon ses désirs, il pourrait, sans aucun doute, retourner à cette condition naturelle ; mais vivant au sein de ce que nous appelons la civilisation, laquelle est sur bien des points déformée et en opposition avec la nature, il ne nous est pas possible de suivre nos goûts personnels en cette matière, et nous devons par conséquent, nous adapter, dans une certaine mesure, aux coutumes généralement admises, quelque défectueuses qu'elles soient.

Il est impossible de poser des règles absolues sur la quantité de sommeil nécessaire à l'homme, par suite des différences de constitutions ; mais lorsqu'on peut le faire, le sommeil devrait être pris entre 8 heures du soir à 5 heures du matin. D'aucuns ont besoin de ce laps de temps, tandis que d'autres peuvent se contenter d'un temps moins long. C'est à chacun de régler les détails de sa vie selon les circonstances.

Les gens demandent souvent s'il n'y a pas une méthode quelconque pour être Maître de ses rêves. En général, celui qui rêve ne peut changer le cours de son rêve, pendant que celui-ci se produit, mais la vie du rêvé peut être indirectement dirigée, et cela dans une très large mesure. En effet, si la pensée est pure et élevée à l'état de veille, les rêves seront aussi purs et bons ; et, point tout particulièrement important, la dernière pensée au moment de s'endormir doit être noble et élevée puisqu'elle fournit la note dominante qui influera en grande partie sur les rêves qui suivront. Une pensée mauvaise ou impure rassemble autour du penseur, des influences de même nature, et retient près de lui des créatures basses et abjectes qui passent près de lui. Celles-ci à leur tour réagissent tant sur son corps mental que sur son corps astral, et troublent son repos en éveillant toutes sortes de désirs inférieurs et terrestres. Mais si un homme franchit les portes du sommeil, l'esprit fixé sur des sujets saints et élevés, il attire ainsi autour de lui les élémentals créés par d'autres à l'aide d'efforts identiques ; son repos est paisible, son esprit s'ouvre aux impressions qu'il a orienté dans la bonne direction et se ferme à celles qui viennent d'en bas.

Les rêves concernant les évènements ordinaires de la vie n'empêchent pas le travail astral, ces rêves ne se produisant que dans le cerveau physique, pendant que l'homme réel, l'Égo, est en dehors, occupé à autre chose. Il est évident que si l'homme, quand il s'est séparé de son corps physique, s'évertue à penser aux évènements de la vie physique, il sera incapable, tant que sa pensée sera ainsi fixée, de faire aucun autre travail ; cela est entièrement différent du simple rêve ordinaire qui se fait dans le cerveau physique, bien que, lorsque l'homme se réveille, il lui soit souvent difficile de distinguer entre les deux séries de souvenirs. Qu'importe réellement ce que fait le cerveau physique, tant qu'il se garde de toute pensée impure, mais il n'est pas utile que l'homme lui-même perde son temps en introspection, quand il pourrait travailler sur le plan astral.

LE SOMNAMBULISME

Vous demandez quelle peut bien être la cause du somnambulisme. Je n'ai jamais eu l'occasion d'observer un cas de somnambulisme, aussi ne puis-je en parler en connaissance de cause ; mais d'après la lecture de compte-rendu de cas de ce genre, j'imagine que le phénomène est dû à plusieurs causes différant grandement entre elles. Il y a des cas où il semble que l'Égo soit capable d'agir plus directement sur son corps physique pendant l'absence des véhicules intermédiaires, c'est-à-dire les corps mental et astral — ces cas dans lesquels un homme peut, pendant son sommeil, écrire de la poésie ou peindre des tableaux, alors que cela lui serait bien impossible à l'état de veille.

Il y a d'autres cas dans lesquels il est évident que la conscience vague inhérente au corps physique, se livre à un certain travail sans être contrôlée par l'homme lui-même, en sorte qu'il accomplit des actes entièrement dénués de sens, ou met à exécution dans une certaine mesure, l'idée qui était prédominante dans son esprit au moment où il s'endormait. À cette classe appartiennent les histoires de domestiques se relevant au milieu de la nuit pour allumer le feu, ou de garçons d'écurie qui, en dormant, ont harnaché leurs chevaux, et ainsi de suite.

Il y a aussi d'autres cas où des esprits extérieurs, soit incarnés soit désincarnés, s'emparent du corps de l'homme endormi et s'en servent pour satisfaire leur désirs. Ceci a plus de chance de se produire chez une personne qui est ce que l'on appelle un médium, c'est-à-dire une personne dont les différents corps sont unis d'une façon moins étroite que d'habitude, et par conséquent peuvent être plus facilement séparés; mais il est assez curieux de constater qu'il semble y avoir un genre de somnambulisme dû à une condition tout à fait opposée; dans ce cas les corps de l'homme sont resserrés entre eux plus que d'habitude, de sorte que lorsque l'homme désire visiter, dans son corps astral, un endroit du voisinage, il est obligé d'emmener avec lui son corps physique, parce qu'il n'a pu s'en séparer entièrement. Le somnambulisme se rattache probablement aussi à la question si complexe des divers modes de conscience dans l'homme, modes qui, dans des circonstances parfaitement normales, sont incapables de se manifester.

LE CORPS PHYSIQUE

L'immortalité physique n'est pas possible car ce qui a eu un commencement doit avoir une fin ; aussi la naissance, la croissance, la décrépitude, et la mort sont-elles les règles de l'univers physique. Aucun être raisonnable ne peut désirer conserver continuellement le même corps ; ce serait exactement comme si un petit enfant voulait porter le même vêtement pendant toute sa vie. À mesure que l'homme évolue, ses véhicules successifs deviennent de plus en plus purs, de plus en plus nobles et mieux adaptés aux besoins de ses facultés croissantes, en sorte que, même si un homme pouvait garder le même corps, il entraverait sa croissance, de même que la croissance de l'enfant serait entravée, s'il portait toujours quelque vêtement ayant la rigidité du fer et beaucoup trop étroit pour lui.

En même temps, il est de notre devoir de prendre le plus grand soin de notre corps et de l'améliorer autant que possible. Ne maltraitez jamais le corps physique. Prenez en soin comme vous le feriez d'un cheval de grande valeur, lui donnant assez de repos et de nourriture, et l'entretenant dans un état de propreté scrupuleuse. Le corps ne peut faire qu'une certaine somme de travail ; par exemple, un corps robuste pourrait parcourir une centaine de kilomètres sans se reposer, mais il ne pourrait pas en parcourir un millier.

Pendant la méditation, donnez-lui une position confortable, et ensuite, oubliez-le, mais vous ne pourrez l'oublier s'il est mal à son aise, car il se chargera de se rappeler à votre attention.

Que devez-vous manger, demandez-vous ? Eh bien, tant que vous éviterez l'alcool et le cadavre, peu importe la nourriture. Certains végétaux sont plus grossiers que d'autres, et, par conséquent, lorsque l'on peut choisir, mieux vaut s'en abstenir. Parmi ceux-là, je rangerais les ognons, les champignons et les choux. Le riz est un aliment très pur, mais le blé, l'orge et l'avoine sont plus nourrissants à volume égal. Je considère les œufs comme peu recommandables cependant j'en prendrais sans hésitation si je ne pouvais me procurer d'autre nourriture.

Sans aucun doute le végétarisme est, sous tous les rapports, meilleur que le régime carné. C'est une alimentation plus réellement substantielle, qui amoindrit les causes de maladie, donne une vigueur plus grande, et ne stimule pas la nature inférieure. Le régime végétarien facilite à l'homme le développement de ses facultés supérieures.

Il est bien connu que nos Maîtres gardent un seul corps physique bien plus longtemps qu'un homme ordinaire ne pourrait le faire, et cela, parce qu'ils vivent toujours selon les lois de l'hygiène et qu'ils se dégagent de tous soucis. À cet égard, nous devrions faire tous nos efforts pour les prendre comme modèles, mais essayer de conserver le corps physique indéfiniment a toujours été la caractéristique de ceux qui suivent la voie de l'égoïsme.

Il y a divers moyens — moyens blâmables — par lesquels ces derniers ont pu prolonger leur vie physique ; quelquefois c'est par le vampirisme, en soutirant simplement la vitalité des autres, et, d'autres fois, c'est en s'appropriant une série d'autres vies humaines. Mais il est à peine nécessaire de prévenir les Théosophes contre des procédés de cette nature. Il est évident que celui qui se servirait d'une méthode semblable ne serait pas un être en voie d'évolution ; et même dans le cas où il réussirait dans sa tentative, il ne ferait, pour ainsi dire que rapiécer et agrandir un vieux vêtement, malgré tous ses efforts, celui-ci n'en resterait pas moins un vieux vêtement.

LE TABAC ET L'ALCOOL

Les effets nuisibles du tabac sont évidents dans les corps physique, astral et mental. Physiquement il fait pénétrer dans l'homme des particules excessivement impures, d'où s'échappent des émanations si fortes qu'elles sont souvent perceptibles à l'odorat. Astralement, non seulement il introduit des impuretés, mais il tend aussi à affaiblir un grand nombre de vibrations, et c'est pour cette raison qu'"il calme les nerfs" comme on le dit souvent. Mais, pour le progrès occulte, il ne faut naturellement pas affaiblir les vibrations ni surcharger le corps astral de particules impures et vénéneuses. Ce qu'il nous faut, c'est la faculté de répondre instantanément à toutes les vibrations possibles, et, en même temps, avoir une maîtrise absolue de soi, de façon que ces désirs soient comme des chevaux dirigés par l'intelligence pour nous conduire là où nous voulons, et non pour nous emporter dans une course désordonnée dans des situations où notre nature supérieure sait qu'elle ne doit jamais se trouver. Par conséquent, pour quiconque désire réellement développer ses divers véhicules, le tabac est indubitablement une chose nuisible.

Il a aussi, sur le plan physique, une influence particulièrement déplorable sur l'homme. C'est réellement la seule chose, à ma connaissance, qu'un homme bien élevé ne puisse abandonner, quand il sait que cela ennuie les autres. Mais l'empire que prend cette habitude nocive sur ceux qui en sont esclaves est tellement puissant, qu'ils sont complètement incapables de lui résister, et tous leurs instincts de courtoisie sont oubliés devant cette habitude d'un égoïsme aussi néfaste que stupide. L'effet produit sur le corps astral après la mort est aussi très malfaisant ; l'homme se trouve enfermé pendant longtemps dans une espèce de prison, et les vibrations élevées ne peuvent l'affecter.

La principale objection faite par les théosophes qui ont cette habitude, c'est que la fondatrice de notre société, Mme Blavatsky, fumait elle-même. C'est vrai, mais cela n'infirme en rien les faits que je viens d'exposer, et que je sais pertinemment être exacts par des observations personnelles longtemps poursuivies. Madame Blavatsky était, à tous égards, si entièrement "à part", si expressément un cas particulier, que je ne pense pas qu'il serait raisonnable de prétendre que nous puissions en toute sécurité suivre son exemple. Je l'ai souvent entendue dire : "Personne d'autre que mon Maître ne peut comprendre mon cas ; faites ce que je vous dis et non ce que je fais". Elle me dit aussi une fois qu'elle fumait sans cesse "pour calmer les vibrations de ce vieux corps et l'empêcher de tomber en pièces". Les effets causés par le tabac sur le plan physique pendant la vie, et sur le plan astral après la mort, sont tels que je les ai décrits, et il ne me semble pas que cela vaille la peine de les encourir pour satisfaire un si mince plaisir.

Je pense que ce que Mme Besant dit de l'alcool dans *L'homme et ses corps* est pleinement justifié. Il n'y a aucun doute qu'au point de vue des corps astral et mental, l'usage de l'alcool soit toujours désastreux ; il n'y a non plus aucun doute qu'il attire des entités peu désirables. Certes, il y a des gens qui, tout estimables qu'ils soient sous d'autres rapports, n'en ont pas moins de fâcheuses habitudes, telles que fumer, boire de l'alcool, et manger de la viande ; mais parce que ces gens sont bons par ailleurs, il n'en résulte pas que ces habitudes soient bonnes et raisonnables. Il n'est naturellement pas vrai qu'aucune de ces choses soient des nécessités physiques, mais l'homme peut si bien habituer son tempérament à l'emploi de toutes sortes de drogues que ce tempérament finit par en avoir besoin et par souffrir s'il ne peut se les procurer. Nous savons que la même habitude peut être prise avec l'opium et l'arsenic, mais cela ne rend pas ces choses bonnes pour nous. Du reste, il est généralement tout à fait inutile de discuter avec les gens sur leurs habitudes personnelles ; ils sont généralement déterminés à y être fidèles parce qu'ils les aiment et peu leur importe qu'elles soient bonnes en elles-mêmes ou pour eux.

Vous demandez quelle est mon opinion au sujet de la règlementation de la vente des ligueurs. Dans tous les pays civilisés un contrôle est exercé sur la vente des poisons, et ils ne sont livrés que sur l'ordonnance d'un médecin. Le poison contenu dans l'alcool fait mille fois plus de mal que tous les autres poisons réunis, aussi les règlements concernant sa vente ne devraient-ils pas être moins stricts.

Il est absolument certain que tout homme doit arriver à développer la maîtrise de soi, mais je ne vois vraiment pas que notre attitude puisse en être affectée en ce qui concerne l'édiction des lois. Il ne vous viendrait pas à l'idée, pour empêcher les gens de voler, de mettre sur leur route à chaque coin de rue, des objets spéciaux qui puissent les tenter, puis de vous tenir auprès, sans intervenir, afin de voir s'ils auront la force de volonté suffisante pour résister à la tentation.

Et cependant, c'est ce que l'on fait pour la consommation de l'alcool. Nous permettons, nous encourageons, et accordons des autorisations spéciales à nombre de gens pour faire dans nos rues un étalage dont le but évident est d'inciter le plus d'hommes possible à s'avilir par l'usage habituel de ce poison. Si enfin l'humanité est arrivée à développer une sorte de conscience vis-à-vis des plus faibles, il semblerait juste de favoriser leur développement au lieu de l'entraver. Si nous croyons qu'il est de notre devoir de nous occuper des fous, de les soigner et même de les enfermer pour leur sécurité et celle du public, ce n'est pas moins notre devoir de traiter avec la même sollicitude la victime de cette forme terrible de folie que l'on appelle l'ivrognerie. Mais il ne faut pas oublier que la Société Théosophique ne prend part à aucun mouvement politique, bien que ses membres, en tant qu'individus, restent libres de prendre parti pour ou contre n'importe quelle question politique.

TABLE DES MATIÈRES

PREMIÈRE SECTION
LES GRANDS ÊTRES ET LE CHEMIN QUI CONDUIT VERS EUX

Les grands êtres 9
L'œuvre du christ 25
L'œuvre des maîtres 29
Maîtres et élèves 33
Le sentier du progrès 51
Les mystères antiques 77

DEUXIÈME SECTION
DE LA RELIGION

Le logos 95
Le bouddhisme 101
Le christianisme 117
Le péché 123
Le pape 125
Le cérémonial 127
La prière 129
Le démon 133
L'indouisme 137
Les castes 141
Le spiritisme 143

Le symbolisme. 147
Le feu 153

TROISIÈME SECTION
DE L'ATTITUDE THÉOSOPHIQUE

Le sens commun. 157
La fraternité 159
Aider le monde 169
L'esprit de critique. 171
Les préjugés 175
La curiosité. 181
"Connais-toi toi-même" 185
L'ascétisme. 193
Petits soucis 199
La suppression du désir 207
Le centre de mon cercle. 209
Notre devoir envers les animaux 215
La sympathie. 219
Notre attitude envers les enfants 221
La crainte ee la mort. 223
Coopération 225
Un jour de la vie. 227
La méditation 229

QUATRIÈME SECTION
NIRVANA

Nirvana 241
L'esprit triple. 245
La conscience bouddhique 249
De l'expérience. 251
Les sphères. 253

CINQUIÈME SECTION
L'ÉGO ET LA PERSONNALITÉ

L'égo et la personnalité 265
Des contreparties 277
Des couleurs dans le corps astral 283
Le corps causal. 285
L'élémental du désir 287
Les âmes perdues 293
Le foyer de la conscience 313
Les centres de force et le serpent de feu 315
    Les centres éthériques 315
    Détail des centres 318
    Les centres astraux. 320
    Les sens astraux 322
    L'éveil des centres éthériques 323
    Le serpent de feu 326
    Le voile qui sépare les plans 332
L'obsession et la folie 337
Le sommeil. 343
Le somnambulisme 347
Le corps physique 349
Le tabac et l'alcool 351

Charles Webster Leadbeater
(16 février 1854 - 1er mars 1934)

Charles Webster Leadbeater était un membre influent de la Société Théosophique, auteur de sujets occultes et co-initiateur de l'Église Catholique Libérale. À l'origine un prêtre de l'Église d'Angleterre, son intérêt pour le spiritualisme l'a amené à mettre fin à son affiliation à l'Anglicanisme en faveur de la Société Théosophique où il s'associa à Annie Besant. Leadbeater a écrit plus de 69 livres et brochures. Ses efforts en faveur de la société lui ont assuré son statut d'un de ses principaux membres jusqu'à sa mort en 1934.

www.ingramcontent.com/pod-product-compliance
Lightning Source LLC
Chambersburg PA
CBHW071650160426
43195CB00012B/1417